Antje Linker-Wenzel

PORTRÄTZEICHNEN GANZ EINFACH

Die Kunst ausdrucksstarker Gesichter

Antje Linker-Wenzel

PORTRÄT ZEICHNEN
ganz einfach

Die Kunst
ausdrucksstarker Gesichter

stiebner

INHALT

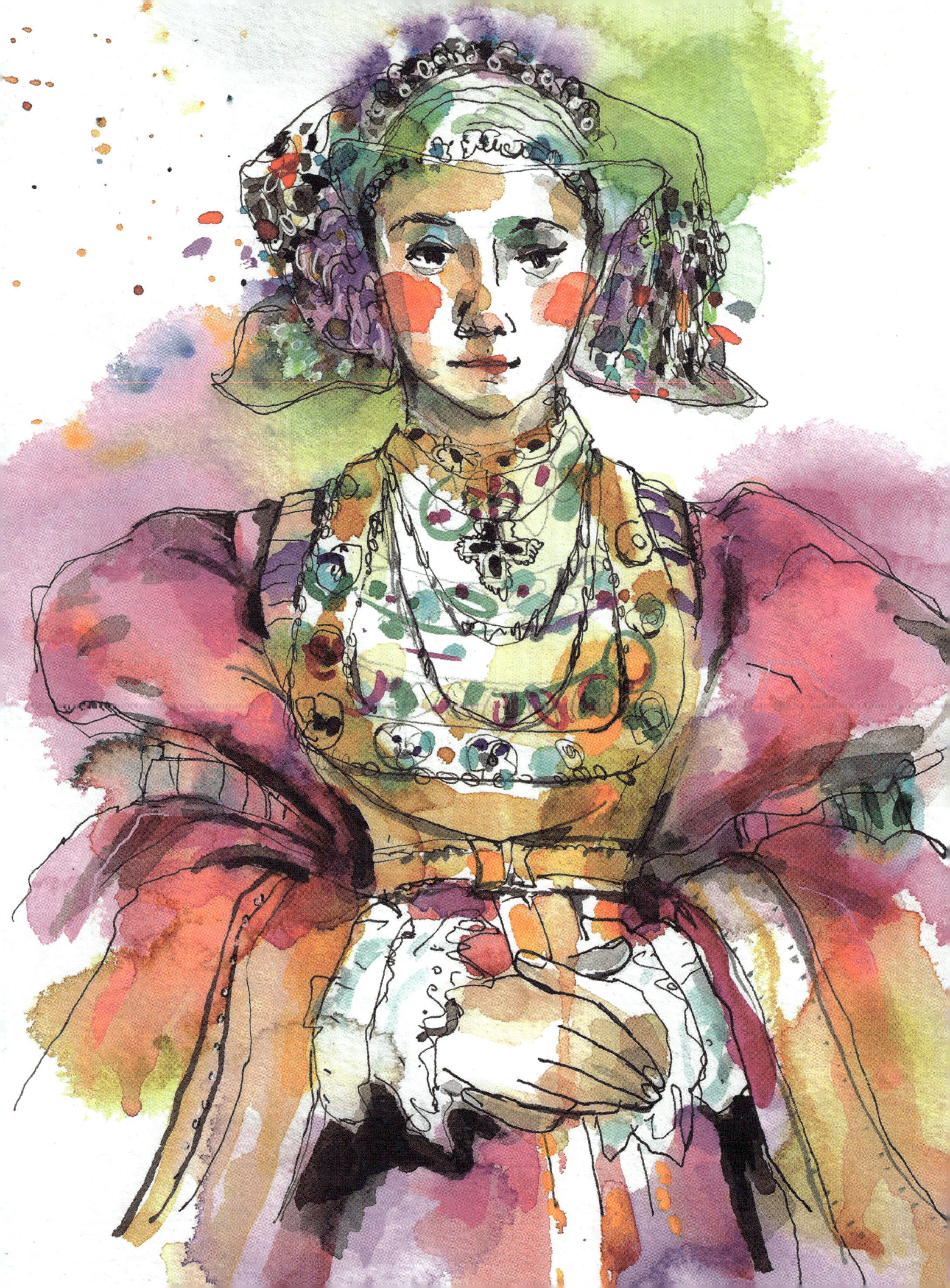

1 ANNA VON KLEVE

Als der englische König Heinrich VIII. 1539 wieder mal auf Brautschau war, schickte er seinen Hofmaler Hans Holbein an den Niederrhein, um von zwei in Frage kommenden Kandidatinnen Porträts anzufertigen. Es handelte sich um die Schwestern Anna und Amalia von Kleve. Heinrich wollte die Katze nicht im Sack kaufen und die Fotografie gab es noch nicht. (Heute würde er sich vielleicht auf Tinder umschauen.) Die Wahl des Königs fiel auf Grund optischer Prioritäten auf Anna, die daraufhin – ausgestattet mit einer Mitgift von 100.000 Gulden – nach England bestellt wurde.

Doch groß war die Enttäuschung. Weder sprach Anna englisch, noch war sie in irgendeiner Form interessant. Und so gut wie auf dem Gemälde sah sie schon gar nicht aus. Das schöne Geld, einfach in den Wind geschossen! Hans Holbein als langjähriger Maler der königlichen Familie war gefeuert.*

Abgesehen davon, dass die Situation für Anna sicherlich unangenehm und Hans Holbeins Jobverlust bitter war, gefällt mir diese Geschichte wahnsinnig gut, denn sie bringt auf den Punkt, um was es mir beim Porträtzeichnen geht:

Ausdruck ist alles,
Ähnlichkeit wird überschätzt.

Vielleicht hat Holbein in Anna von Kleve etwas gesehen, dass Heinrich VIII. verborgen blieb? Oder wollte er seinen Chef hinters Licht führen? In jedem Fall besaß er die Gabe, mit seinem Porträt zu verzaubern. Er legte seine persönliche Sicht in sein Bild. Darin sehe ich Aufgabe und Unvermeidbarkeit zugleich. Ob wir wollen oder nicht – es scheint auch etwas von unserer eigenen Persönlichkeit durch in unserem Werk. Bildausschnitt, Pose, Komposition, Farbwahl, Größe – all das beeinflusst der Künstler, die Künstlerin. Ein anderer Maler hätte ein völlig anderes Werk geschaffen.

* *(Für alle, die sich jetzt Sorgen um Annas Kopf machen, schließlich hat Heinrich VIII. einen Ruf, wie er mit ungeliebten Ehefrauen umging: Der König heiratete Anna zwar zähneknirschend, annullierte die Ehe aber schleunigst. Anna blieb bis zu ihrem Lebensende in England, ausgestattet mit Geld und diversen Wohnsitzen. Sie überlebte Heinrich und alle seine Frauen.)*

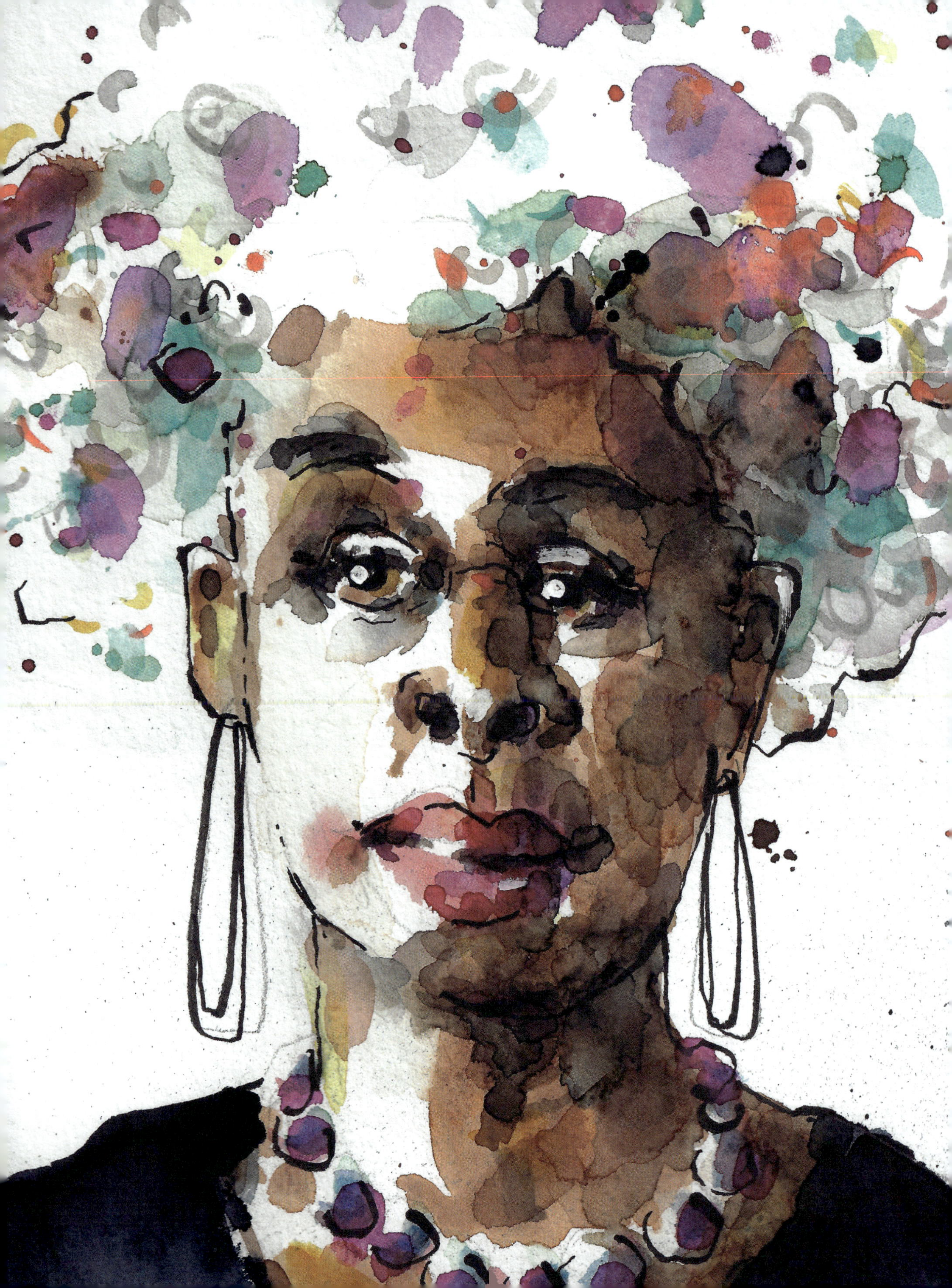

2 WARUM DIESES BUCH?

Vor einigen Jahren packte mich aus heiterem Himmel die Idee, Porträts zu zeichnen. Ich hatte mich lange mit verschiedenen anderen Themen und Techniken beschäftigt – Stillleben, Landschaften, Abstraktion in Bleistift, Acryl, Öl, Buntstift … Warum nicht auch Porträts? Ganz wichtig war mir dabei vor allem die Ähnlichkeit. Hallo, sonst ist es ja wohl kein richtiges Porträt?!

Ich fing mit einem Selbstporträt nach meinem Spiegelbild an, mit Bleistift. Schön großes Format, ich glaube es war DIN A3. Mit dem Fokus auf die Ähnlichkeit und der unhandlichen Papiergröße wurde es zu einer frustrierenden Geschichte. Ich verkrampfte immer mehr und heraus kam irgendeine fade aussehende Frau mit ernstem Blick.

Es war ein langer Weg, bis ich Spaß am Porträtieren fand und glücklich mit meinen Bildern war. (Beides ist wichtig, kann aber auch unabhängig voneinander laufen.) Ich habe mich von anderen Künstler:innen inspirieren lassen, Kurse besucht, experimentiert und vor allem häufig und viel gezeichnet. Und mit dem Tun kamen die Erfolgserlebnisse. Mittlerweile unterrichte ich Porträtzeichnen.

Was mir leider während meiner Suche nach Tipps und Techniken selten begegnete, waren Bücher zu dem Thema, die mich ansprachen. Sie waren meist anatomisch korrekt – ja, aber irgendwie steif. Ich jedoch suchte nach dem lockeren, expressiven Ausdruck, der gleichzeitig die Persönlichkeit der porträtierten Person wiedergibt. Perfektion und Fotorealismus langweilten mich – ich wollte lebendige Porträts. Und ich merke in meinen Kursen, das begeistert auch meine Kursteilnehmenden.

Deshalb dieses Buch, (beinahe) ohne klassisch-didaktische Anleitungen. Es ist für alle, die einfach loslegen wollen und denen das Wissen reicht, dass Augen, Nase und Mund untereinander im Gesicht sitzen und die Ohren seitlich angebracht sind. Ich liefere keine fertigen Rezepte und 1:1 Anleitungen, sondern möchte Sie zum Experimentieren anregen. Dabei geht es um Fragen wie: Wo fange ich an? Wie werden meine Zeichnungen locker? Wie erziele ich Ähnlichkeit? Sie können das Buch von vorn nach hinten lesen und die Übungen dazu machen. Oder Sie verwenden es als Nachschlagwerk, Inspirationsquelle und Bildband.

Picken Sie sich gern heraus, was für Sie nützlich ist. Verarbeiten Sie verschiedene Medien wie zum Beispiel Aquarell, Buntstift und Tusche in einem Bild. Ist Ihnen nicht danach, nehmen Sie etwas anderes. Gönnen Sie sich alle Freiheiten, denn hier gibt es keine Rezepte, nur Anregungen. Dieses Buch ist für alle, die glauben, nicht zeichnen zu können.

Ich wünsche Ihnen viel Spaß dabei!

Einige Porträts sind mit Nummern versehen. Sie beziehen sich auf das Bildquellenverzeichnis (siehe S. 138).

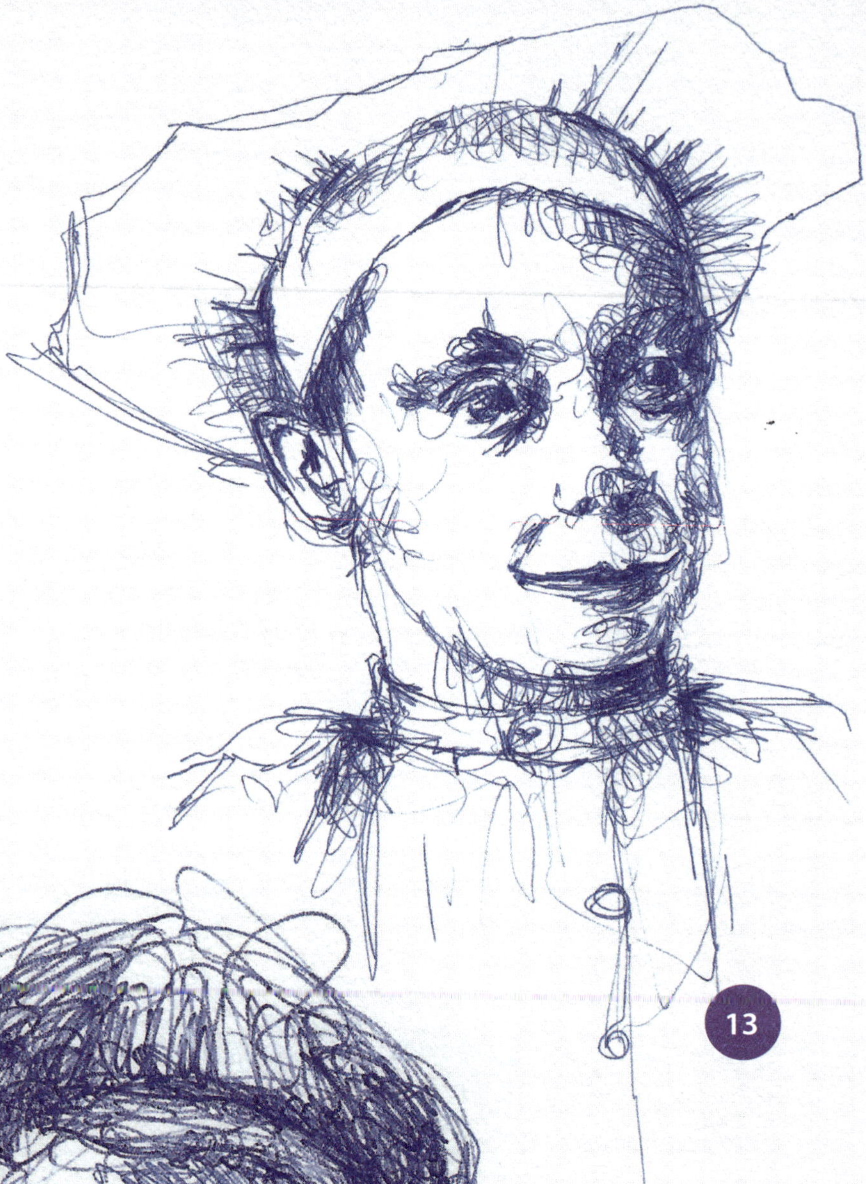

13

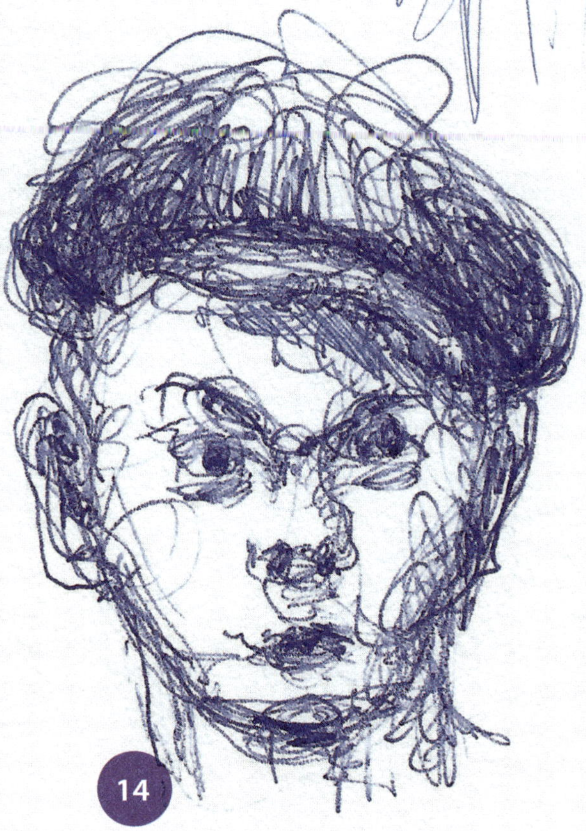

14

Sie haben nur einen Kugelschreiber? Kein Problem …

3 NEHMEN SIE DAS MATERIAL, DAS SIE HABEN!

Natürlich macht es Spaß, sich eine breite Palette an neuen Stiften, Farben und Pinseln zuzulegen. Aber bevor Sie das tun, werfen Sie erst mal einen Blick in Ihre Schubladen (oder die Ihrer Kinder). Irgendwas findet sich immer. Für den Anfang reichen Bleistift, Radiergummi, farbige Stifte, ein schwarzer Filzstift und ein Tuschkasten plus Pinsel, einfaches Kopierpapier und ein Block mit stärkerem Papier ab 120 g/qm. Porträtieren lässt sich mit einfachen Mitteln, man braucht keine teure Ausrüstung. Spaß bringt es auch, ein bisschen zu experimentieren. Vielleicht mit Tusche, Wachsmalern, Aquarellfarben, Kohle …

Zu viel Material kann überfordern, dagegen führt Verknappung oft zu kreativen Schüben. Einkaufen gehen können Sie immer noch. Vielleicht möchten Sie später ins DIN A5-Format wechseln oder lieber großformatig zeichnen. Vielleicht mögen Sie keine Buntstifte, dafür Tusche und Kugelschreiber. Alles reine Geschmackssache und Geschmack kann sich verändern. Dann probieren Sie eben eine neue Technik aus – das macht Ihre Bilder abwechslungsreich und erweitert Ihre Fähigkeiten.

Mehr zu meinem Lieblingsmaterial finden Sie im Kapitel »Mein Material« (siehe S. 113), wo ich auch gleich ein paar Grundtechniken demonstriere.

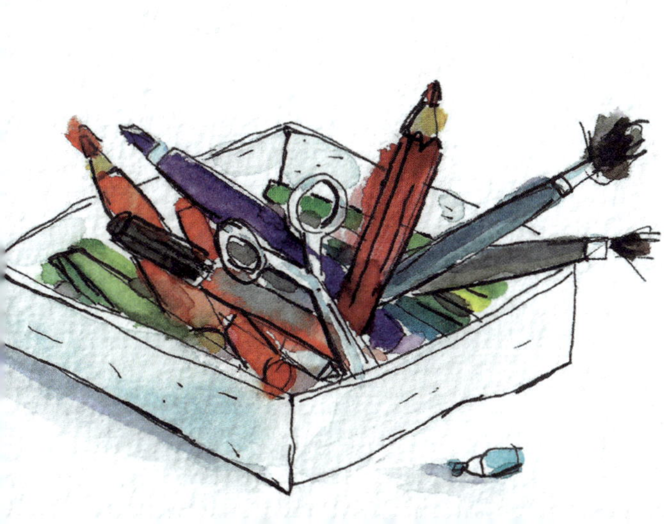

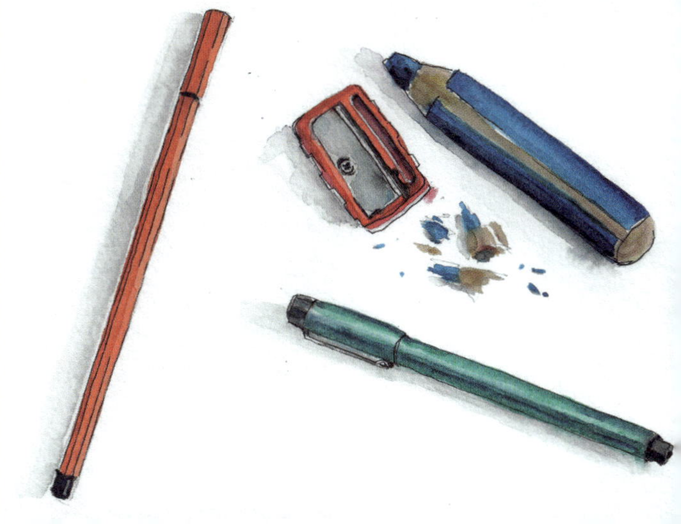

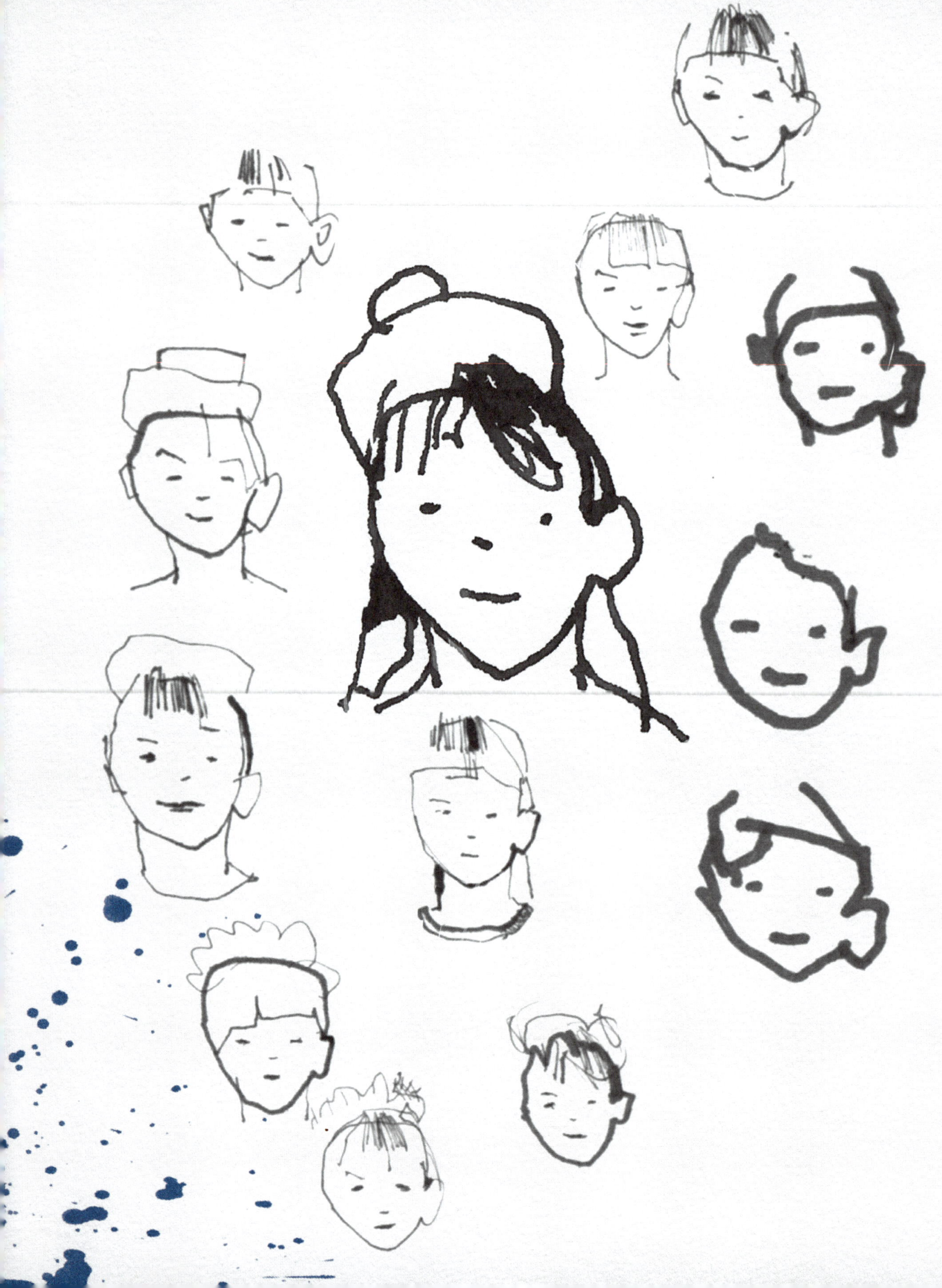

4 GUTE PORTRÄTS – SCHLECHTE PORTRÄTS

Wer beurteilt eigentlich, ob ein Porträt gut ist? Ich hoffe doch, das sind Sie! Huch, sagen Sie jetzt vielleicht, das kann ich doch gar nicht. Oder: Meine Porträts sehen immer doof aus. Na, na, na!

Sicherlich haben Sie in Ihrem Leben schon unzählige Porträts gesehen. Sie umgeben uns fast automatisch, zum Beispiel in Zeitschriften, Zeitungen, in der Werbung und in der Kunst, in den sozialen Medien und in unserer Fotosammlung (Stichwort Selfie!). Sie sind fotografiert, gezeichnet, gemalt, collagiert. Unbewusst und spontan entscheiden wir, welche uns gefallen und welche nicht. Manchmal mögen wir die aufwendig inszenierten genauso wie wir an Schnappschüssen hängen können, die vielleicht nicht hundertprozentig perfekt sind, mit denen wir aber schöne Erinnerungen verbinden. Alles hat seine Berechtigung. Manchmal ändert sich sogar unser Geschmack.

Und deshalb hier schon die erste Empfehlung, wenn Sie mit dem Porträtzeichnen beginnen: Seien Sie geduldig und würdigen Sie Ihre ersten Schritte. Haben Sie Ihre Zeichnungen lieb und bewerten Sie sie nicht zu krass, vor allem, wenn Sie es noch nie vorher versucht haben. Die Binsenweisheit »Jeder: hat mal klein angefangen« ist richtig. Die ersten zaghaften Versuche der von uns bewunderten Künstler:innen findet man eher nicht in den Museen dieser Welt.

Entspannen Sie sich also. Sie müssen Ihre Zeichnungen niemandem zeigen. Zeichnen Sie nicht für ein Publikum, sondern für sich, weil Sie Freude daran haben. Akzeptieren Sie, dass nicht gleich alles gelingt und man nicht gleich jede neue Technik beherrschen kann. Bei jedem anderen Handwerk können wir das doch auch. Und Zeichnen ist nichts anderes als im wahrsten Sinne ein Handwerk.

Machen Sie sich bewusst, Sie schaffen etwas Einzigartiges. In einer Welt voller Fotos bekommen Zeichnungen eine ganz andere Wertigkeit. So, wie Sie eine Person darstellen, können nur Sie es. Ihr Bild trägt Ihre Handschrift, gibt Ihre Persönlichkeit wieder. Sie bilden nicht bloß ab, Sie interpretieren. Und Sie entscheiden, wie Ihr Bild aussieht.

Aber was ist denn nun mit der Ähnlichkeit?! Das kann dauern, kommt aber ganz sicher – wenn Sie dranbleiben! Vielleicht tröstet Sie, dass der Brockhaus in seiner Definition eines Porträts die Ähnlichkeit gar nicht erwähnt. Ha! Er spricht einfach von einem Bildnis, einer künstlerisch umgesetzten Darstellung eines Menschen (in der Ausgabe von 1992, 19. Auflage). Und das sind Ihre Porträtzeichnungen doch allemal.

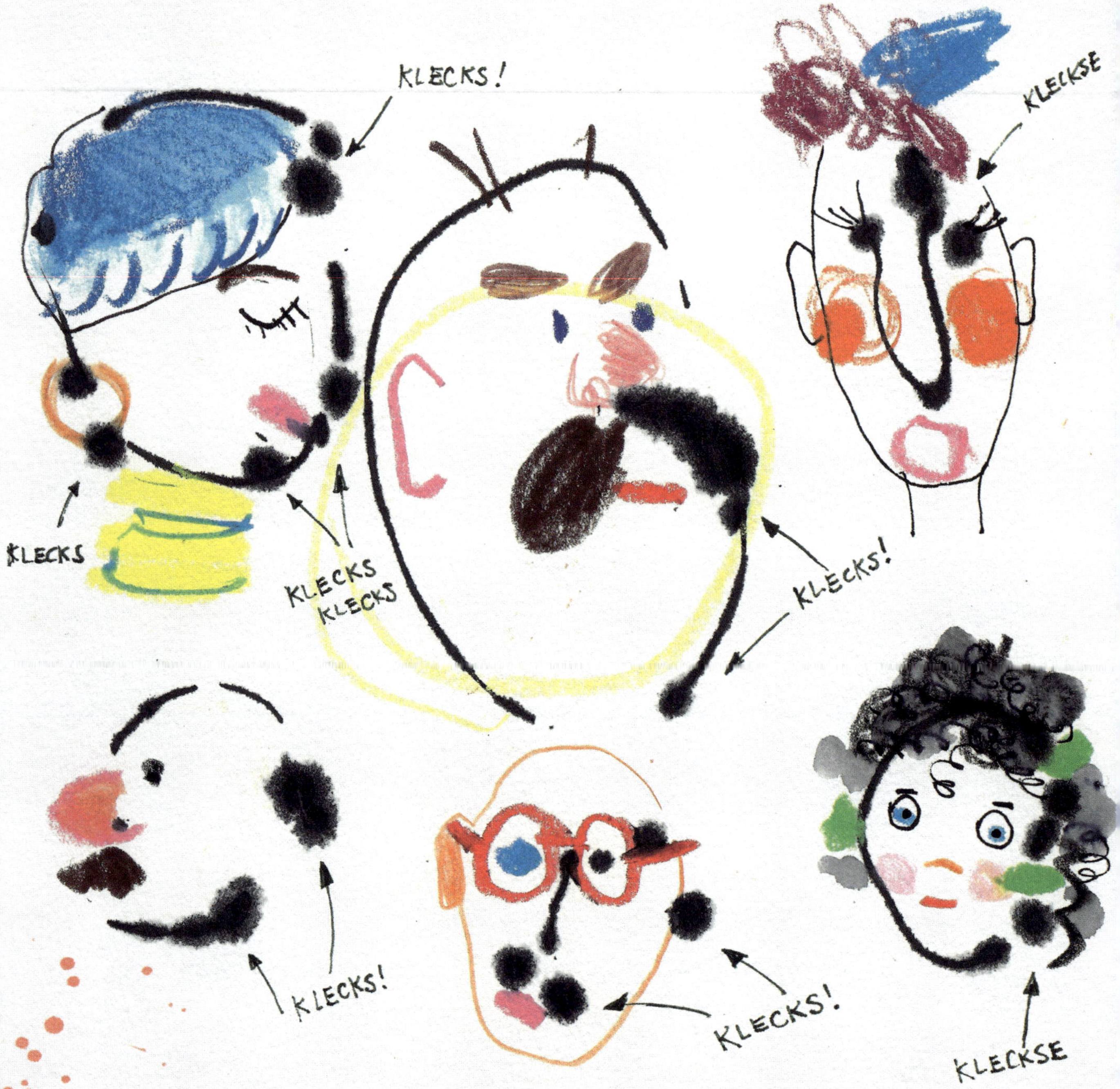

Klecksgesichter

5 GANZ WICHTIG: AUFWÄRMEN

Vom Sport sind uns Aufwärmübungen geläufig. Sie machen uns geschmeidig für das, was kommt und beugen Verletzungen vor. Die sind natürlich beim Malen und Zeichen eher selten. Obwohl, als Kind habe ich mir aus Versehen den Bleistift ins Auge … Na ja, ist aber alles gut gegangen.

Zurück zur Geschmeidigkeit. Die brauchen wir unbedingt, wenn wir lockere Porträts zeichnen wollen. Deshalb folgt jetzt ein kleiner bunter Strauß an Übungen, die uns die Hemmungen vor dem weißen Blatt nehmen, vor allem aber unseren Drang zum Perfektionismus ausbremsen. Ein Stift nach Wahl und ein einfaches Blatt Papier reichen aus. Es dürfen natürlich auch Pinsel und Farbe verwendet werden. Arbeiten Sie schnell. Fertigen Sie mehrere Variationen an, aber nehmen Sie sich pro Zeichnung nicht mehr als eine bis fünf Minuten Zeit.

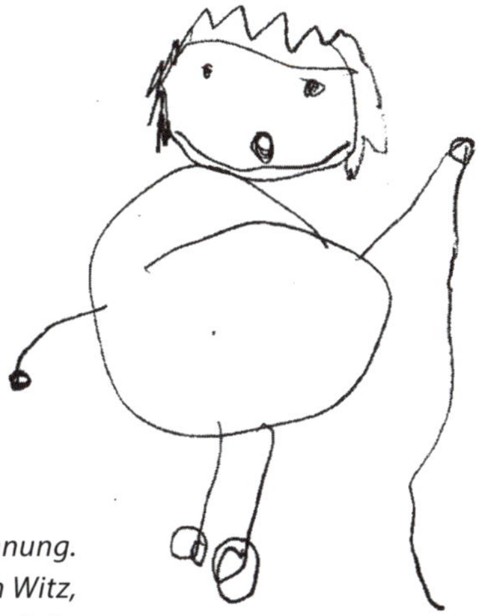

Ich liebe diese Zeichnung. Sie hat für mich Witz, Spontanität und Originalität.

Tante Lotte mit dem Stock

Als unsere Tochter zwei Jahre alt war, porträtierte sie unsere Familie aus dem Gedächtnis. Ein Bild davon war »Tante Lotte mit dem Stock« – für sie völlig klar und selbstverständlich. (Hier können wir von Kindern viel lernen. Sie stellen die Qualität ihrer Bilder nicht in Frage!)

Versuchen Sie es auch einmal! Stellen Sie sich Familienmitglieder, Freund:innen oder wen immer Sie möchten vor, und zeichnen Sie die Personen als Strichmännchen. Scheuen Sie sich nicht vor einem Schuss Skurrilität. Betonen Sie auffällige Merkmale wie Brillen, Frisuren, Nasen.

Klecksgesichter

Klecksen Sie willkürlich mit flüssiger Farbe oder einer Pipette mehrere Flecken aufs Papier. Lassen Sie Ihre Fantasie spielen und gestalten Sie nach dem Trocknen daraus Gesichter (siehe S. 16).

Radiergesichter

Malen Sie mehrere Ovale auf ein Blatt Papier und schraffieren Sie diese mit einem weichen Bleistift zu einer hell- bis dunkelgrauen Fläche. Es muss nicht gleichmäßig sein. Nun holen Sie die hellen Partien (Wange, Nasenrücken, Stirn, Kinn) mit einem Radiergummi heraus. Setzen Sie Akzente mit Ihrem Bleistift (Augenbrauen, Pupille, Haare etc.). Verwenden Sie auf jedes Gesicht nicht mehr als zwei Minuten.

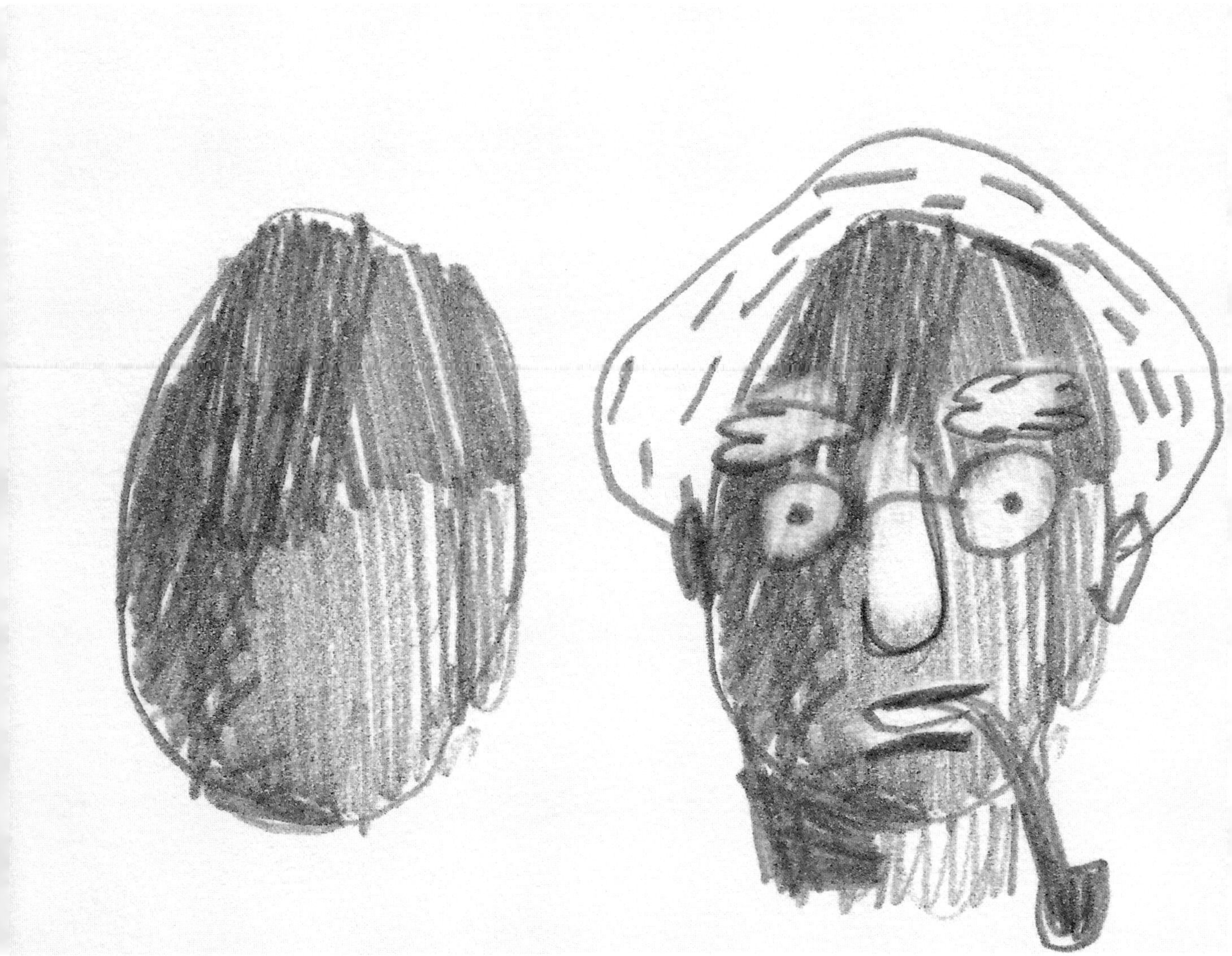

Auf dem Kopf zeichnen

Dies ist eine sehr entspannende Methode, um in unseren »Kreativmodus« zu wechseln. Glücklicherweise müssen wir dafür nicht den Kopfstand beherrschen. Was auf dem Kopf steht, ist Ihre Bildvorlage, die Sie genau so abzeichnen. Am besten verwenden Sie dafür eine Strichzeichnung. Verblüfft werden Sie am Ende feststellen, wie gut Ihre Kopie gelungen ist – obwohl Sie doch gar nichts erkennen konnten. Genau das ist der Trick! Der Verstand wurde ausgeschaltet und Ihre Intuition und Beobachtungsgabe übernahmen die Aufgabe.

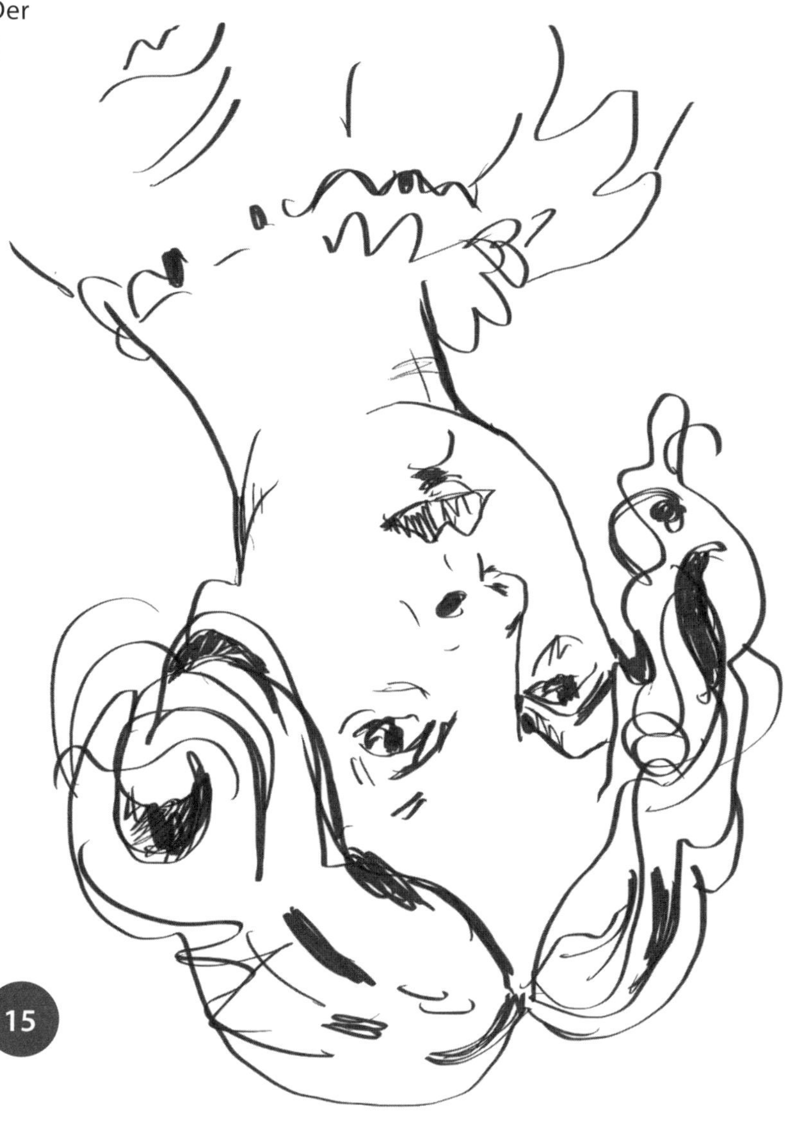

Ausdrücklich möchte ich dazu anmerken, es handelt sich um eine Aufwärmübung. Wir wollen hier keine Porträt–Kopien anfertigen, sondern unsere eigenen Interpretationen zum Ausdruck bringen.

15

Mit der »anderen« Hand

Damit ist unsere nicht-dominante Hand gemeint, also die Hand, mit der wir üblicherweise nicht schreiben und zeichnen. Und damit ist klar: Hier wird nichts so, wie wir es uns vorstellen. Prima! Genießen Sie die krakeligen Striche und überraschenden Effekte. Sie wollten doch locker zeichnen, oder nicht?

Interessanterweise wird uns hier vielleicht bewusst, dass wir auch beim Zeichnen unsere persönliche Handschrift haben. Denn das entstandene Bild wird nicht »nach uns« aussehen, sondern als hätte es jemand anders gezeichnet. Vielleicht haben Sie Lust, es (mit Ihrer gewohnten Hand?) zu kolorieren?

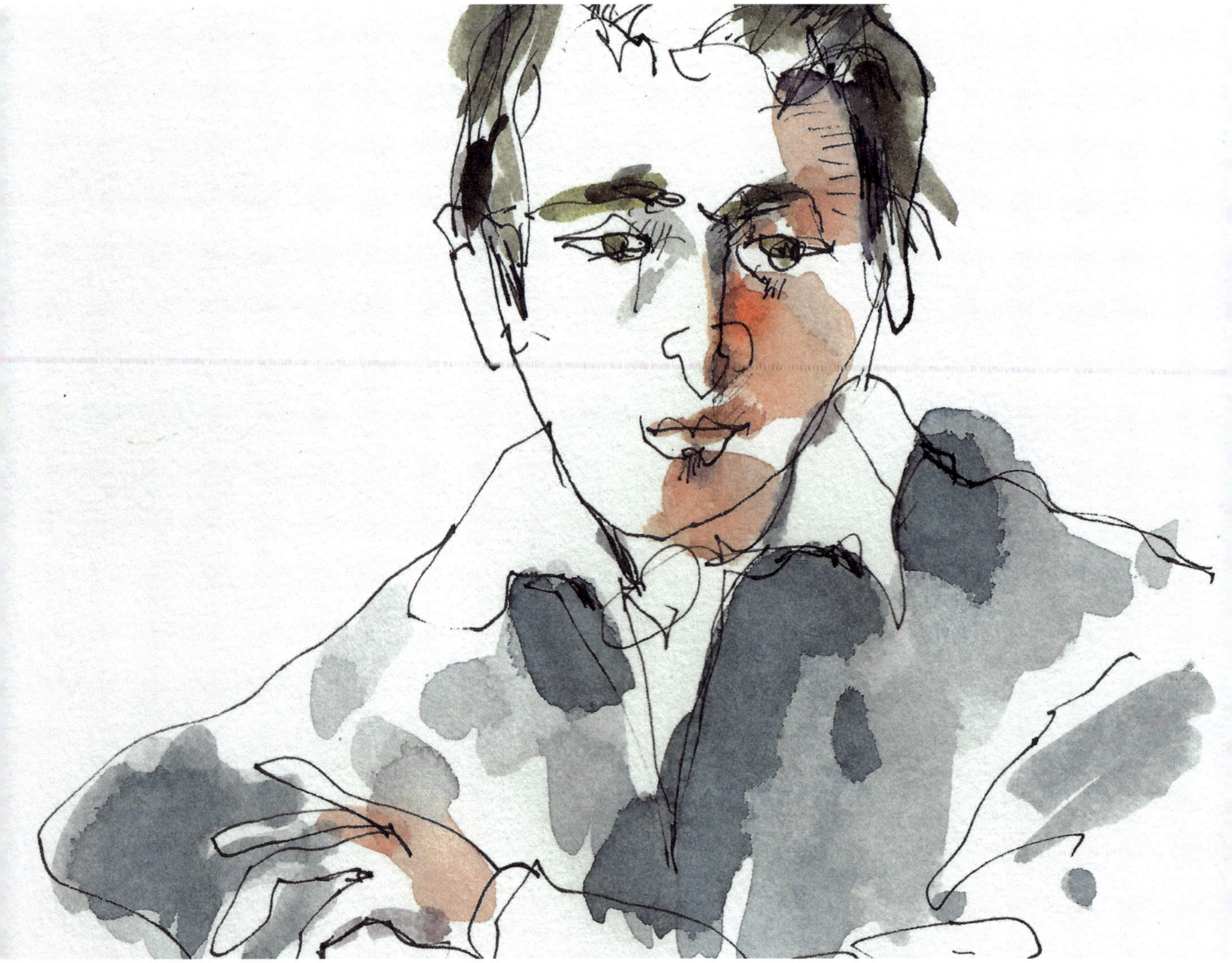

Blindzeichnen

Eventuell kostet es etwas Überwindung, beim Zeichnen nicht aufs Blatt zu schauen oder auch die Augen komplett zu schließen. Aber was soll passieren, außer dass mal ein paar Details verrutschen? Es könnte auch der erste Schritt in Richtung abtraktes Porträt sein.

In meinen Kursen haben manche Teilnehmenden geradezu Angst vor dieser Übung, andere genießen sie. Mogeln Sie ruhig – wir sind hier nicht in der Schule!

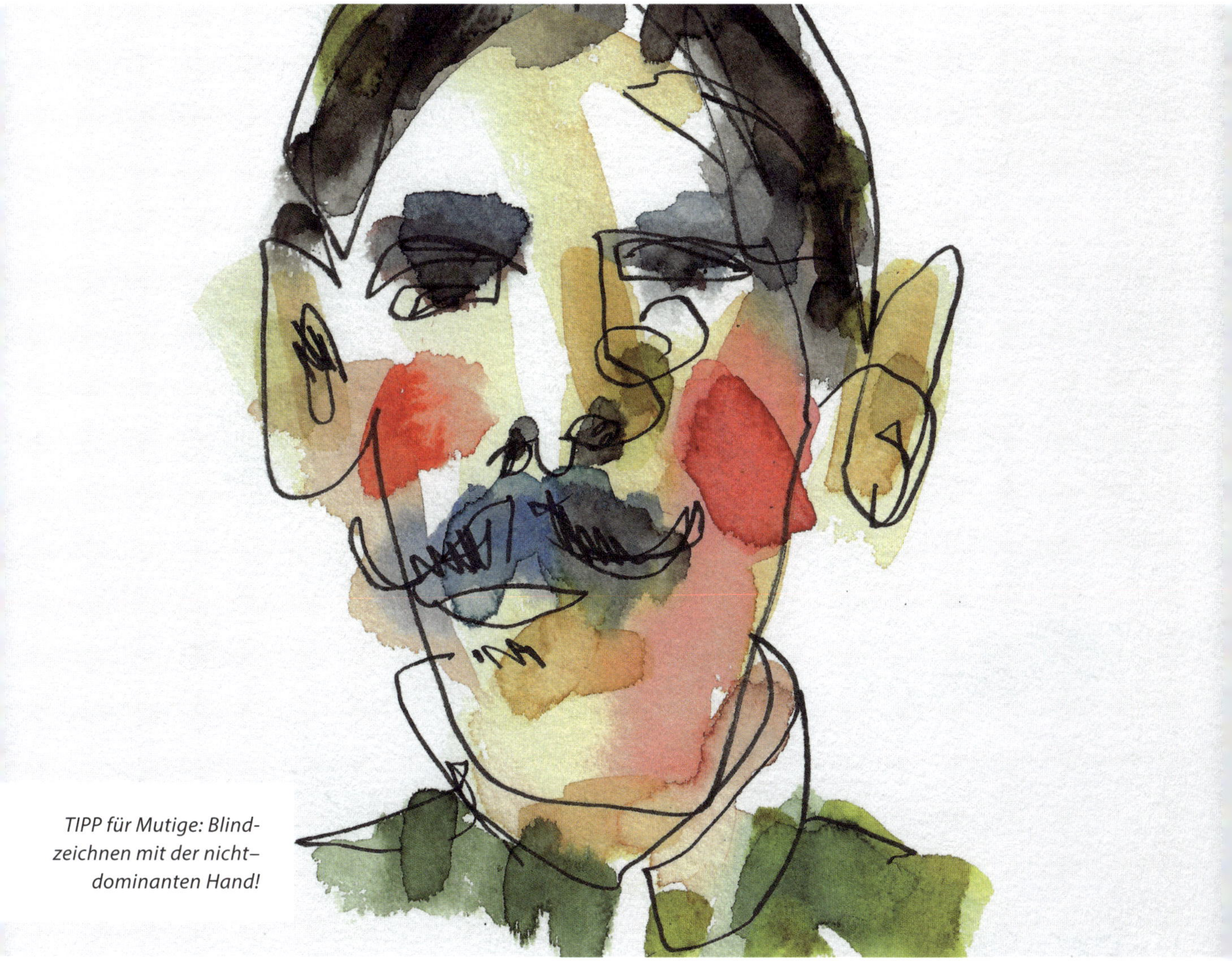

TIPP für Mutige: Blindzeichnen mit der nicht–dominanten Hand!

Drahtbiege-Gesichter

Stellen Sie sich vor, Sie möchten Ihr Modell aus einem Stück weichem Draht formen und setzen Sie dies mit einer einzigen Linie um. Dabei nehmen Sie den Stift nicht vom Papier, bis Sie fertig sind.

Es entstehen lustige Querverbindungen zwischen Augen, Nase und Mund, die dort vermeintlich nicht hingehören. Sie stören aber gar nicht, ganz im Gegenteil! Ich rate auf jeden Fall zum nachträglichen Kolorieren (siehe S. 108).

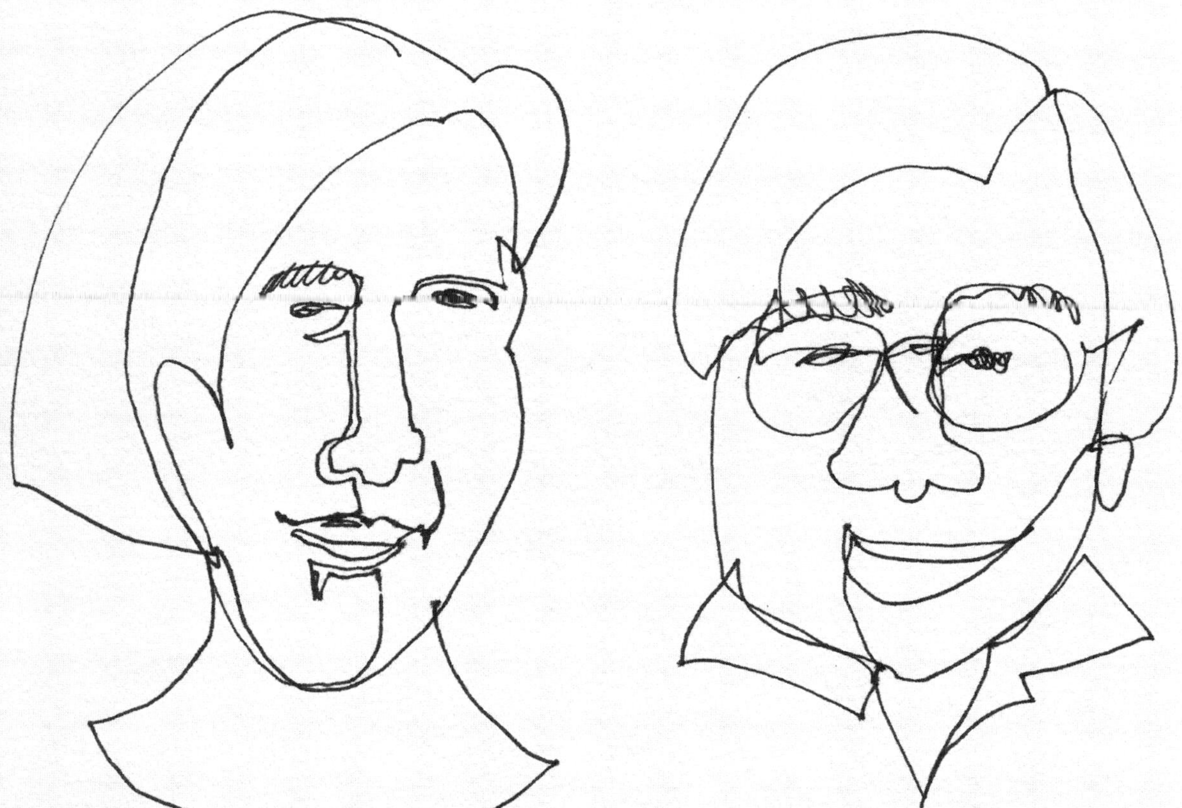

Gesichter erfinden

Zeichnen Sie neun Ovale und gestalten Sie daraus Gesichter (mit Hüten, Bärten, Brillen, verschiedenen Emotionen).

Wechseln Sie dabei Ihre Materialien nach Lust und Laune, mixen Sie verschiedene Stifte, probieren Sie Ihre neuen Farben aus. Sollten Ihnen die Ideen ausgehen, denken Sie an Familienmitglieder, Film- oder Buchfiguren.

TIPP: Es gibt noch viele andere Möglichkeiten sich locker zu machen. Sammeln Sie Ideen, legen Sie sich einen Fundus zu. Und vor allem denken Sie daran: Es geht nicht um die große Kunst, sondern den großen Spaß!

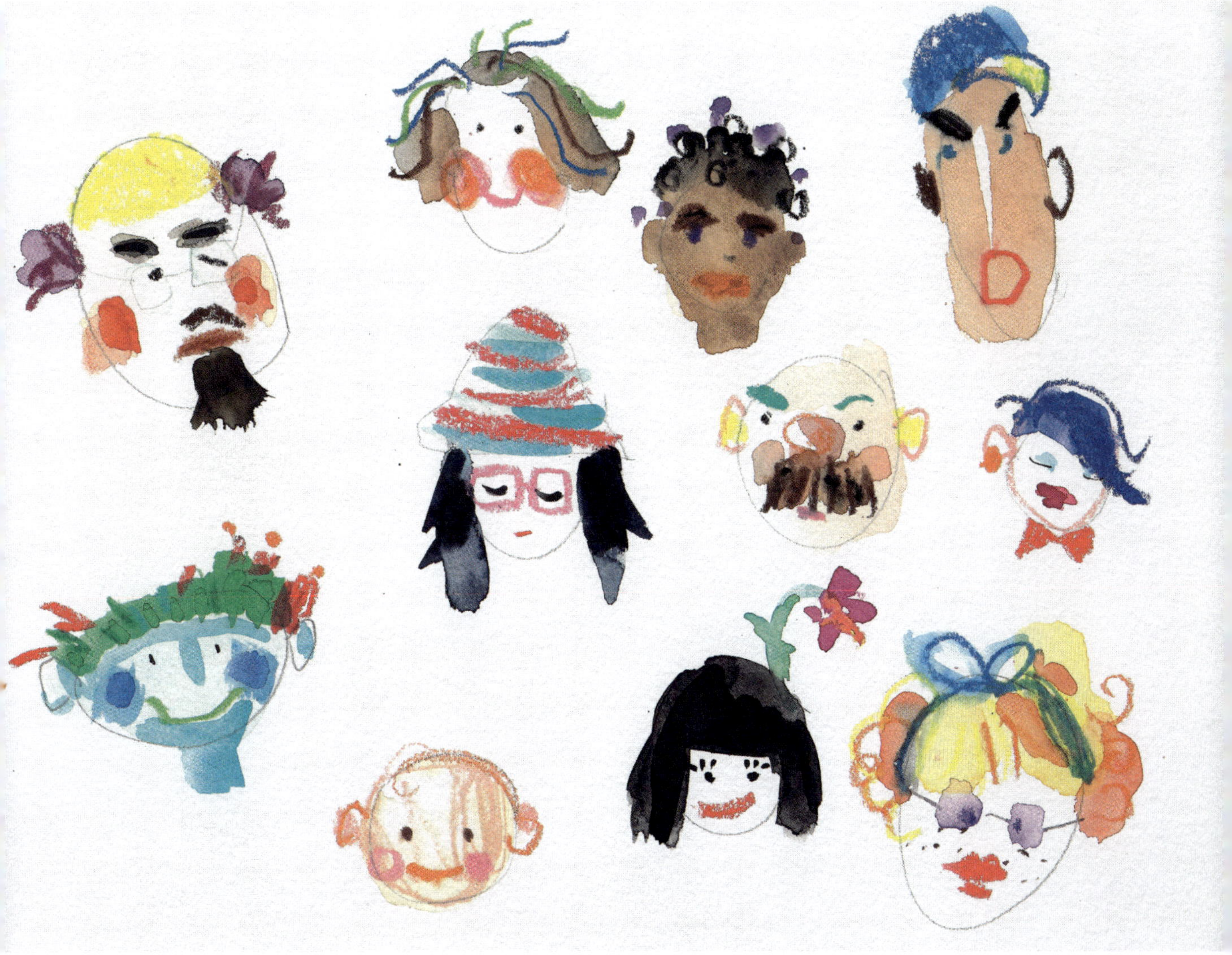

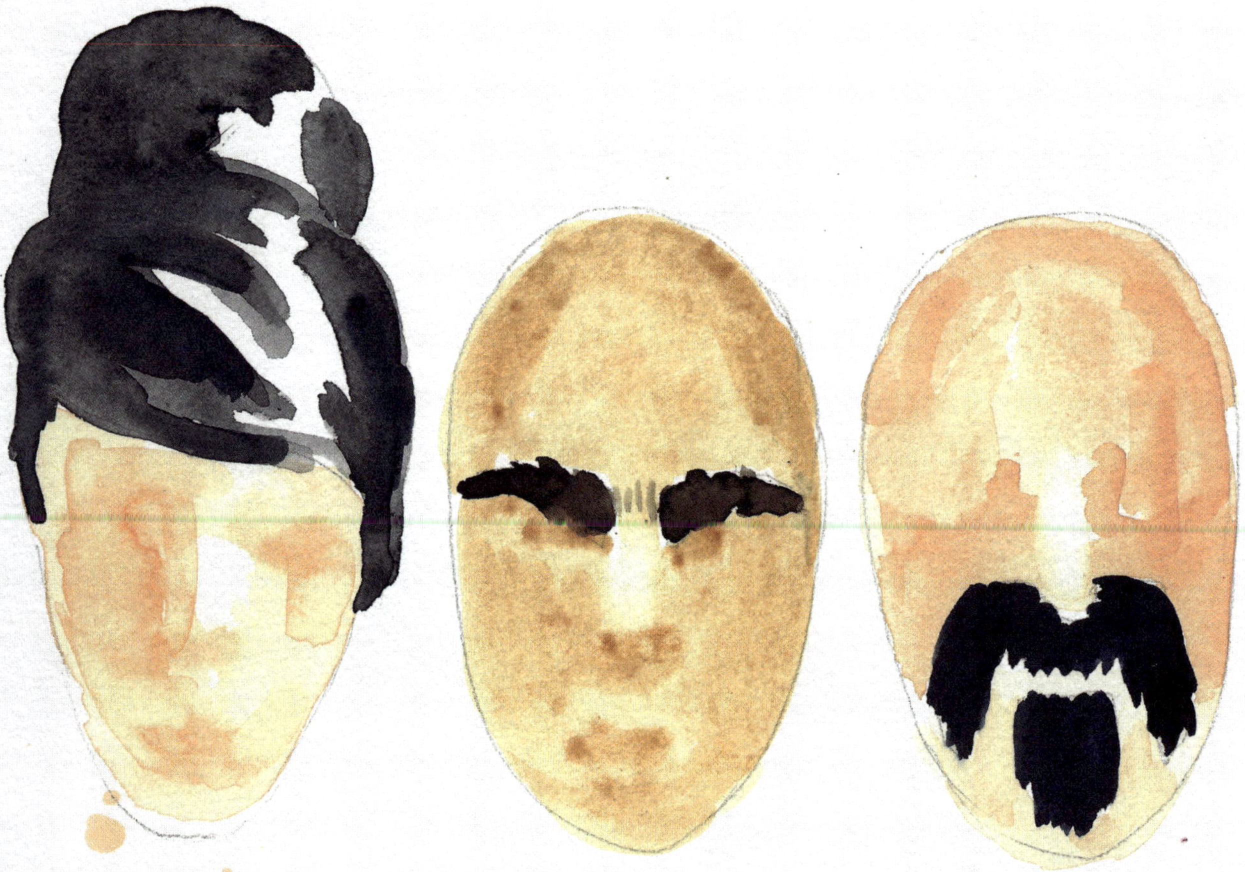

6 QUICK WINS

Quick wins sind schnell erzielbare Erfolge mit geringem Aufwand. Das ist doch für Anfänger:innen im Porträtieren genau das Richtige, oder? Auch wir wollen es uns jetzt möglichst einfach machen und dabei noch ein tolles Ergebnis erzielen. Wie schaffen wir das?

Für den Anfang sind Frontalansichten auf jeden Fall eine gute Wahl, denn erfahrungsgemäß sind sie einfacher zu bewältigen als Profile. Achten Sie bei Ihren ersten Modellen am besten auf eine gerade Kopfhaltung, die optische Verkürzungen vermeidet, wie das beim Blick nach oben oder unten passiert (siehe S. 26).

Machen Sie es sich als Anfänger:in auch nicht unnötig schwer, indem Sie gleich Ihre Lieben porträtieren. Automatisch werden Sie es besonders gut machen wollen, was zu Verkrampfung führt. Auch besonders schöne, symmetrische Menschen hemmen uns eher. Nehmen Sie stattdessen – nach einer kleinen Lockerungsübung (siehe Kapitel »Ganz wichtig: Aufwärmen« ab S. 17) – Personen, die ein markantes Äußeres haben. Auffällige Frisuren, ausgeprägte Nasen und buschige Bärte sind Attribute mit Wiedererkennungseffekt und machen Spaß beim Zeichnen.

TIPP: Achten Sie auf interessante Fotos, wo immer sie Ihnen begegnen. Eine gute Quelle ist die Website des Museums für Kunst und Gewerbe Hamburg (www.sammlungonline.mkg-hamburg.de). Dort finden Sie alte Schwarzweiß-Porträts mit Charakterköpfen.

Bestimmt fallen Ihnen Personen aus Politik, Film oder Musik ein, an denen Sie üben können. Natürlich dürfen Sie dabei auch übertreiben oder Merkmale hinzu erfinden! Ihr Porträt – Ihre Regeln.

Hilfreich kann es außerdem sein, kleinformatig (bis DIN A5) und mit vertrautem Material zu arbeiten, und nicht auch noch den neuen Schlepppinsel auszuprobieren. (Es sei denn, Sie haben Spaß daran.) Bei den Skizzen links habe ich Aquarellfarben und einen relativ breiten Rundpinsel verwendet, um nicht in Details zu verfallen.

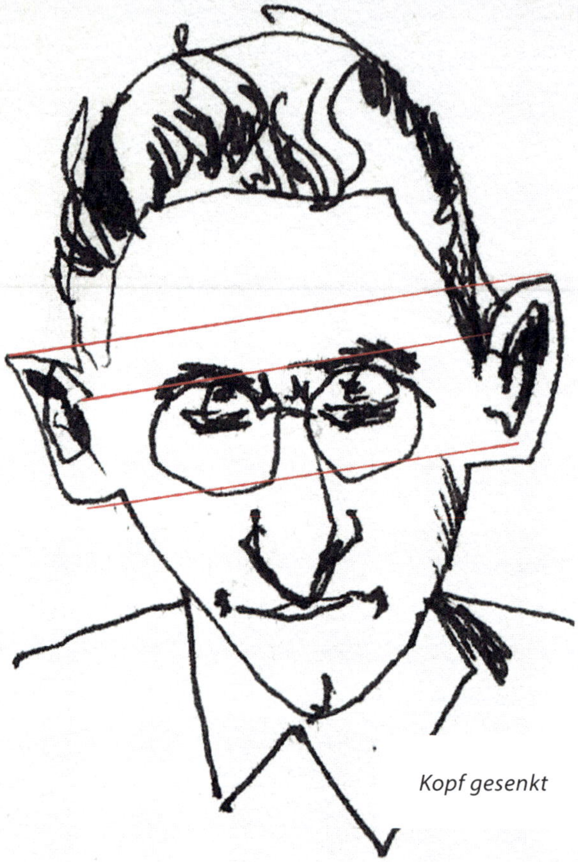

Kopf gesenkt

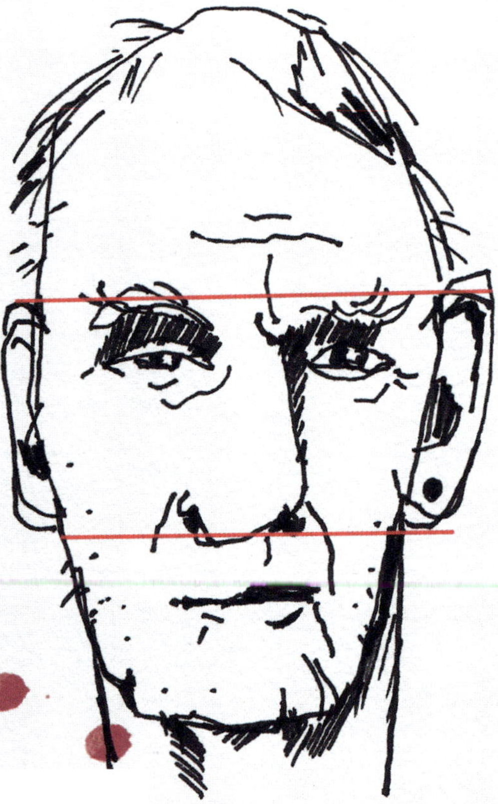

Kopf gerade

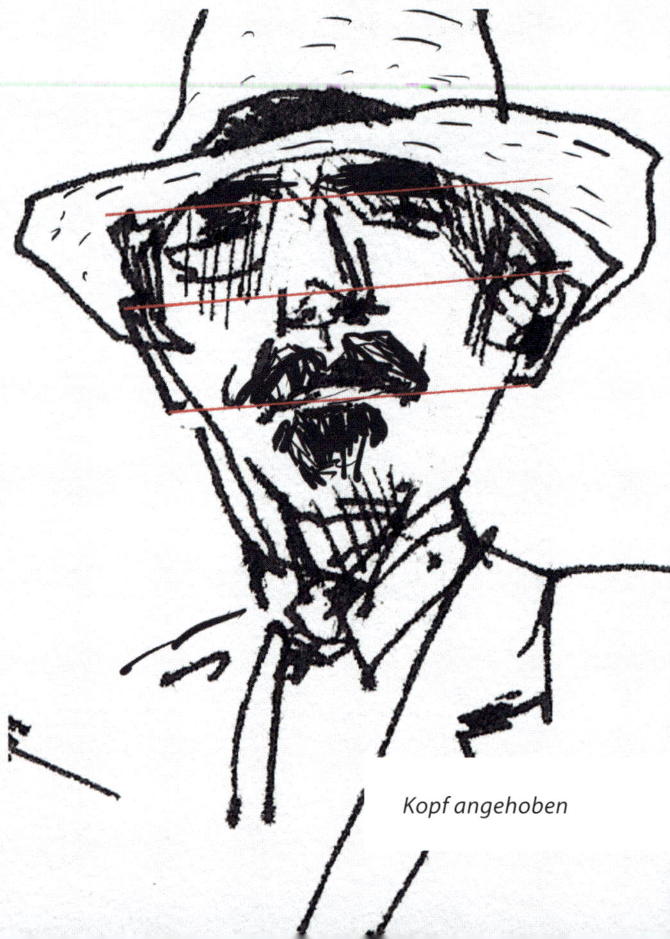

Kopf angehoben

7 HINGUCKEN

Wie versprochen veranstalten wir hier keinen Anatomieunterricht, sondern wenden uns gleich dem Zeichnen zu. Dazu reichen uns ein paar einfach zu merkende Faustregeln und unsere Beobachtungsgabe.

Grundsätzlich gilt: Die Augen sitzen in der Mitte des Gesichts, Haare mitgerechnet, die Ohren beginnen ab Höhe der Augenbrauen und enden auf Höhe der Nasenflügel. Dort sitzt auch etwa die Mitte der unteren Gesichtshälfte.

Doch wie schon gesagt, das ist eine Faustregel, die sich auf ein idealtypisches Durchschnittsgesicht einer Person bezieht, die den Kopf aufrecht und gerade hält. Sie gilt nicht mehr, sobald der Kopf gesenkt oder angehoben wird. Die Bilder veranschaulichen, wie stark sich Abstände bei verschiedenen Kopfhaltungen verändern. Es ist wichtig, das zu beachten, damit unsere Zeichnung die gewünschte Haltung der gezeichneten Person wiedergibt.

Denken wir uns eine verbindende Waagerechte zwischen beiden oberen Ohrenkanten und beobachten wir das Verhältnis zur Höhe der Augenbrauen. Bei einer Person, die wie gesagt geradeaus schaut, wird diese Waagerechte etwa auf der Höhe der Augenbrauen verlaufen, Nasenflügel und Ohrläppchen liegen auf einer Ebene.

Senkt die Person den Kopf, liegen die Augenbrauen deutlich unter dieser gedachten Linie. Außerdem blicken wir auf ihren Scheitel und die Nase verlängert sich optisch. Bei angehobenem Kopf liegen die Augenbrauen optisch deutlich über den Ohren und wir sehen (in) die Nasenlöcher.

Dies ist wichtig im Hinterkopf zu behalten, um den gewünschten Eindruck (zum Beispiel angehobener Kopf, Blick nach oben) zu erzielen. Denn oft zeichnen wir nicht das, was wir sehen, sondern unsere Vorstellung von etwas und wundern uns, warum die Person auf unserer Zeichnung zum Beispiel statt nach oben geradeaus guckt.

Was auf den ersten Blick vielleicht verwirrt – »Wo waren jetzt die Augenbrauen?« – geht Ihnen schnell in Fleisch und Blut über, und Sie haben ein prima Werkzeug, um eine gewünschte Kopfhaltung mit wenigen Strichen zu verdeutlichen. Und das Schöne: Wo immer sich Menschen aufhalten, haben Sie Gelegenheit, diese Prinzipien zu studieren.

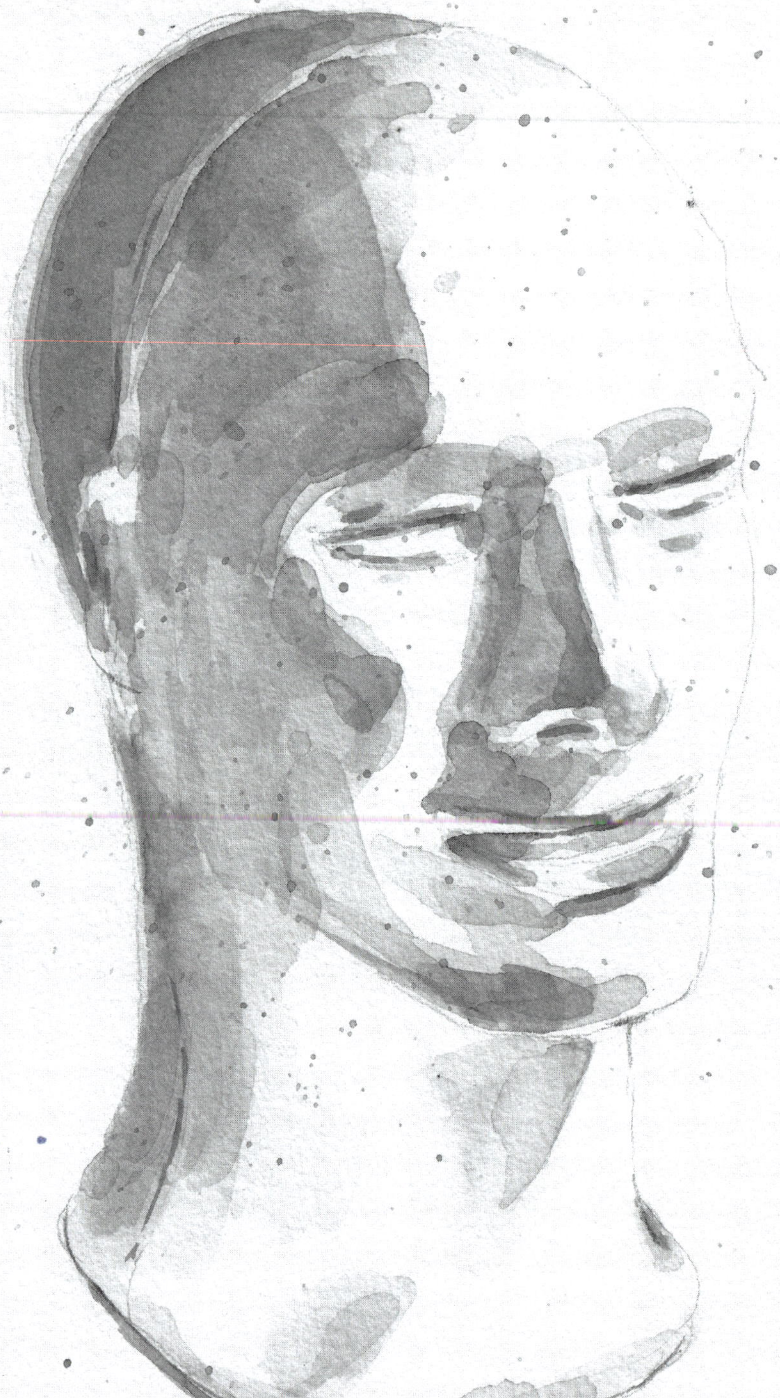

TIPP: Auch ein günstiger Styroporkopf bietet gute Möglichkeiten zum Üben!

8 FOTO ODER MODELL

Besonders für Neulinge im Porträtieren sind Fotos ideal, denn sie halten still und verfügen über konstante Lichtverhältnisse und Perspektiven. Außerdem werden sie nie ungeduldig und geben keine Kommentare. Magazine, Bildbände, Postkarten und das Internet sind voll davon und bieten eine große Auswahl. Ich habe gern ein kleines Sortiment auf meinem Smartphone oder nehme Ausdrucke für unterwegs mit. So habe ich immer Zeichenfutter.

Mutige können natürlich unterwegs auch ihre Mitmenschen skizzieren und porträtieren. Verfügt man nicht über die Technik des beiläufigen Schauens, werden die unfreiwilligen Modelle es allerdings bemerken. Nicht alle fühlen sich damit wohl, was auch auf den Zeichner, die Zeichnerin abfärben kann.

Menschen, die für uns Modell sitzen, sind natürlich hoch willkommen. Solange wir uns dabei nicht verkrampfen und unter Erfolgsdruck geraten, ist alles gut.

Gönnen Sie sich den Zeichenspaß und fragen Sie interessierte Freiwillige. Die meisten lieben es, porträtiert zu werden und sind längst nicht so kritisch, wie Sie befürchten. Vor allem nicht, wenn sie selbst nicht zeichnen.

Sollten Sie noch ungeübt sein, setzen Sie sich einen Zeitrahmen (eine Stunde ist schon viel am Anfang) und machen Sie kleine Pausen. Was wird das Ziel Ihrer Sitzung sein? Schnelle Studien mit Zeitlimit, ein ausgearbeitetes Porträt? Mit welchem Material möchten Sie arbeiten? Bereiten Sie Ihr Modell auch darauf vor, dass es vermutlich aufgrund Ihrer Konzentration nicht zu einem Plauderstündchen kommen wird.

18

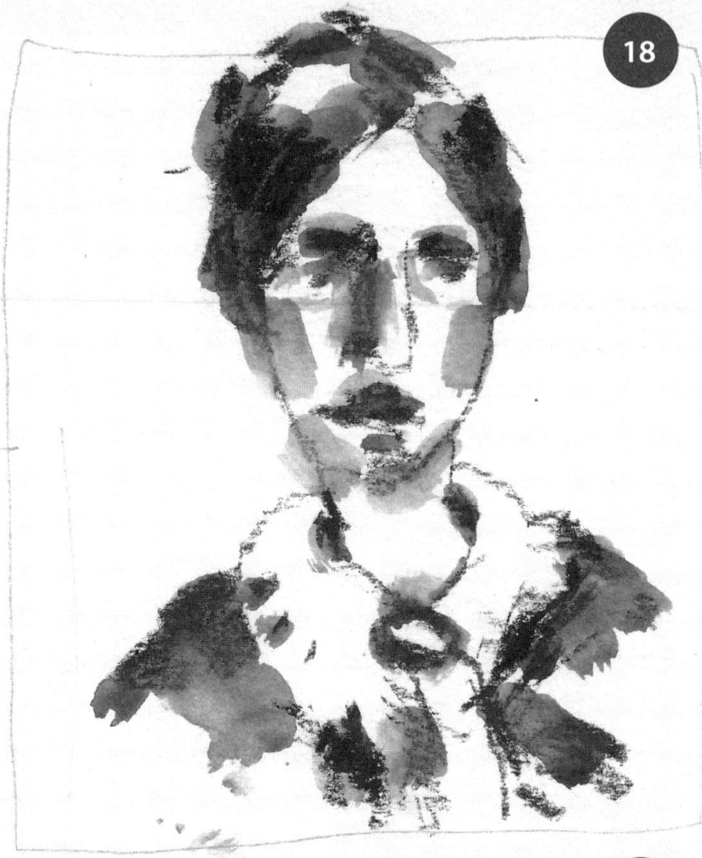

22

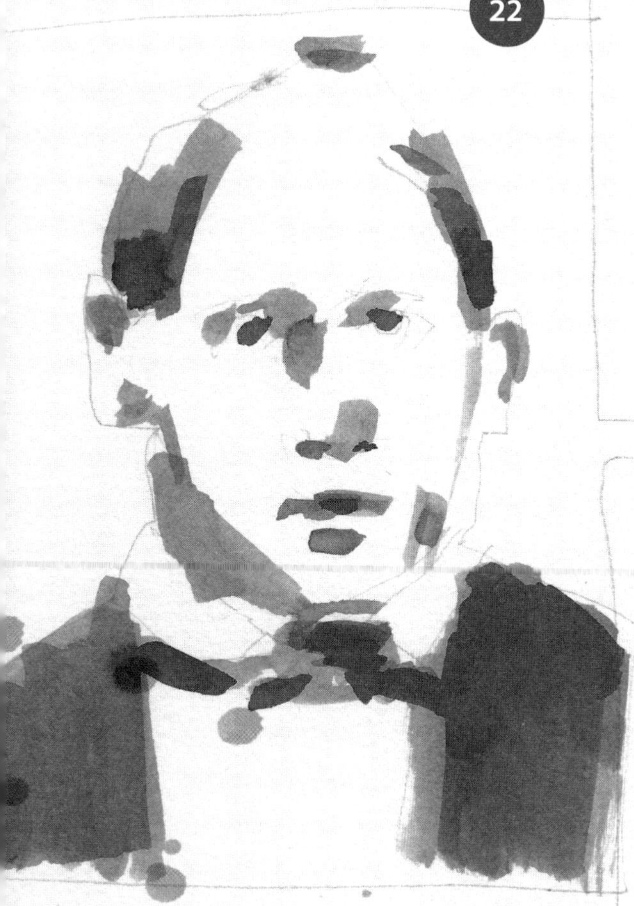

17

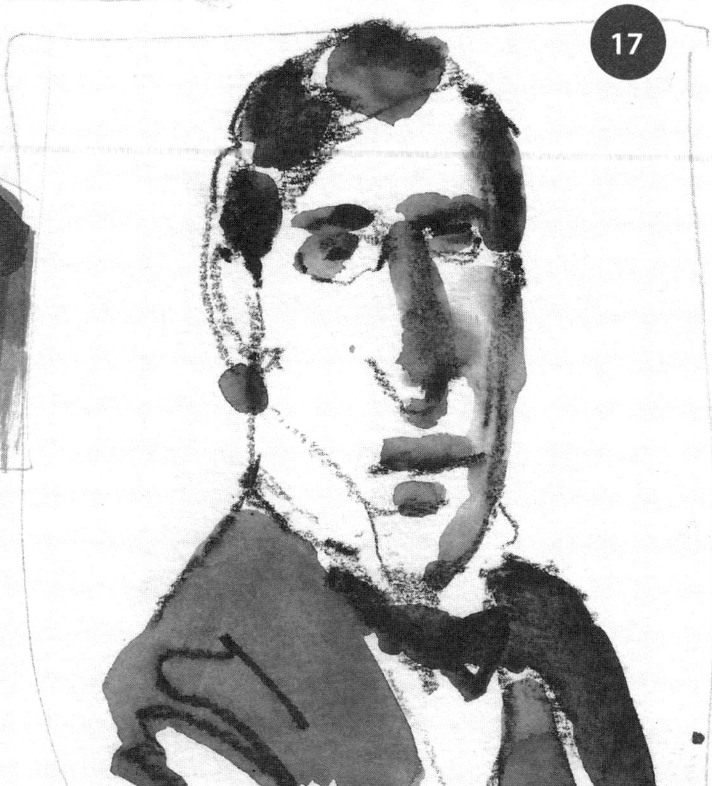

9 KONTRASTE, KONTRASTE!

Das war der häufigste Ausruf einer meiner Lehrer. Der Kontrast macht das Bild. Und es ist ja völlig logisch. Ein weißer Gegenstand vor einer weißen Wand ist kaum zu erkennen und würde dazu auch noch langweilig wirken. Kontraste machen nicht nur sichtbar, sie erzeugen auch Spannung. Ein Porträtfoto im Hell-Dunkel-Modus wiederzugeben ist deshalb eine meiner Lieblingsübungen in meinen Kursen.

Um alles im Blick zu haben und unerwünschte perspektivische Verzerrungen zu vermeiden, nehmen wir als erstes unser auf einer Unterlage befestigtes Papier bzw. unseren Block schräg vor uns auf die Knie. Eine Spanplatte, etwas größer als unser Blatt, ist praktisch, denn daran können wir unser Foto mit einer Klemme oder einem Stück Klebeband befestigen.

Jetzt betrachten wir unsere Vorlage und kneifen die Augen ein wenig zusammen, um uns auf die Hell-Dunkel-Effekte zu konzentrieren. Wir arbeiten mit einer dunklen Farbe (Blau, Schwarz, Sepia), egal ob Stift oder flüssige Farbe, und geben diese Flächen wieder. Ich spreche bewusst von Flächen, nicht Linien.

TIPP: Arbeiten Sie großzügig, fokussieren Sie sich auf die Formen und versuchen Sie, diese nicht zu benennen (»wie sieht denn der Mund aus«). Stattdessen denken Sie lieber in Analogien (»hier sitzt eine kleine herzförmige Wolke«). Treten Sie ein paar Schritte zurück von Ihrem Bild. Was meinen Sie?

Vier Start-Varianten

Grundsätzlich nehmen wir uns Zeit, das Porträt zu betrachten. Was macht es aus? Was hat uns angesprochen, warum haben wir es ausgesucht? Welche Stimmung vermittelt das Porträt oder welche möchten wir vermitteln? Ein zartes Kindergesicht verlangt möglicherweise nach einer anderen Darstellungsweise als ein wilder Gitarrist.

Noch bevor wir einen Stift in die Hand nehmen, studieren wir die Abstände von Augen, Mund, Nase, die Kopfform und die Haltung. Stehen die Augen dicht beisammen oder weit auseinander? Ist der Kopf rundlich, kantig, länglich? Was wollen wir betonen?

Hilfreich ist auch, eine Grundeinheit als Referenzgröße festzulegen, um in den richtigen Proportionen zu bleiben. Dieses Vorgehen ist natürlich kein Muss. Karikaturisten übertreiben gern einzelne Merkmale, ziehen zum Beispiel den Kopf bewusst in die Länge oder Breite. Ein Nachmessen mit Hilfe einer Referenzgröße würde dann nicht funktionieren.

Kneifen Sie ruhig wieder die Augen zusammen, um Kontraste besser zu erfassen. Das Zusammenspiel von Hell und Dunkel macht das Bild aus.

Okay, fangen wir an. Ich bevorzuge zwei Varianten. Die erste: Ich beginne mit der Außenkontur. Das hat den Vorteil, dass ich meinen Platz gut kalkulieren kann und nicht zum Schluss feststelle, oh je, die Frisur passt nicht mehr drauf. Der Nachteil, vor allem für Ungeübte: Wie verteile ich die Details (Augen, Nase, Mund) auf die definierte Fläche? Mir macht es großen Spaß, mich selbst zu überraschen, wie das Porträt aufgeht. Deshalb zeichne ich die Außenkontur schwungvoll und übertreibe sie vielleicht sogar ein wenig.

Bei der zweiten Variante beginne ich mit den Augen und baue das Gesicht nach und nach auf. Und dann gibt es noch Nummer drei, bei der mit dem Oval des Kopfes gestartet wird (nicht mein Favorit).

In jedem Fall vermeiden Sie bitte zu viel Gestrichel und zu viele Linien mit dem Bleistift – Sie lassen Ihre Darstellung steif wirken. Machen Sie sich stattdessen ein paar hauchfeine Markierungen auf dem Papier für die wichtigsten Positionen und gehen Sie beherzt ans Werk.

Probieren wir doch einfach einmal alle Varianten aus. Anschließend werde ich Ihnen noch einen vierten Weg vorstellen.

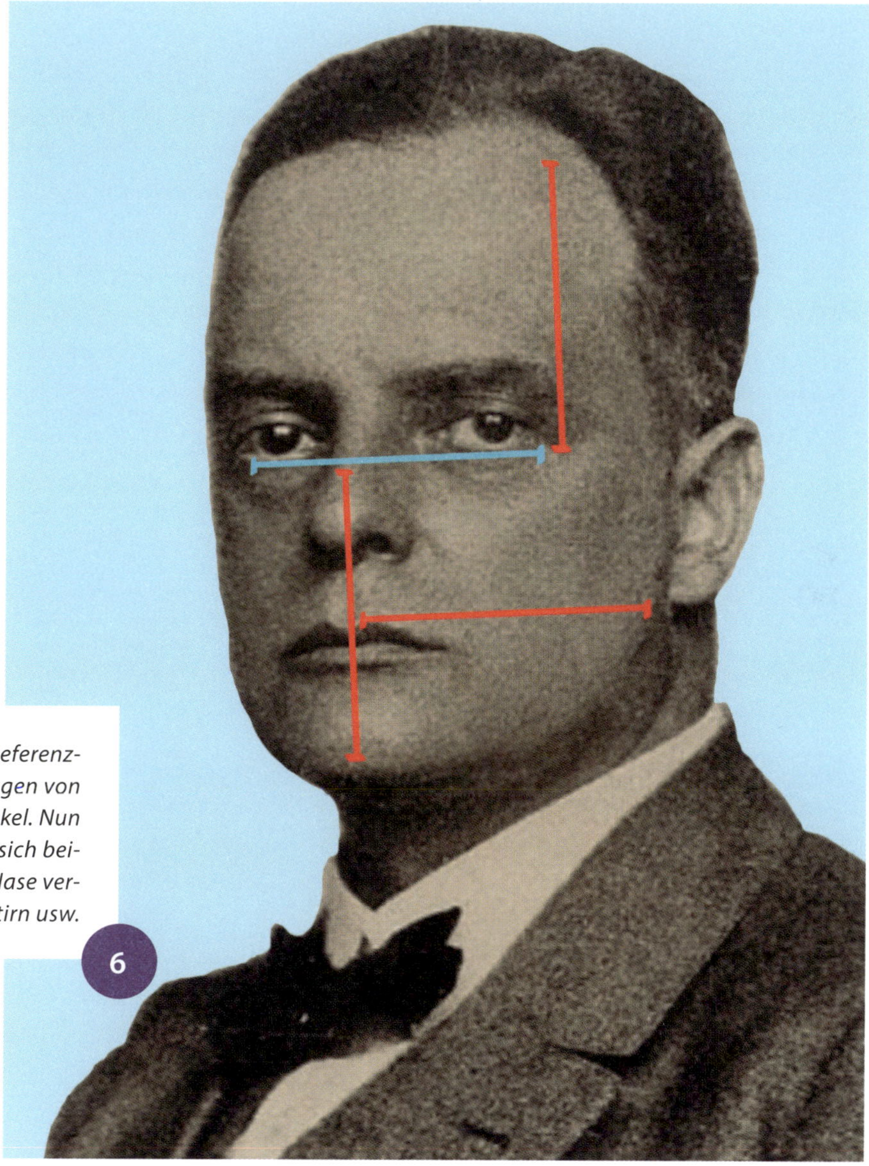

Meistens nehme ich als Referenzgröße den Abstand der Augen von Außenwinkel zu Außenwinkel. Nun kann ich abmessen, wie er sich beispielsweise zur Länge der Nase verhält oder zur Höhe der Stirn usw.

6

Mit der Außenkontur starten

Als Malgrund verwendete ich ein Steinpapier (240 g/m2), auf dem ich mit Tusche und Glasreiniger Farbexperimente gemacht hatte. Dazu habe ich in die mit Wasser verdünnte und aufs Papier aufgetragene Tusche Glasreiniger gesprüht, der diese interessanten Kristallisationen und Farbverläufe bewirkt. Das fand ich als Hintergrund sehr effektvoll. Außerdem lässt sich darauf mit Tinte wunderbar zeichnen, da das Papier eine sehr glatte Struktur besitzt. (Es wellt sich allerdings auch bei zu viel Feuchtigkeit, also Vorsicht beim Lasieren und Lavieren (siehe Kapitel »Mein Material – Aquarellfarben« ab S. 120).

Zuerst habe ich mit einem Füller und schwarzer Tinte die Außenkontur gezeichnet – für den besagten Überraschungseffekt (wie auf S. 32 erwähnt). Im zweiten Schritt kamen Details dazu wie Frisuren, Gesichter, Kleidung.

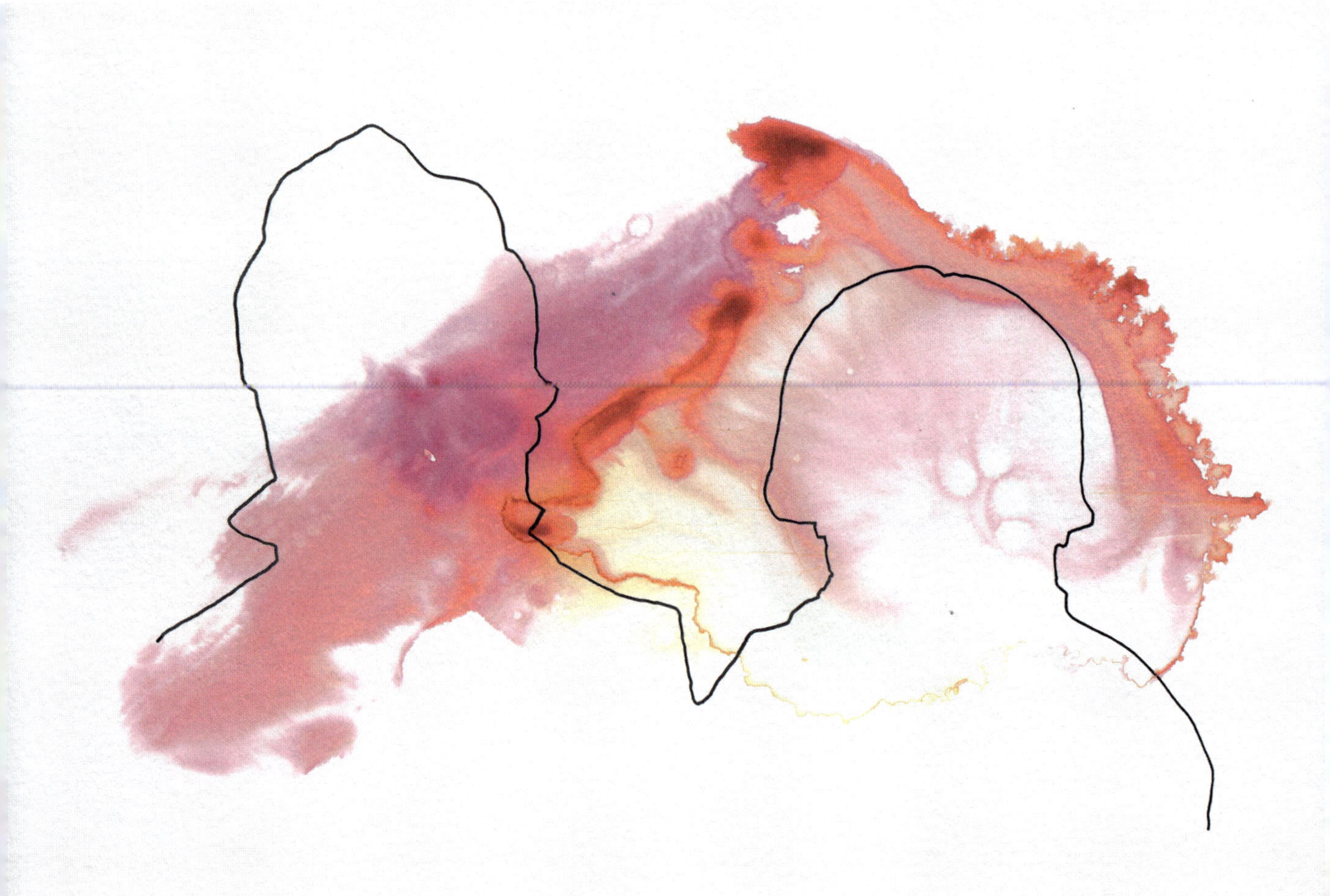

Mit der Außenkontur beginnen …

Diese habe ich im dritten und vierten Schritt weiterausgearbeitet, indem ich erst mit verdünnter Tusche (Farbton Sepia) Flächen lasiert und zum Schluss noch einmal Einzelheiten (Haarsträhnen, Augen, Falten der Kleidung) ausgearbeitet habe. Für den Lichtpunkt im Auge der Frau war ein weißer Gelstift zuständig. Den sollte man immer dabei haben für kleinere Reparaturen.

Insgesamt ist das Paar gedrungener geraten als auf dem Foto, was mich nicht stört. Mich haben mehr die Frisuren beschäftigt. Die Haartolle des Mannes zu zeichnen machte wirklich Spaß, genauso wie die glatt anliegenden Haare der Frau.

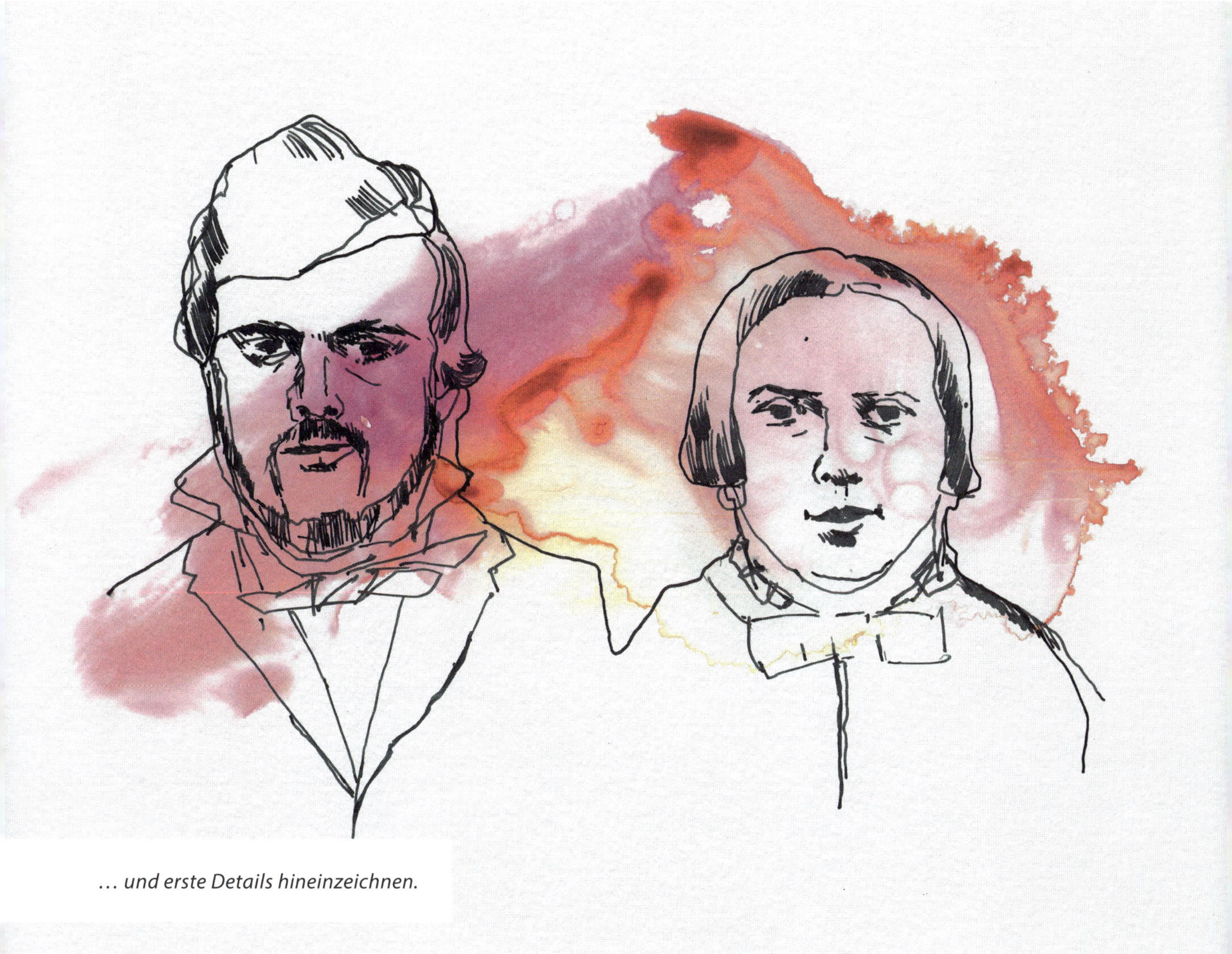

... und erste Details hineinzeichnen.

Im dritten Schritt konnte ich dank der glatten Papierstruktur mit einem angefeuchteten Lappen etwas von Wangen und Bart des Mannes abtragen, um es schmaler zu gestalten. Sonst wäre das Porträt für meinen Geschmack zu massiv geworden, da dort auch schon der violette Hintergrund sehr präsent ist.

Die Verbindung zwischen den Personen habe ich bewusst nur mit einer Linie gestaltet, aber nicht »zugemalt«, um das Porträt luftig zu halten. Ich sehe es als eine lebendige Studie, die sich ein Stück von der Vorlage emanzipiert hat. Lustigerweise erinnert mich das Gesicht der Frau an Liz Taylor, dagegen denke ich bei ihrer Frisur an den Moritz aus »Max und Moritz«.

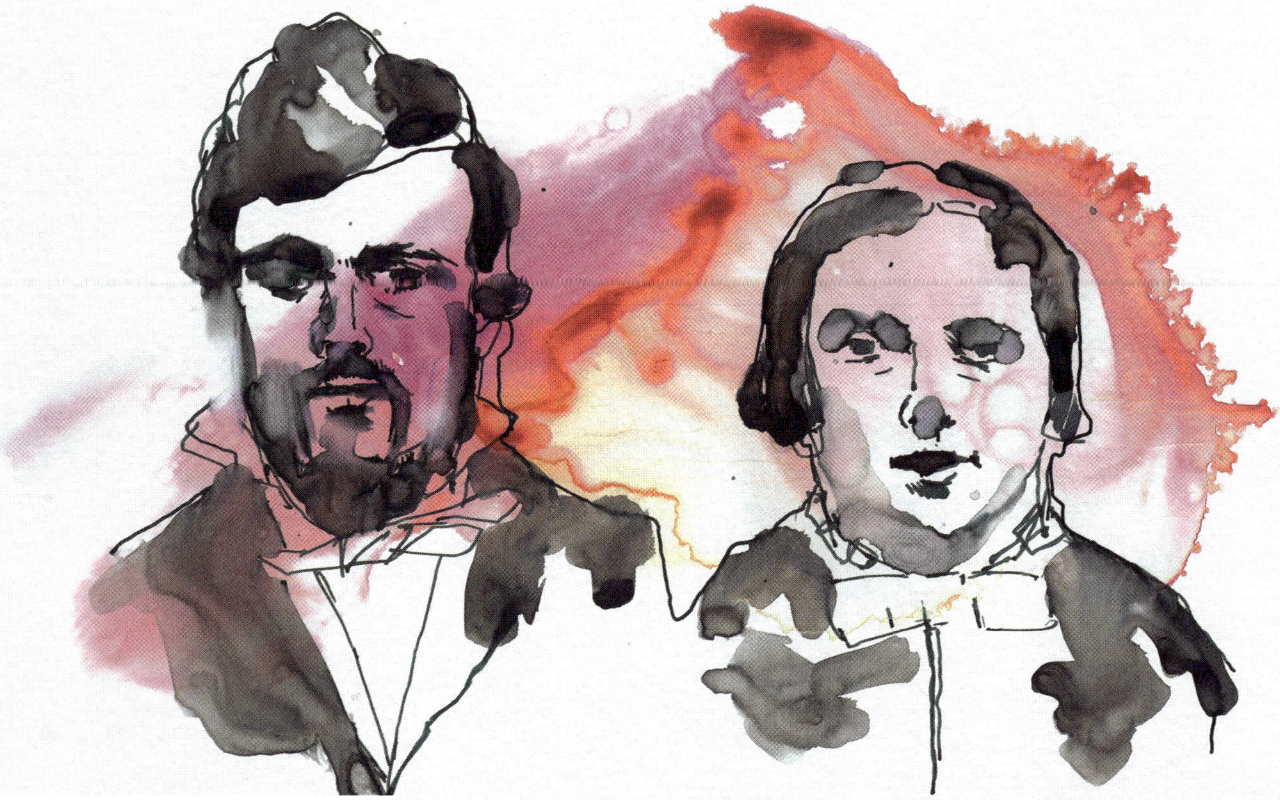

Der Mann guckt skeptisch, obwohl er schon fast fertig ist.

21

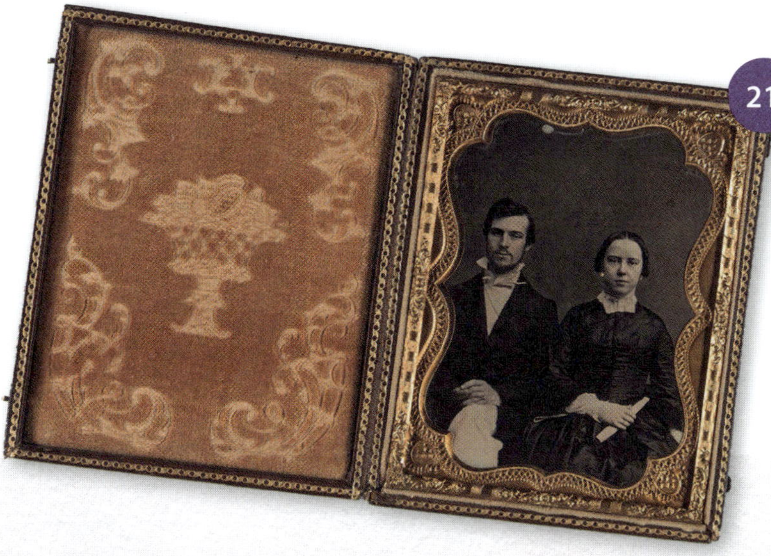

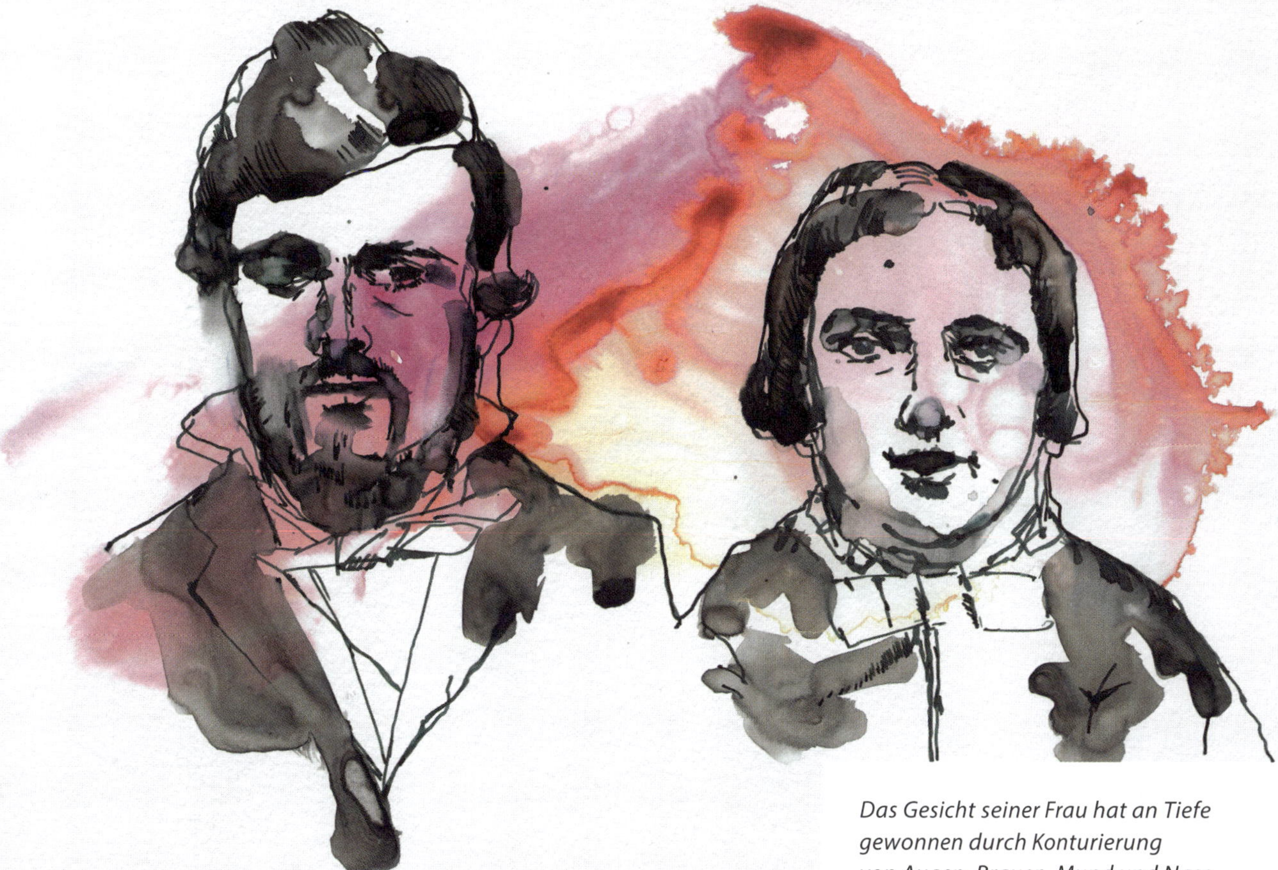

Das Gesicht seiner Frau hat an Tiefe gewonnen durch Konturierung von Augen, Brauen, Mund und Nase.

Mit den Augen beginnen

Kommen wir zur zweiten Variante. Verwendet habe ich dafür schwarze Fineliner der Stärke 01, 03, 08, einen Brushpen sowie die Aquarellfarben Indigo und Sepia in einer Mischung.

Wir starten mit dem Zeichnen der Augen. Von diesen ausgehend habe ich mich vorgearbeitet, sie um die Brauen und Schläfen ergänzt und schließlich Bart, Hut und Schultern gezeichnet. Im dritten Schritt folgte das Setzen erster Schatten mittels Schraffur. Schließlich habe ich die Schatten lasierend durch Aquarellfarben verstärkt und abschließend mit meinen Fineliner einzelne Linien betont.

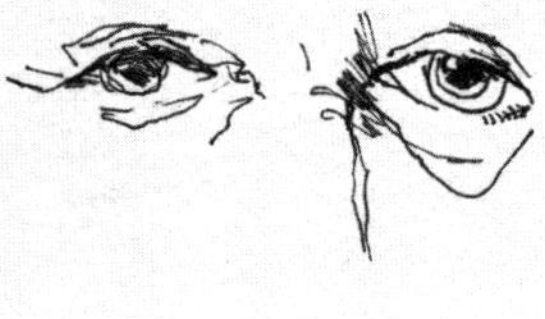

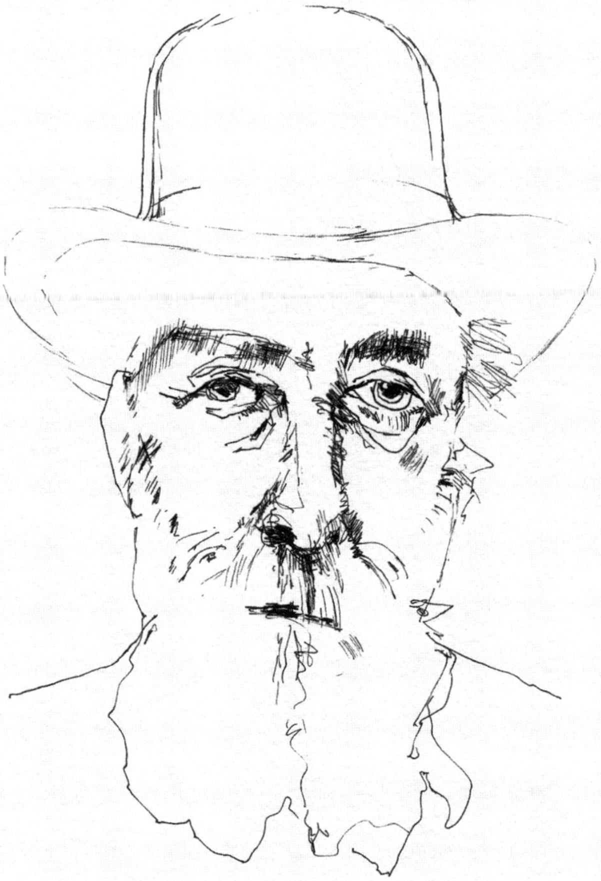

10

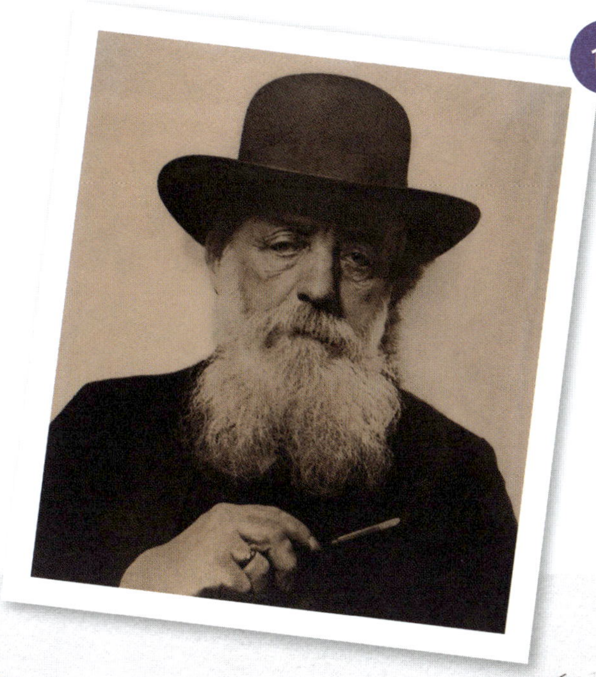

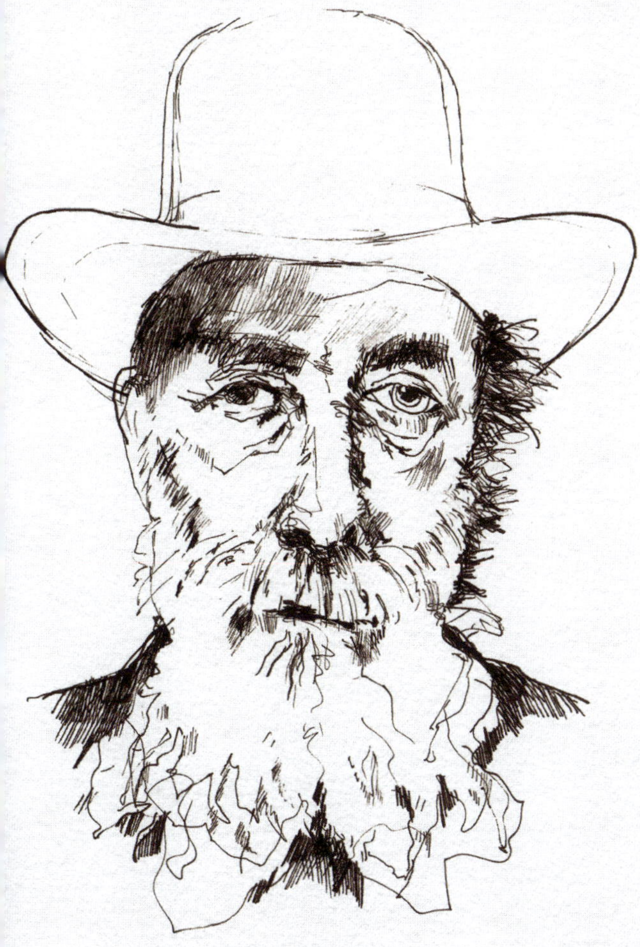

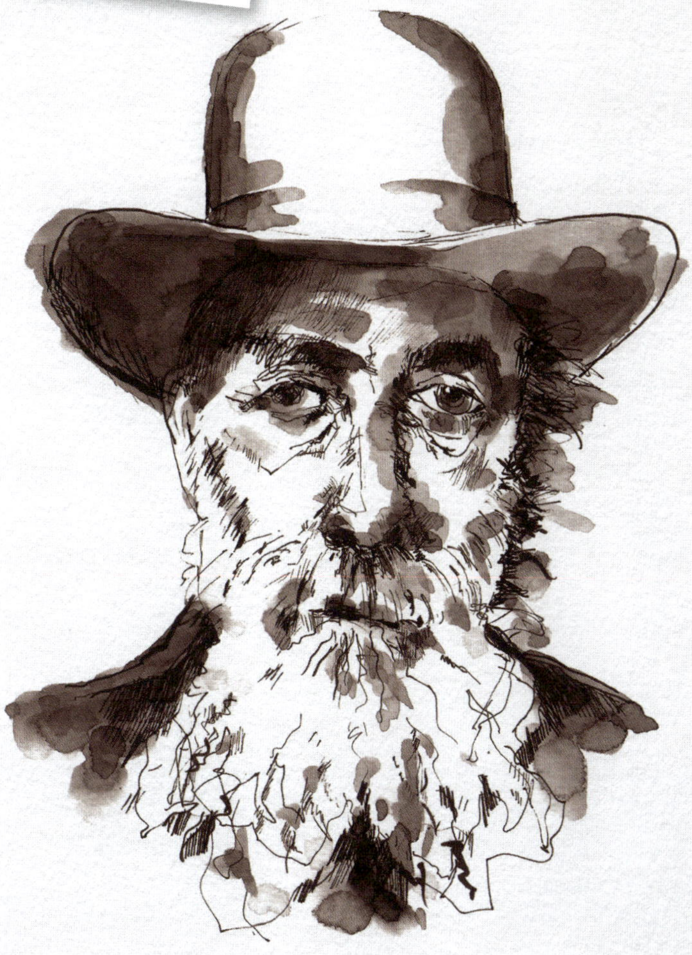

Einen ähnlichen Ablauf habe ich bei dem folgenden Porträt gewählt – allerdings waren hier meine Materialien Sepia-Tusche, eine feine Zeichenfeder, ein Rundpinsel Stärke 11 sowie Aquarellpapier 300 g/m². Das Endergebnis zeigt, verglichen mit dem dritten Zwischenschritt, wie sehr sich Kontraste und Tiefenwirkung durch das Lasieren verstärken lassen.

Begonnen habe ich wieder relativ detailliert mit den Augen und im zweiten Schritt Nase und Mund ergänzt, bevor ich mich den weiteren Umrissen von Kopf, Frisur und Mantelkragen widmete. Im dritten Schritt wurden mit verdünnter Tusche die dunklen Stellen durch Lasieren herausgearbeitet und mit purer Tusche einzelne Partien hervorgehoben. Das Porträt wäre fertig gewesen, hat aber in meinen Augen noch durch einige gezielte Linien und weitere Lasuren im vierten Schritt an Tiefe gewonnen.

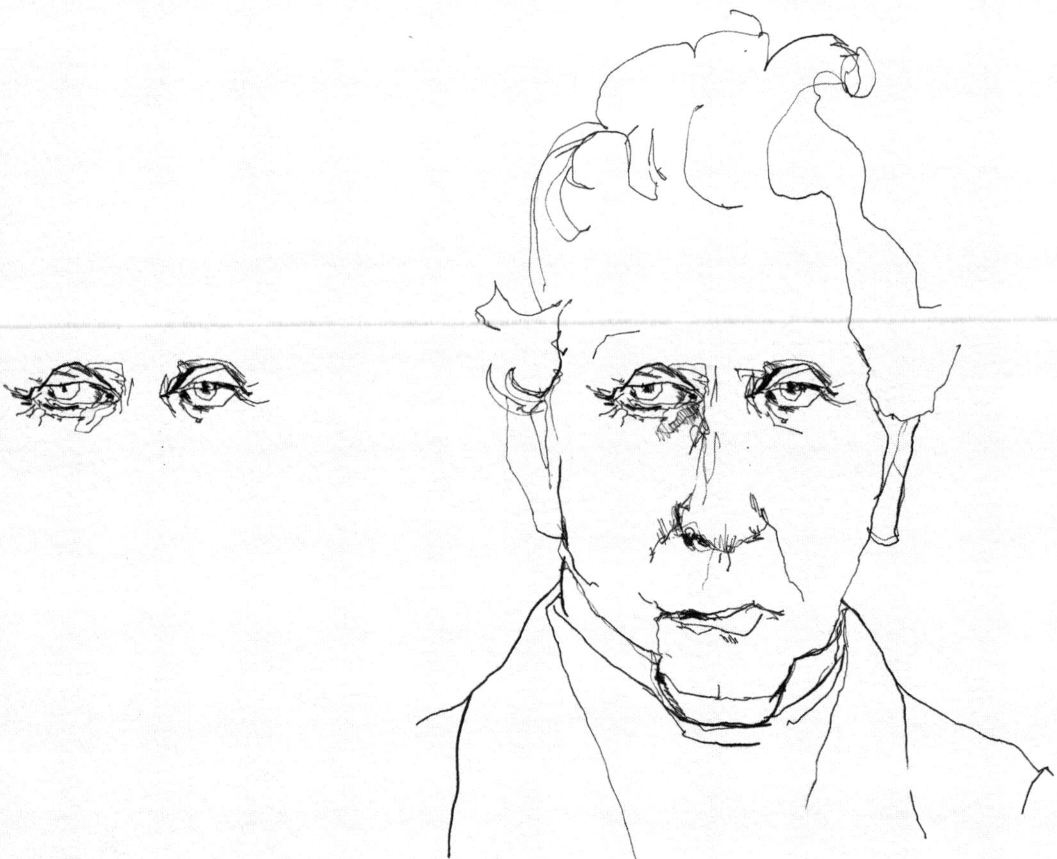

Im dritten Bild sieht man, dass ich die Frisur im wahrsten Sinne »verfönt« habe. Beim Trocknen mit dem Fön lief eine Tuschelinie unfreiwillig aus dem Ruder, was aber schließlich kaum noch auffällt. Oft machen vermeintliche Fehler ein Bild erst interessant. Deshalb bitte nicht gleich erschrecken und das Bild wegschmeißen. Bleiben Sie ruhig und lassen Sie es auf sich wirken!

20

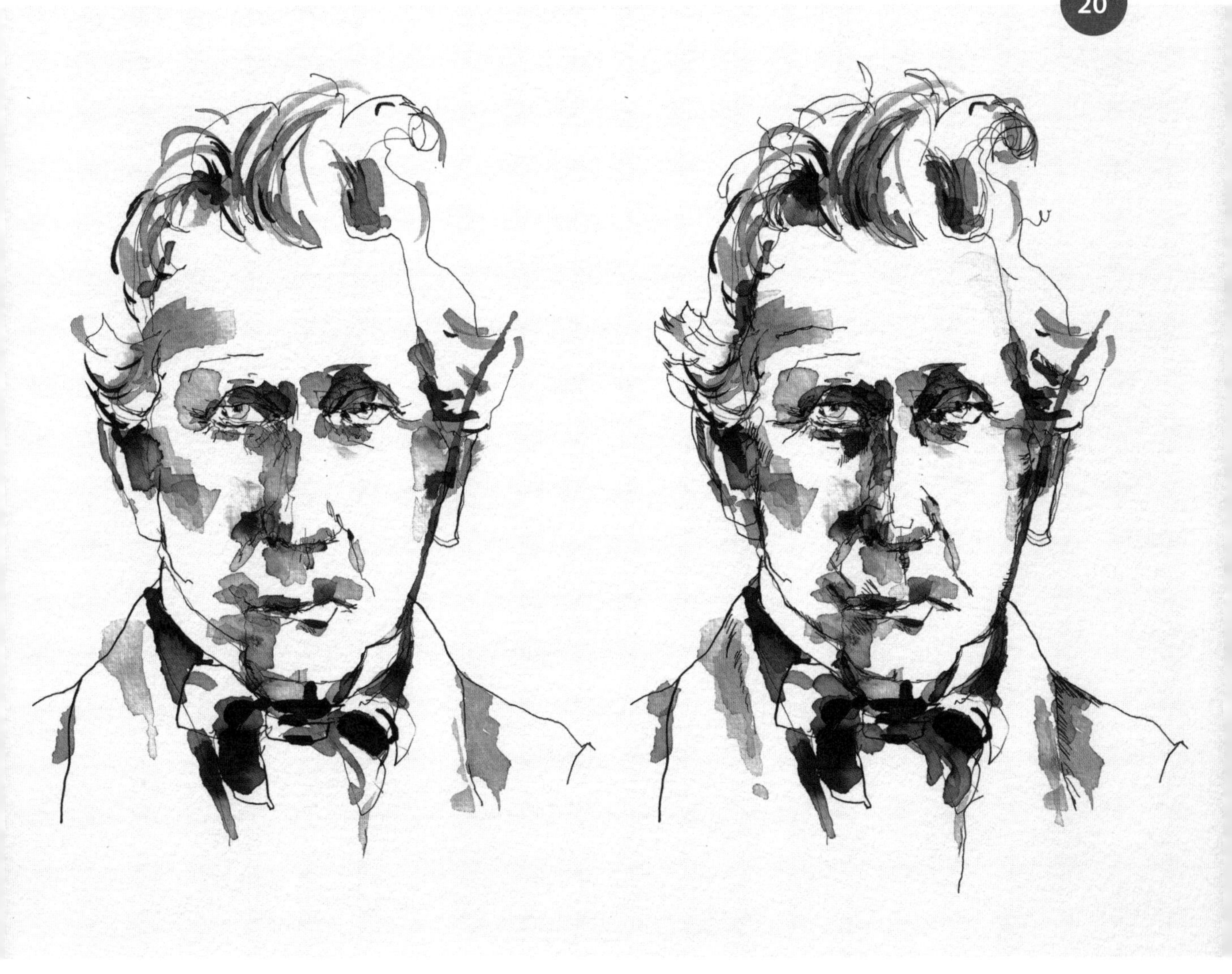

Mit dem Kopfumriss beginnen

Versuchen wir es jetzt noch einmal und gehen vom Kopfumriss aus.

Für diese Zeichnung habe ich mit meinem Lieblingsbleistift 3B begonnen und zum Schluss einige Akzente mit wasservermalbarem Grafit gesetzt, was insgesamt nur 10 bis 20 Minuten dauerte. So stelle ich es mir auch vor – eine schöne spontane Zeichnung, bei der einige Konstruktionslinien stehenbleiben. Brauche ich für meinen Geschmack zu lange, wirken die Porträts oft zu bemüht und man sieht ihnen an, dass ich mich angestrengt habe. Meistens ist der Grund: Ich wollte sie besonders gut und locker werden lassen – die Garantie, mich zu verkrampfen. Wichtig ist auch, ob mich das Gesicht fasziniert, inspiriert, zum Lachen bringt, was auch immer. Interessiert es mich überhaupt nicht, wird man es meinem Porträt ansehen.

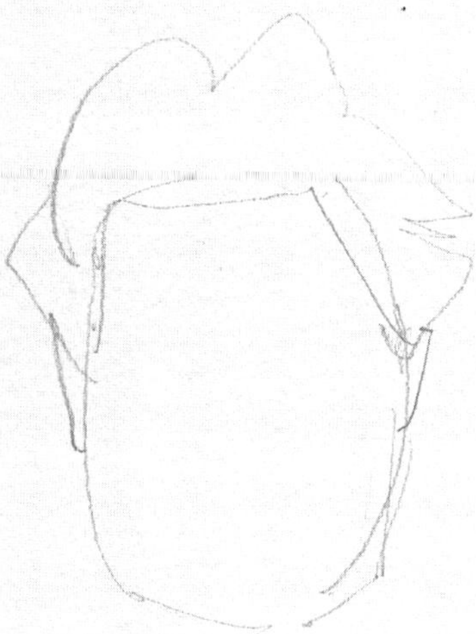

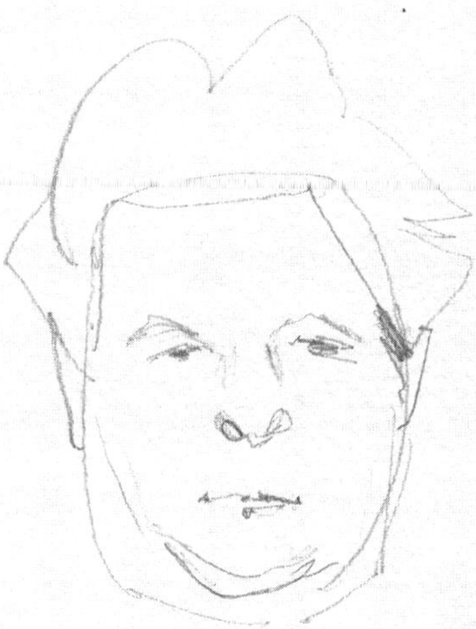

Mit welcher Technik kamen Sie besser zurecht? Denken Sie daran, alles braucht Übung. Seien Sie geduldig mit sich. Beißen Sie sich nicht an vermeintlich gescheiterten Versuchen fest. Legen Sie sie beiseite (nicht wegwerfen!) und gehen Sie zum nächsten Porträt über.

TIPP: Wiederholtes Korrigieren und Radieren macht ein Bild nicht besser. Akzeptieren Sie, dass man nicht jeden Tag gleich gut drauf ist und nicht immer alles gelingen kann.

11

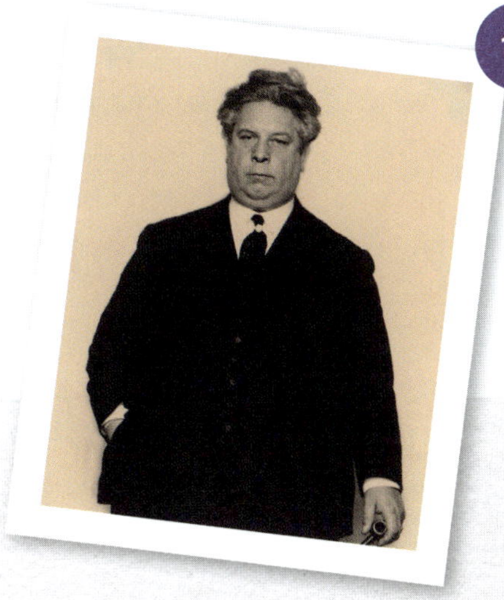

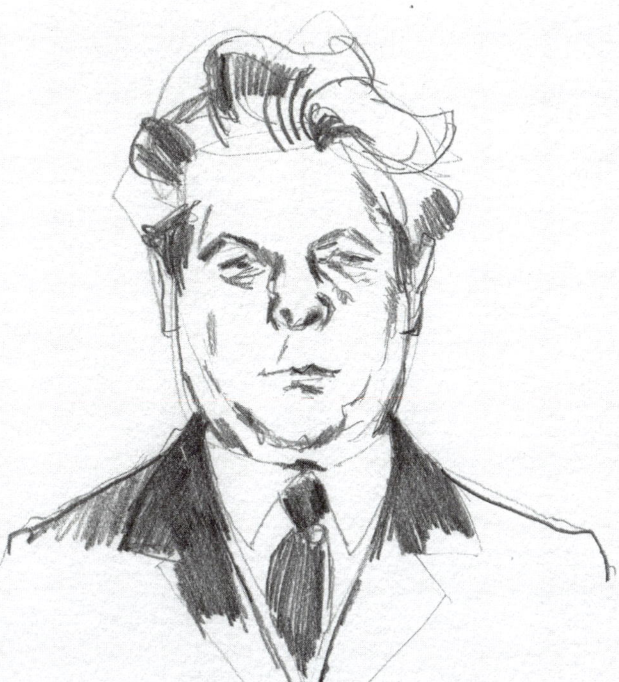

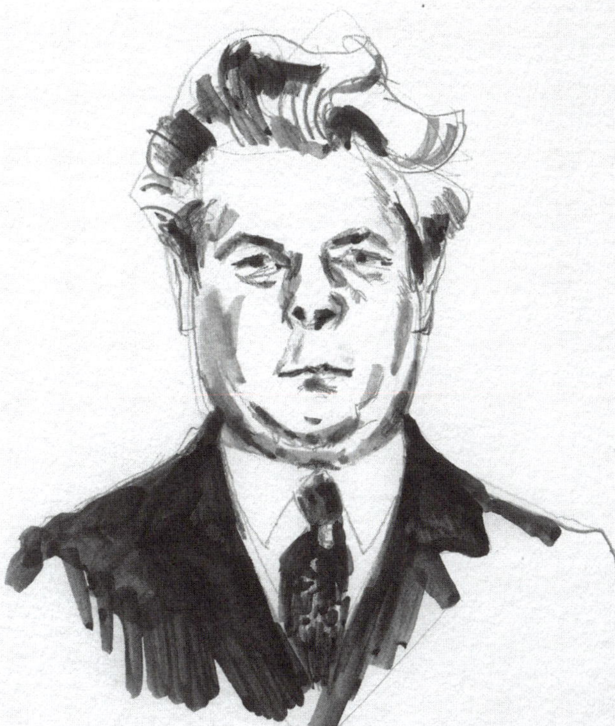

… oder ganz anders

Diese Variante eignet sich ganz besonders, wenn wir uns erst noch an die Formen und Proportionen herantasten wollen. Dazu verwenden wir wasservermalbare Buntstifte oder Wachsmaler und beginnen mit ein bis zwei hellen Farben. So halten wir uns Korrekturmöglichkeiten offen, ohne radieren zu müssen. Selbst wenn einige Linien »ungenutzt« stehen bleiben, kann das ein Bild umso lebendiger machen.

Ich habe das Porträt meiner Tochter mit großen Schwüngen in Gelb angelegt und im zweiten Schritt erste Akzente mit weiteren Farben gesetzt. Hin und her springend zwischen Augen, Mund, Haaren und Mützenrand habe ich mich voran gearbeitet und dies fortgeführt, um zum Schluss noch einige Partien flächiger zu gestalten. Verwendet habe ich wasservermalbare Wachsmaler, die ich allerdings nur trocken eingesetzt habe.

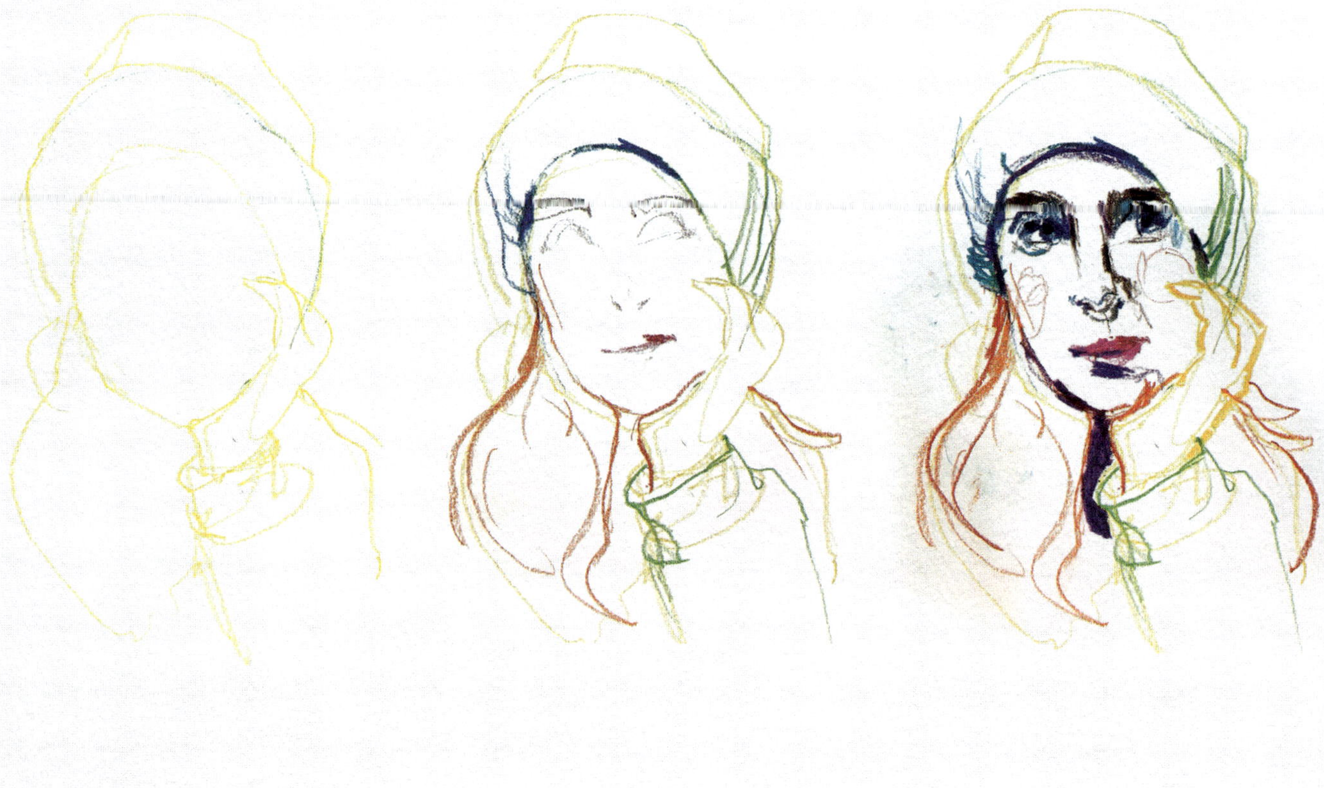

Sie sehen, hier hatte ich eindeutig Mut zur Farbe! In die blonden Haare wurden mehrfarbige Strähnen gesetzt und darauf geachtet, die dunkelsten Stellen auch entsprechend darzustellen – hier in Violett und Braun. Auch bei den pink-roten Wangen wurde nicht an Farbe gespart. Dafür war mir bei Oberteil und Mütze wichtig, nicht zu kompakt zu werden. Ähnlich wie beim Aquarellieren tat es dem Porträt gut, an einigen Stellen das Papier stehen zu lassen.

TIPP: Sehen Sie Ihr Porträt als ein Objekt, das immer wieder in Balance gebracht werden will. Verändern Sie an einer Stelle etwas, hat es Einfluss aufs große Ganze und macht an anderer Stelle wieder Korrekturen erforderlich. Vertrauen Sie hier Ihrem Sinn für Ausgewogenheit.

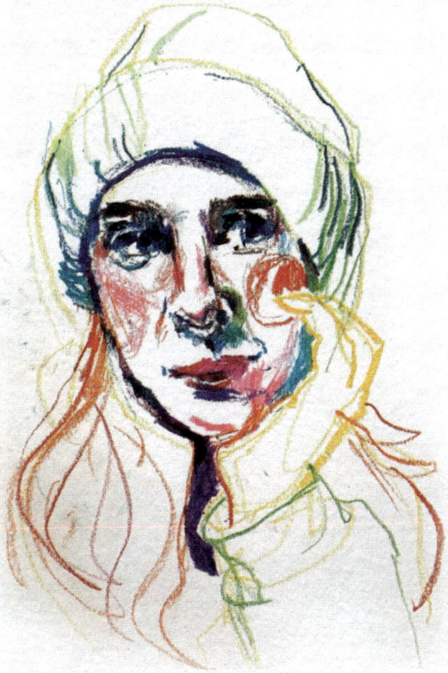

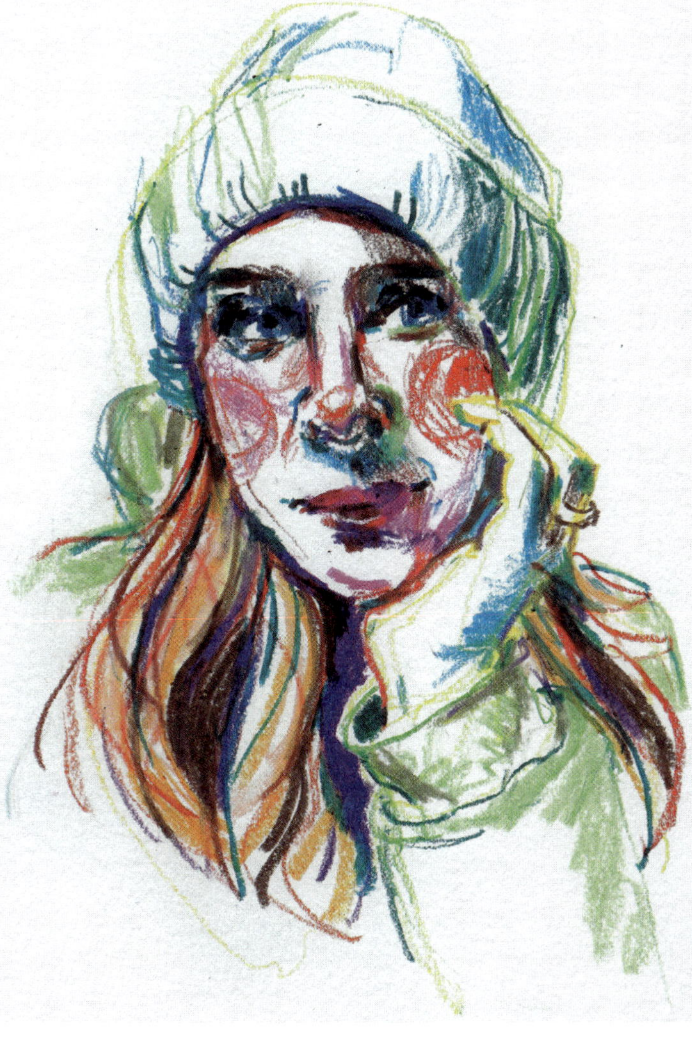

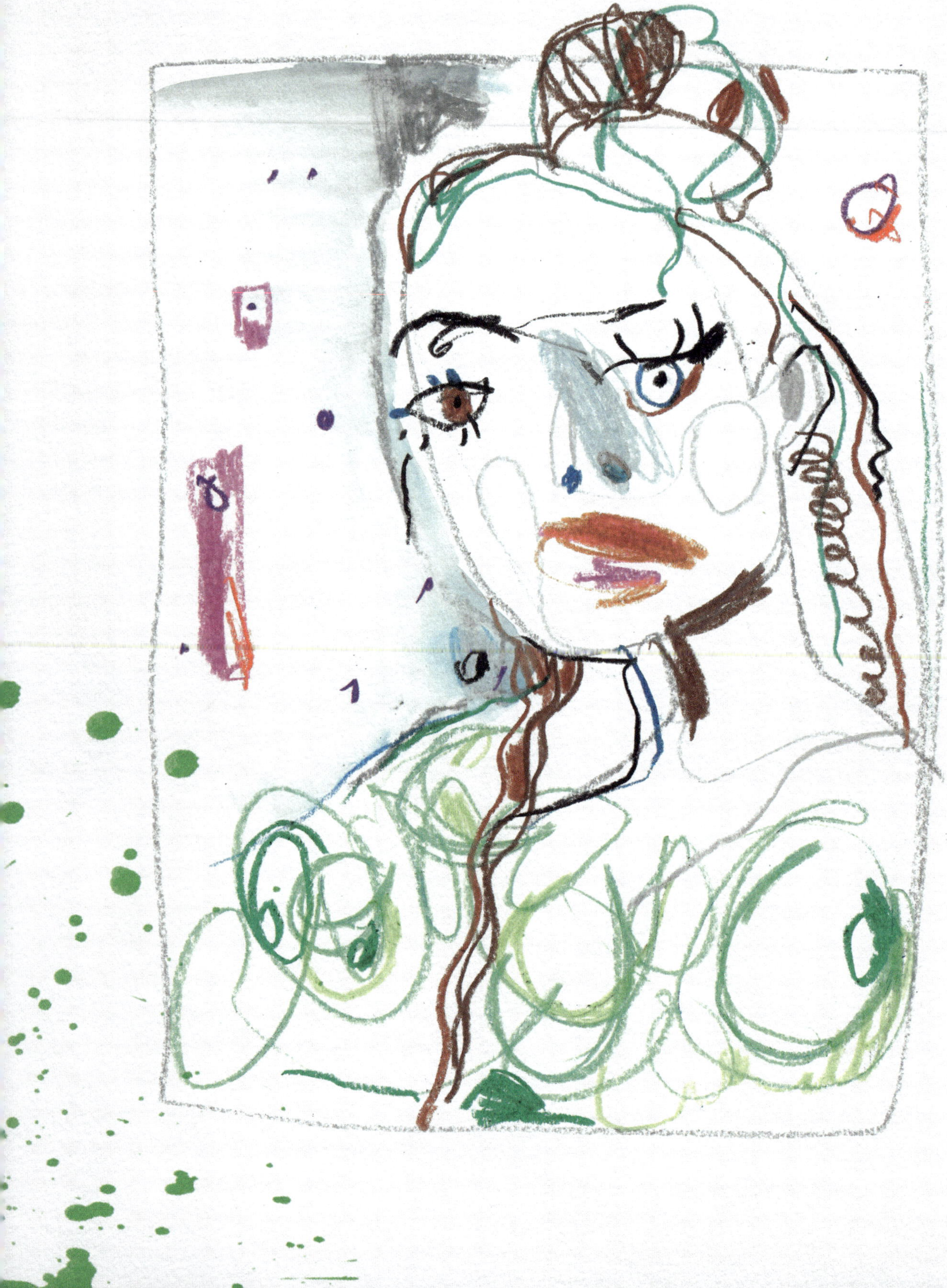

10 PUNKT, PUNKT, KOMMA, STRICH

Mit Augen, Nase und Mund ist es wie mit Bäumen oder Häusern. Wir haben einen Prototypen im Kopf und zeichnen ihn. Das kann sogar dann passieren, wenn wir ein Modell oder eine Vorlage vor uns haben. Verrückt! Wir schauen nicht genau hin – »Ach ja, ein Auge, kenn' ich«. Dabei unterscheiden sich alle Augen voneinander, selbst die beiden im selben Gesicht. Es lohnt sich also auch bei diesen Details, genau hinzuschauen und die charakteristischen Merkmale einzufangen. Anschauungsmaterial finden wir überall. In der Bahn können wir Menschen studieren, ebenso beim Durchblättern einer Zeitschrift oder beim Surfen durch das Bildmaterial im Internet.

Grundsätzlich gilt: Alles, was wir sehen, wird nicht durch Linien umrahmt. Wir nehmen es über Hell-Dunkel-Kontraste wahr (siehe Kapitel »Kontraste, Kontraste!« ab S. 31). Deshalb können wir uns erlauben, Linien zu unterbrechen, zu schraffieren und flächig zu arbeiten. (Es sei denn, geschlossene Linien werden als Stilmittel eingesetzt, wie zum Beispiel bei Comics.)

Durchgezogene Linien wirken bei organischen Formen schnell unnatürlich und steif. Herantastendes Stricheln hilft meistens auch nicht weiter und verleitet schlimmstenfalls zu immer mehr vom Selben. Das Ergebnis kann schnell unübersichtlich wirken. Beherzigen wir doch die alte Regel: Weniger ist mehr! Und setzen wir unsere Striche bewusst und mit Bedacht. (Angeblich galt es in China, dem Land mit großer Tusche-Tradition, als ungebildet, Pinselstriche nicht zu würdigen.) Dabei dürfen sie auch hin und wieder unterbrochen sein – das Auge denkt mit. Beste Voraussetzungen für gute Ergebnisse schaffen wir durch ausführliches Beobachten und Studieren unseres zu zeichnenden Objekts.

Augen

Das Auge besteht aus einer Kugel, dem Glaskörper, die oben und unten von den Augenlidern eingefasst ist. Zur Veranschaulichung: Das Prinzip ist dasselbe wie bei einer Apfelsine, aus der wir einen Streifen Schale abschneiden (siehe Zeichnung S. 50 oben). Bei einem Porträt im Profil kommt dies besonders zur Geltung.

Hinzu kommt, dass das Auge in einer Senke liegt, der Augenhöhle. Folgerichtig wird hier je nach Lichteinfall Schatten zu sehen sein. Dies aufzugreifen hilft uns grundsätzlich, unsere Zeichnungen plastisch zu machen.

Die Beispiele zeigen, wie sich auf unterschiedlichste Weise Augen darstellen lassen. Ich habe Aquarellfarben, Bleistift, Buntstift und Tusche verwendet, die ich flächig und als Linie eingesetzt habe.

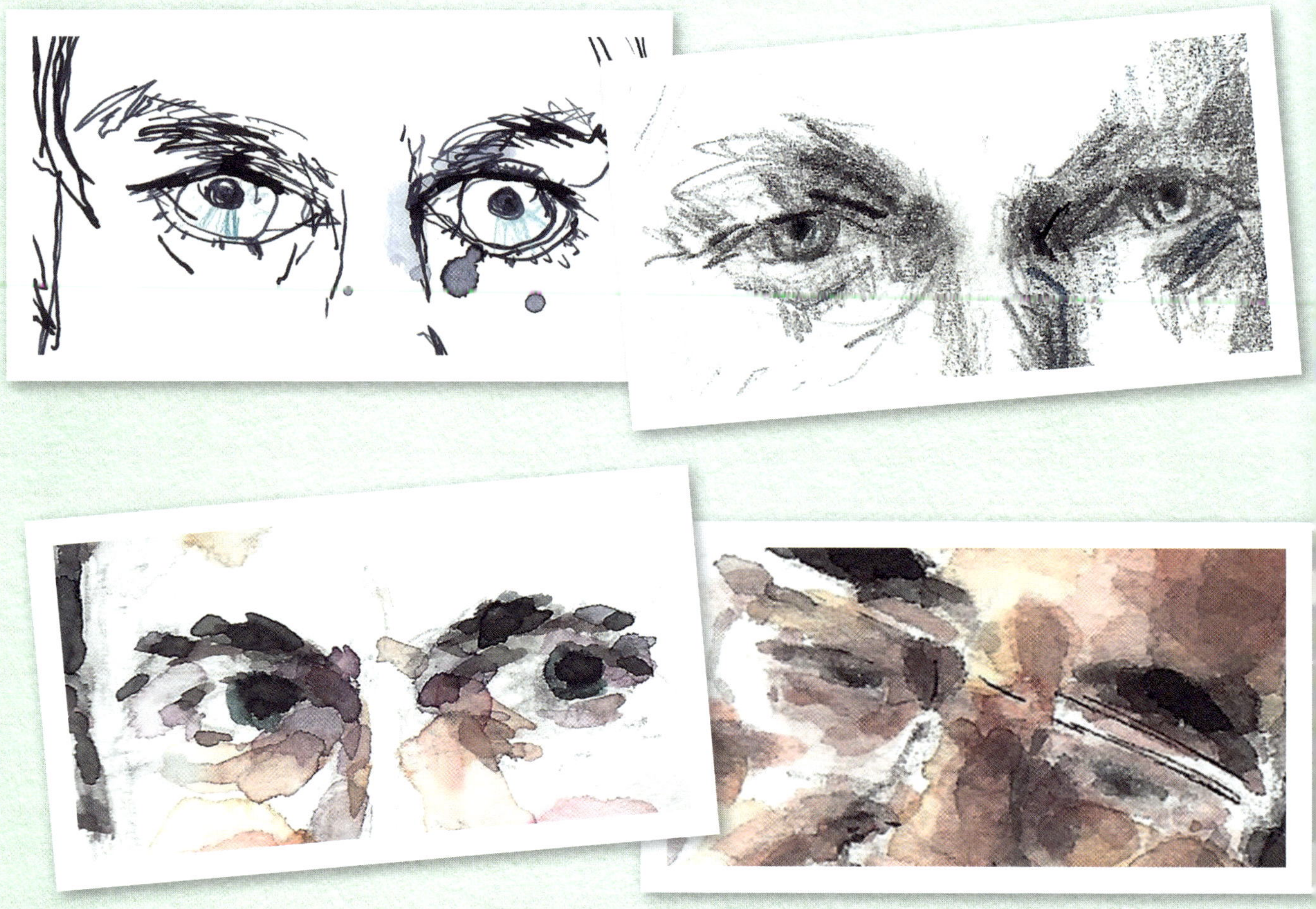

Grundsätzlich zeigen dunkle Flächen links und rechts neben der Nasenwurzel die Vertiefung aufgrund der Augenhöhle an. Auch unter den Augen sitzt immer ein Schatten, ebenso über dem Oberlid. Reflexe sorgen für Lebendigkeit und sollten sitzen, damit die Person mit beiden Augen in dieselbe Richtung blickt. Nicht immer ist die Pupille zu erkennen, beispielsweise bei sehr dunklen Augen bzw. Lichtverhältnissen oder wenn die Augen (bei lachenden Menschen) zusammengekniffen sind. Dennoch erkennen wir die Blickrichtung. Das finde ich immer wieder faszinierend.

Wimpern zu zeichnen ist oft nicht nötig. Hier reichen meistens ein oder mehrere dickere Striche, um sie anzudeuten. Es kann eine Zeichnung aber durchaus interessant machen, wenn man die Wimpern vereinzelt zeichnet. Gleiches gilt für die Augenbrauen (mehr dazu unter »Es wird haarig«, siehe S. 70). Es kommt eben ganz auf die Intention und die Aussage unseres Porträts an.

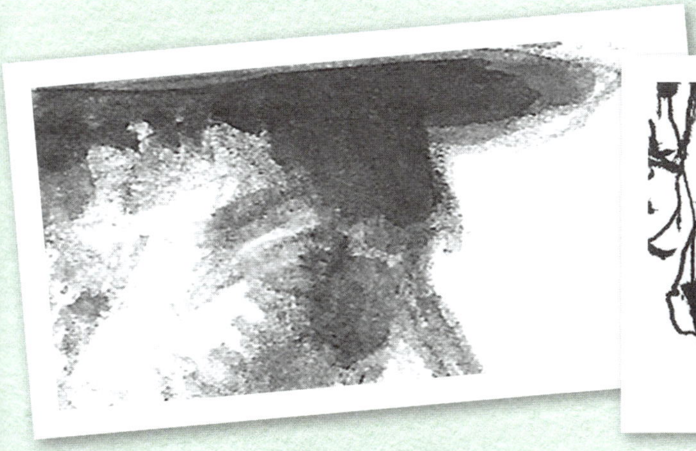

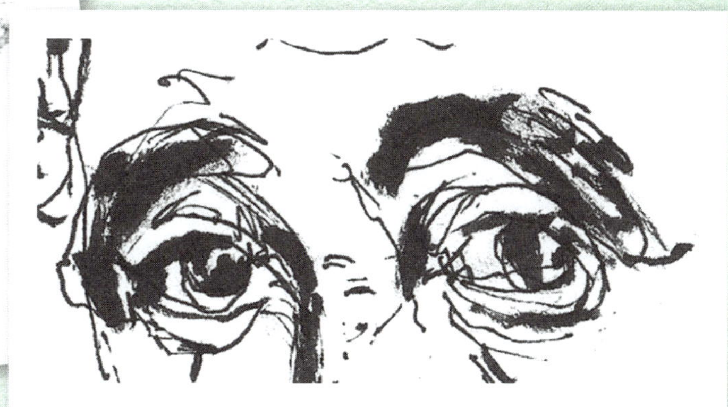

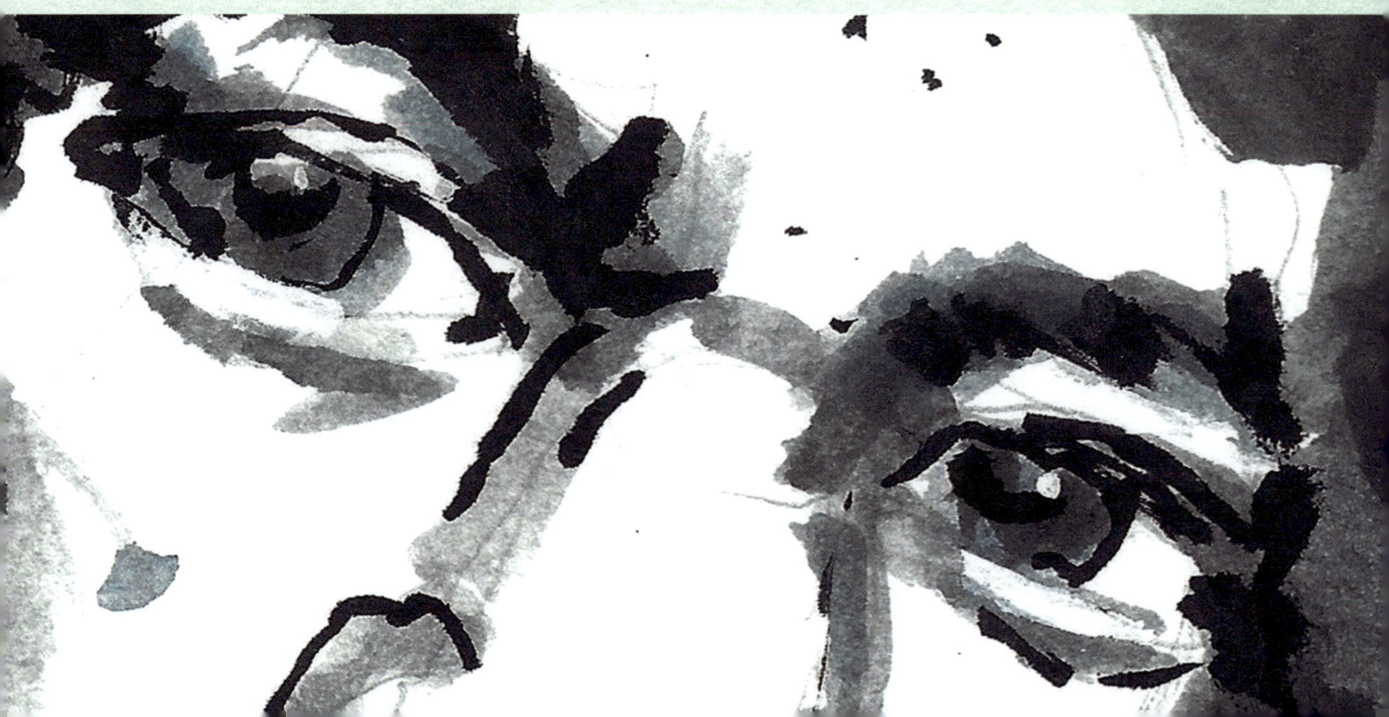

Wie kommen wir nun weg von Stereotypen und hin zu lebendiger Darstellung auf dem Papier? Natürlich sind theoretische Kenntnisse (»der Augapfel ist eine Kugel«) hilfreich, aber unsere Beobachtungsgabe ist das A und O. Wir haben das bereits im Kapitel »Kontraste, Kontraste!« (siehe auch S. 31) geübt. Mir hilft es, in Analogien und Formen zu denken. Ähnelt das zu zeichnende Motiv zum Beispiel einem Tier oder vertrauten Gegenstand? Ich wette, Sie kommen auf Ideen, ähnlich wie beim Bleigießen an Silvester.

Nach diesem Analogie-Prinzip können wir immer vorgehen, egal was wir zeichnen. Indem wir uns auf Formen konzentrieren, machen wir uns die Sache leichter und unsere Zeichnungen werden interessanter und lebendiger.

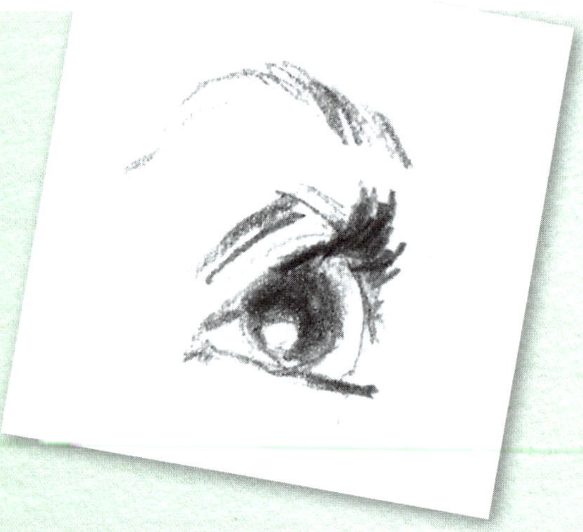

Hier habe ich in einem Auge eine Art stacheliges Tier gesehen und entsprechend gezeichnet (Zeichnung unten links). Darauf lässt sich aufbauen und mit lockeren Linien ein Auge entwickeln (Zeichnung rechts). Es ist eine schnelle Skizze, bei der ich mit verschiedenen Strichstärken und Schraffuren die Hell-Dunkel-Kontraste herausgearbeitet habe.

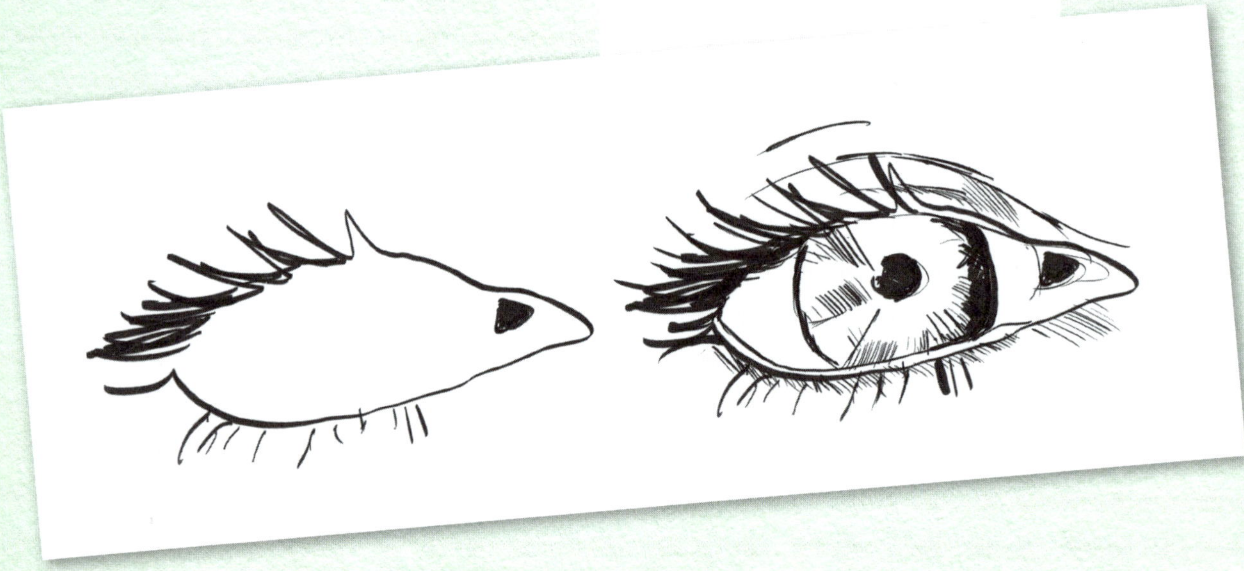

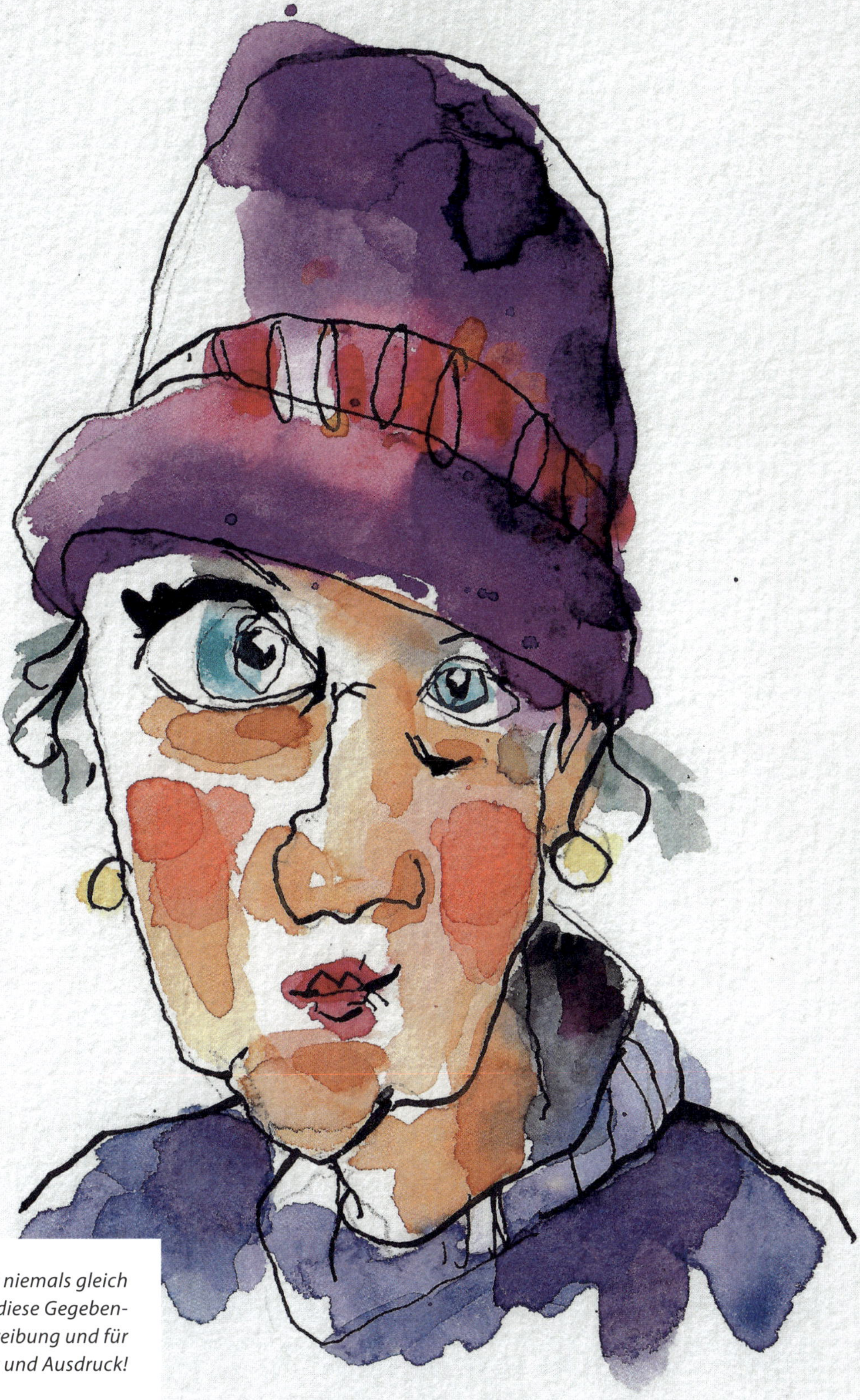

TIPP: Augen sind niemals gleich groß. Nutzen Sie diese Gegebenheit zur Übertreibung und für mehr Charakter und Ausdruck!

Trauen wir uns ruhig auch einmal, vom bekannten Schema abzuweichen! Skribbeln Sie ein paar Augen auf einem Blatt Papier mit unterschiedlichen Stiften und Strichen. Zeichnen Sie Augen aus dem Gedächtnis oder nach Vorlage und sehen Sie es nicht so eng. Vergleichen Sie Ihre Ergebnisse: Was wirkt interessant, was spricht Sie an?

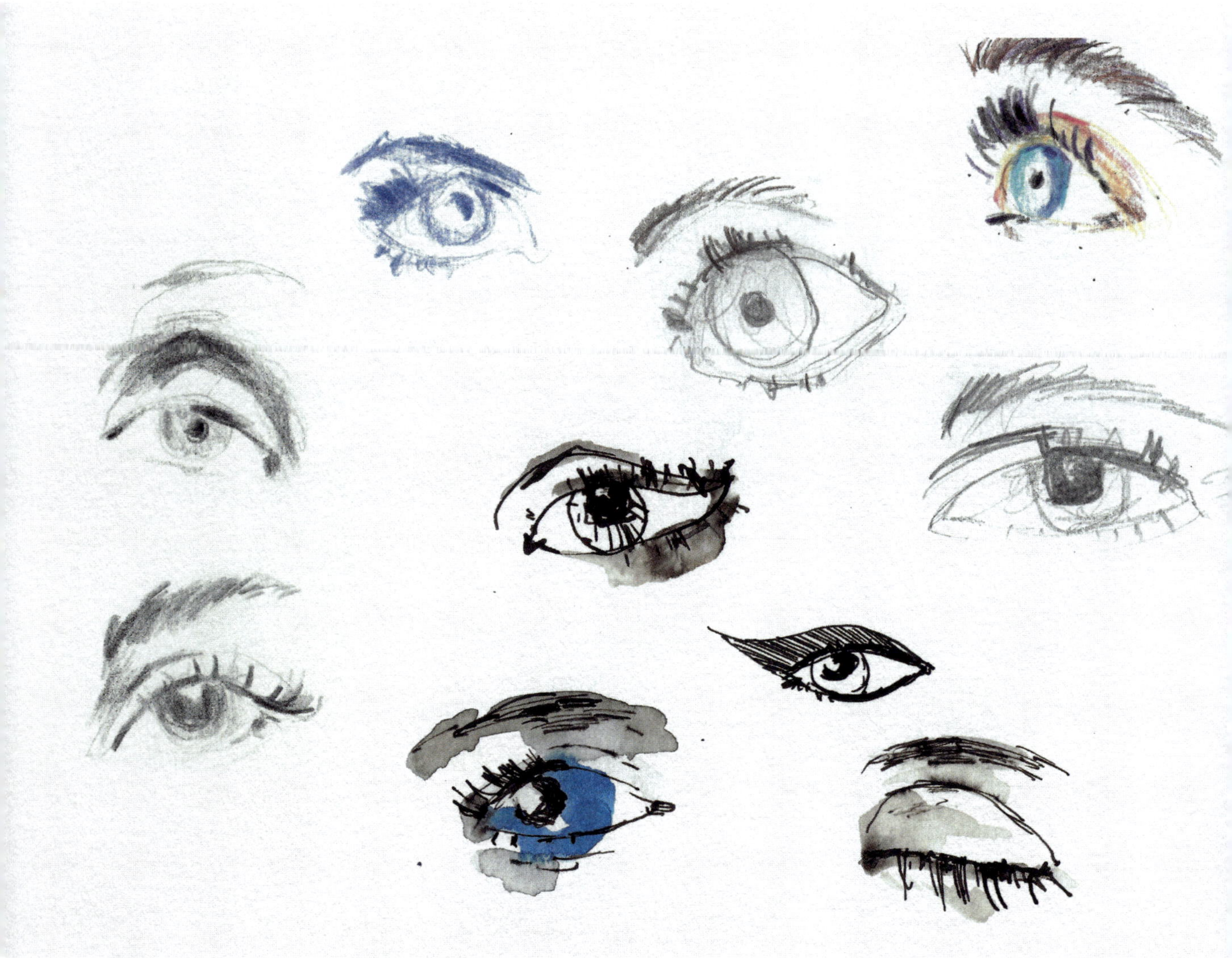

Konzentrieren Sie sich beim Zeichnen am besten wie immer auf die markanten Merkmale. Hat die Person eher eng oder weit auseinander liegende Augen? Sind ihre Oberlider sichtbar oder hat sie Schlupflider, hängt also die Oberlidhaut herab? Asiatische Ethnien haben Monolider, das heißt, die Oberlidfurche ist nicht vorhanden. Und achten Sie auch auf die Unterlider. Wie stark sind sie präsent (Stichwort Tränensäcke)?

Je tiefer die Augen liegen, umso verdunkelter sind sie. Hier können wir durch Schatten Akzente setzen und flächig arbeiten. Gleichzeitig vermeiden wir unnatürlich wirkende Konturlinien. Und wie sieht es mit der Augenform aus? Ist sie rundlich oder schmal? Liegen die Augen in der Waagerechten, gehen sie schräg nach oben (Katzenaugen) oder unten? Treten sie hervor?

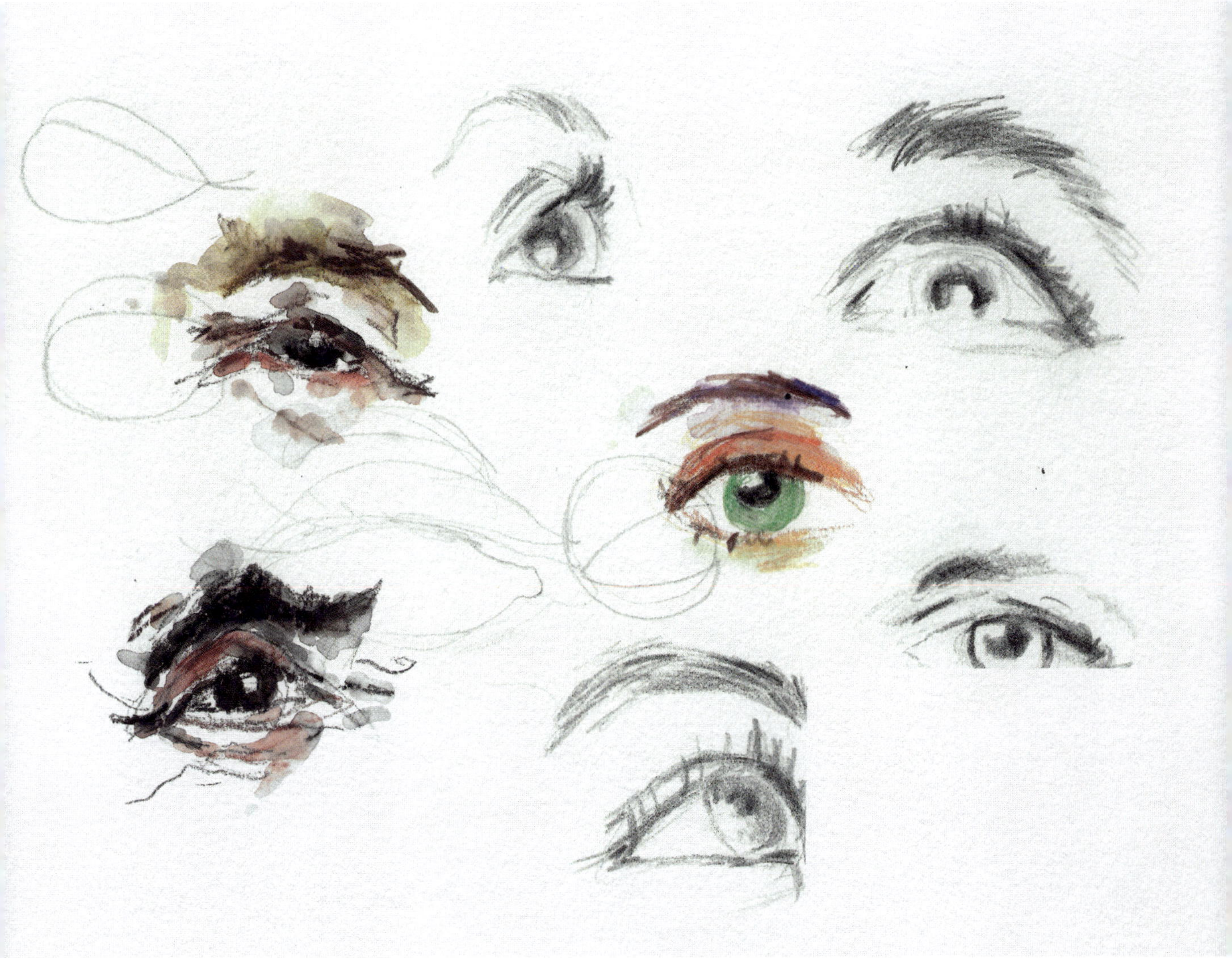

Nase

An Nasenformen kann ich mich nicht satt sehen. Es gibt unendlich viele und es ist eine Lust, sie zu zeichnen. Hier ist eine kleine Nasensammlung aus diversen Porträts von mir. So für sich betrachtet ist es nicht einfach, sie als Nasen auszumachen, oder?

Es gibt zum Glück für alles Fachbegriffe, auch für Nasen – da sind sie geradezu selbsterklärend. Beispielsweise die Schiefnase, die frontal gesehen entweder mehr nach links oder rechts geneigt ist. Dann haben wir die Höckernase mit ihrer Variante, der Hakennase. Bei letzterer ist nicht nur der Nasenrücken nach außen gewölbt, sondern das Nasenende ist deutlich spitzer und nach unten gerichtet. Beide Formen sind für

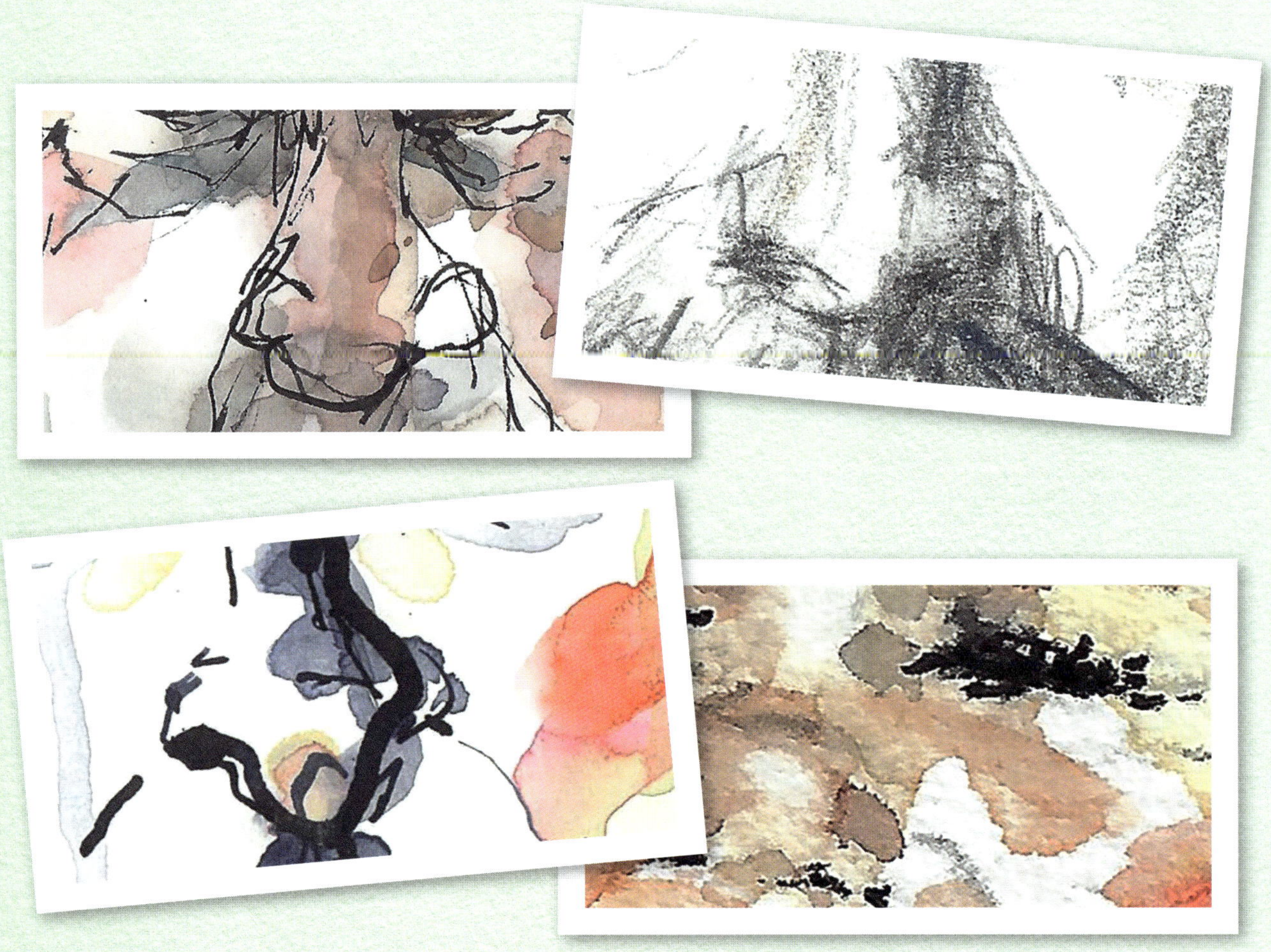

uns Porträtierende durch ihre Markantheit natürlich interessant, genauso wie ihr Pendant, die Sattelnase. Bei ihr zeigt der Nasenrücken eine Mulde. Die häufig als niedlich empfundene Stupsnase beschreibt einen Aufwärtsbogen und wirkt dadurch kürzer. Meistens sind die Nasenlöcher auch bei gerader Kopfhaltung sichtbar. Als letzte Kategorie möchte ich Ihnen die Breitnase mit ihrer Schwester, der Ballonnase vorstellen. Breit sind sowohl der Nasenrücken wie auch die Nasenflügel, die Konturen wirken weich. Sind dabei die Nasenflügel stark nach außen gewölbt, entsteht ein ballonartiger Eindruck. In der Medizin gibt es noch eine Sonderform, die Knollennase. Hier handelt es sich um Hautveränderungen, die Auswirkungen auf die Nasenform haben.

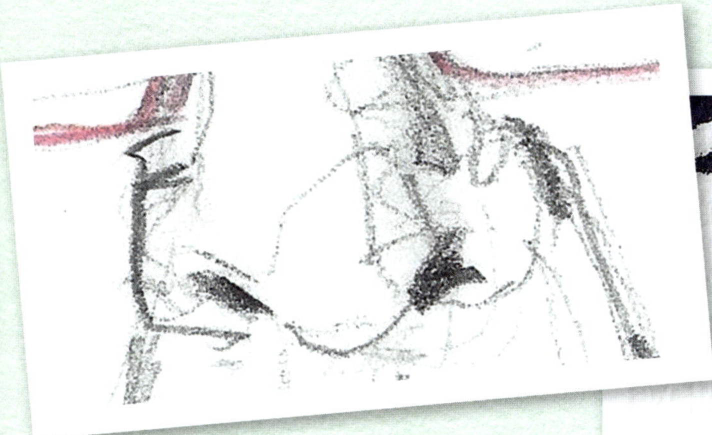

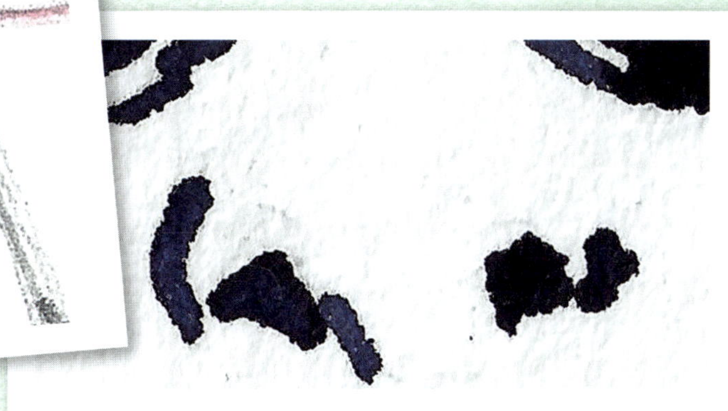

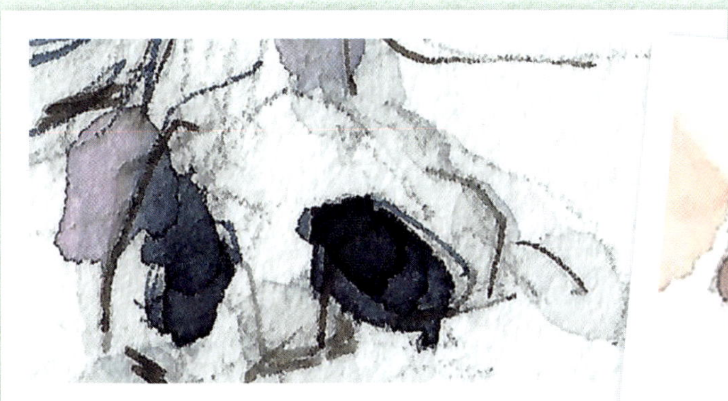

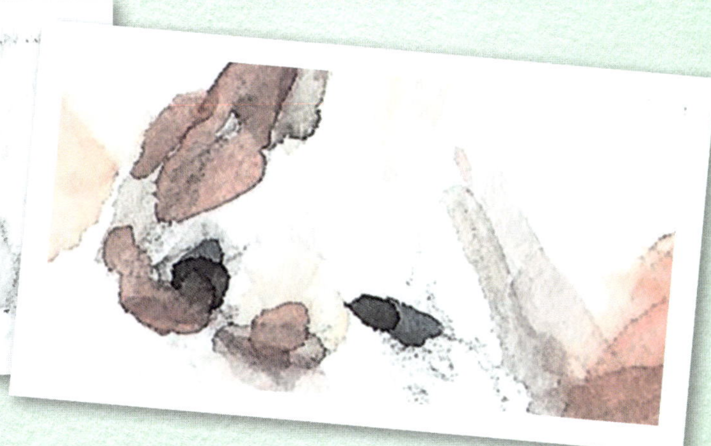

Was ist beim Zeichnen von Nasen zu beachten? Der Nasenrücken erscheint meistens heller als seine Seitenpartien und die Nasenflügel, wobei auf diese auch auf ihrem höchsten Punkt Licht fallen kann. Unterhalb der Nase befindet sich oft ein Schatten, es sei denn, die Person hebt den Kopf. Dann sehen wir ihre Nasenlöcher (siehe auch Kapitel »Hingucken!« S. 27).

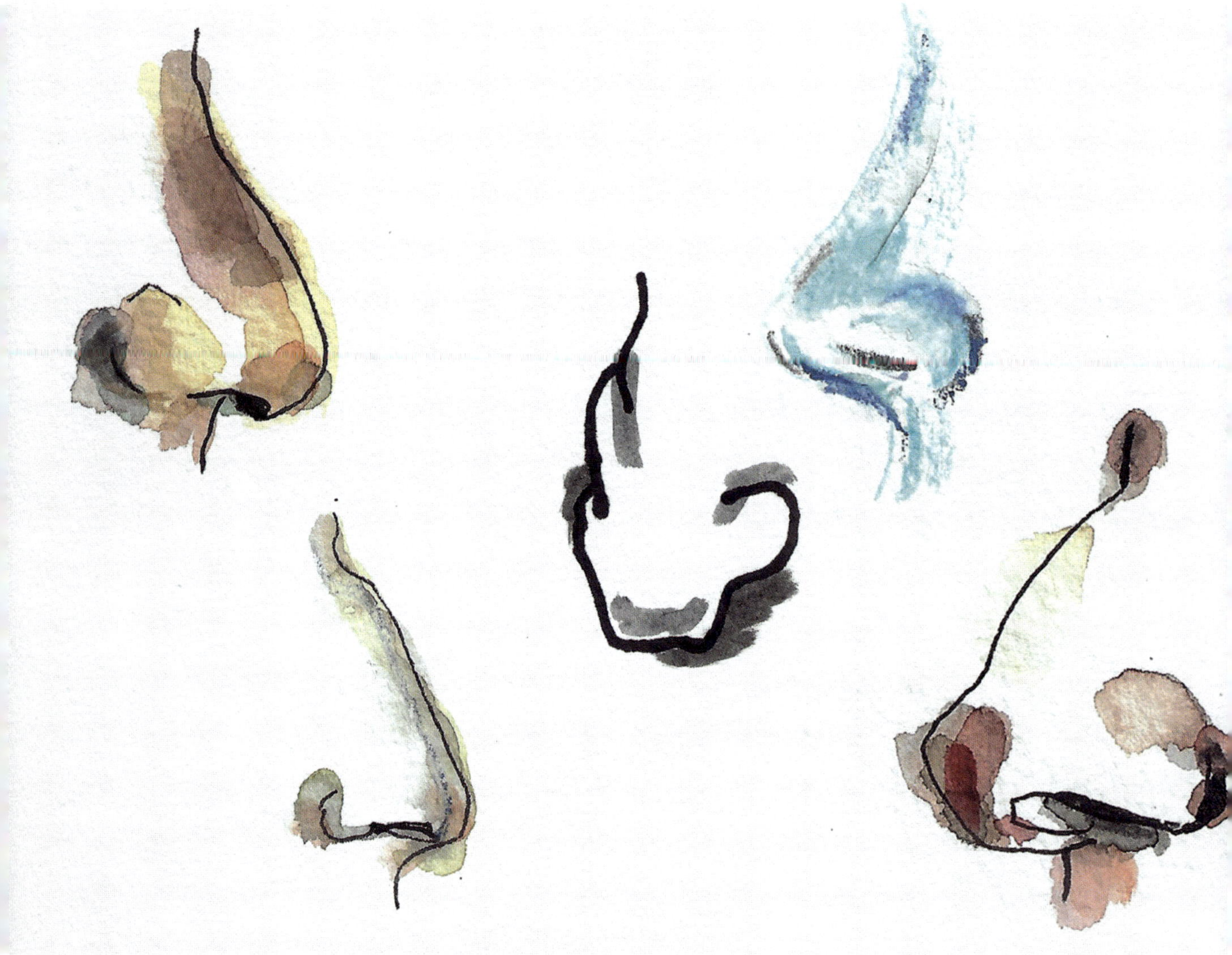

Wie immer ersparen uns Regeln nicht das genaue Beobachten, es sei denn, wir konstruieren etwas selbst. Dann sind sie sehr hilfreich. Manchmal sind Regeln auch dazu da, sie zu brechen. Vor allem, wenn es dem Bild guttut. Dann lautet das Motto: Mut zum Experiment!

Üben Sie ein paar Nasen mit verschiedenen Stiften und Farben, von vorn und im Profil. Wieder können Sie aus dem Kopf zeichnen oder sich an Vorlagen orientieren. Übertreiben Sie, vereinfachen Sie, ganz wie es Ihnen in den Sinn kommt. Und denken Sie auch hier wieder an Analogien, wie beim Auge besprochen. Also, mich erinnern gezeichnete Nasen manchmal ein bisschen an sich sonnende Menschen, die Arme hinter dem Kopf verschränkt (Illustration ganz rechts oben) oder an – ähm – Brathähnchen (wie die Illustration unten, 2. von rechts)?

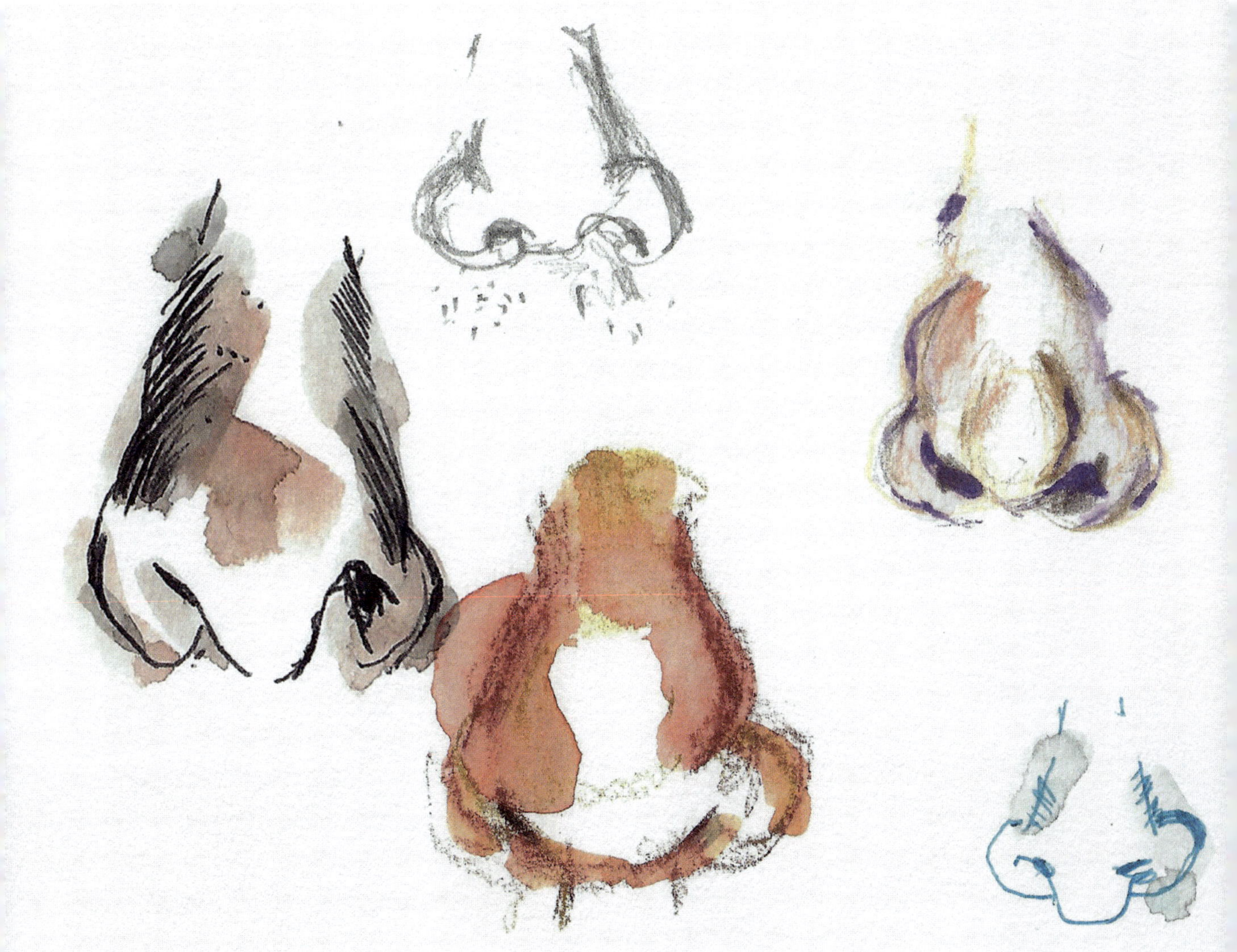

Mund

Punkt, Punkt, Komma, Strich – wir sind nun beim Mund angekommen. Er besteht bekanntermaßen aus Ober- und Unterlippe, wobei die Oberlippe durch ihre Wölbung verschattet und damit meistens (also je nach Lichteinfall) dunkler ist. Ebenso liegt unter der Unterlippe ein Schatten. Nur durch seine Andeutung und das Zeichnen der Oberlippe können wir schon einen Mund darstellen. (Der übrigens nicht unbedingt rot sein muss. Schauen Sie genau hin – von Braun über Violett hin zu verschiedenen Rottönen ist vieles möglich.)

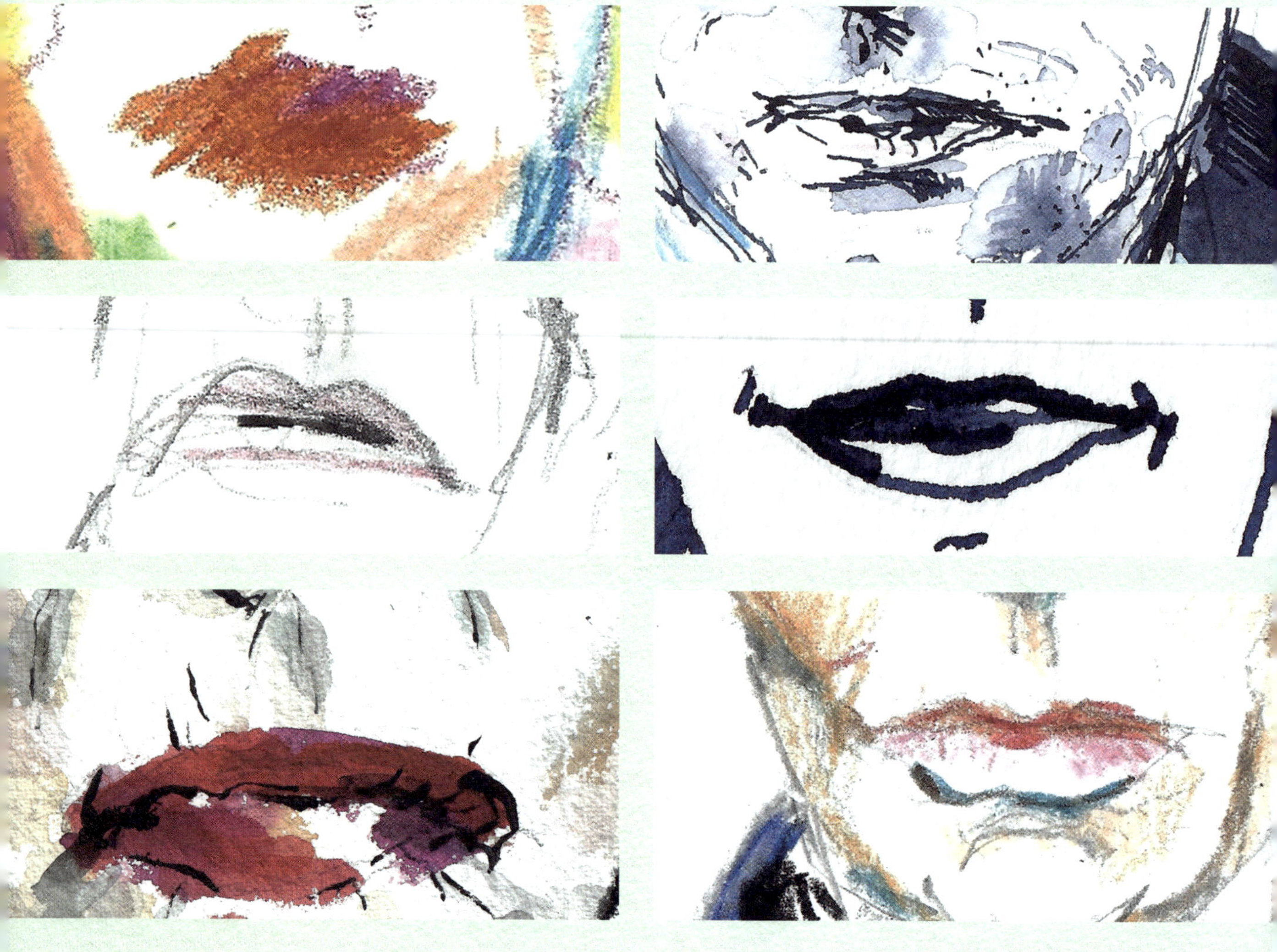

Wie vorher bei den Augen und der Nase probieren wir gleich einmal einige Varianten aus. Denken Sie wieder daran: Nicht jede Linie muss geschlossen werden. Für eine bessere Wahrnehmung der Kontraste kneifen Sie Ihre Augen zusammen, konzentrieren sich auf die dunkelsten Stellen und zeichnen Sie diese zuerst. Überlegen Sie im Anschluss daran, wie stark Sie Ihre Zeichnung ausarbeiten möchten.

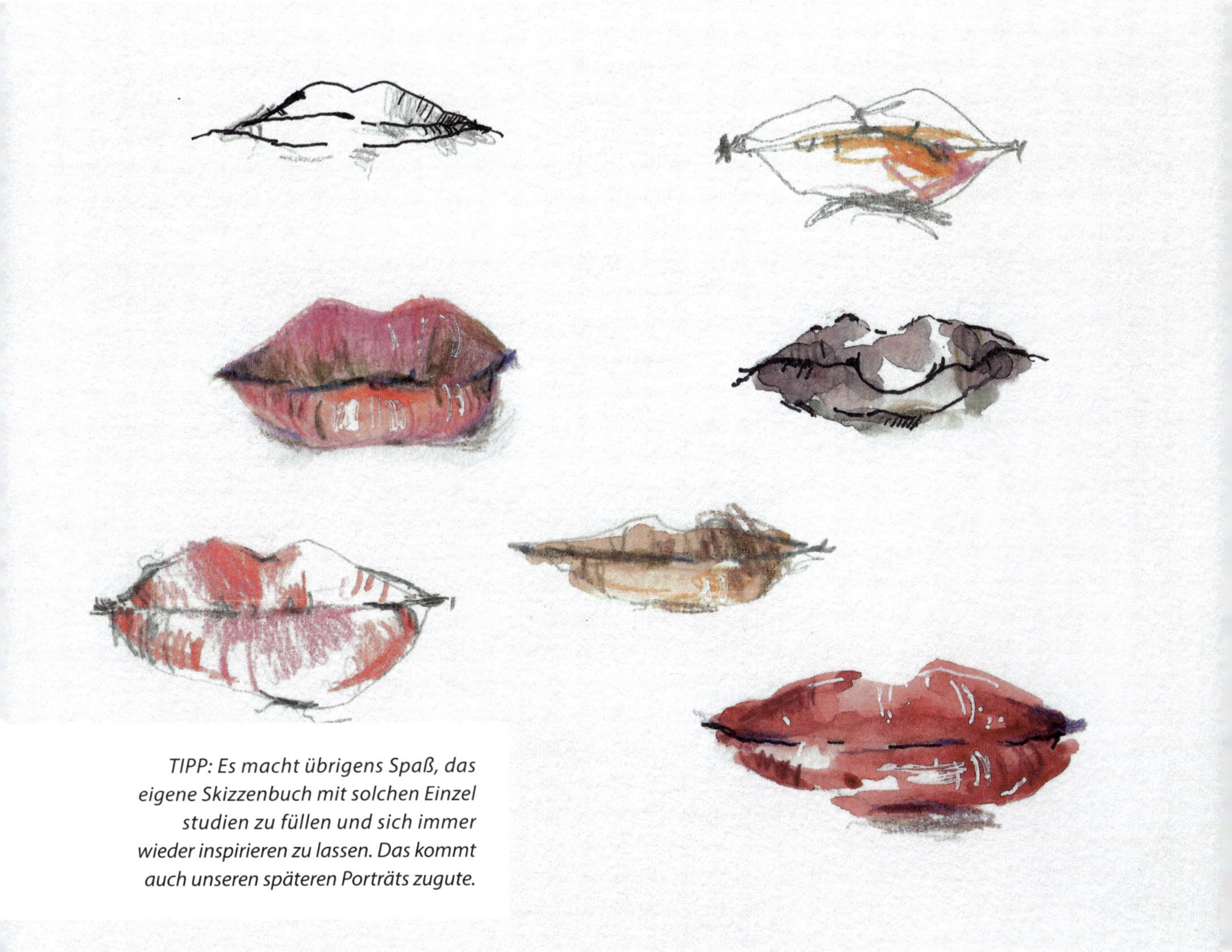

TIPP: Es macht übrigens Spaß, das eigene Skizzenbuch mit solchen Einzel studien zu füllen und sich immer wieder inspirieren zu lassen. Das kommt auch unseren späteren Porträts zugute.

Ohren

Kommen wir zur Ohrmuschel, einem wirklich knorzeligen Ding mit vielen Windungen. Es mag kompliziert aussehen, doch natürlich lassen wir uns davon nicht abschrecken. Wir haben es zum Glück selbst in der Hand, wie konkret wir dieses Körperteil in unserer Zeichnung ausgestalten wollen. (Oder können, denn manchmal verschwinden die Ohren unter den Haaren.) Selbst beim Profil, wo wir theoretisch davon am meisten sehen, kann es kompositorisch reizvoll sein, es nur im Umriss anzudeuten, um den Blick auf andere Elemente (zum Beispiel die Augen) zu lenken.

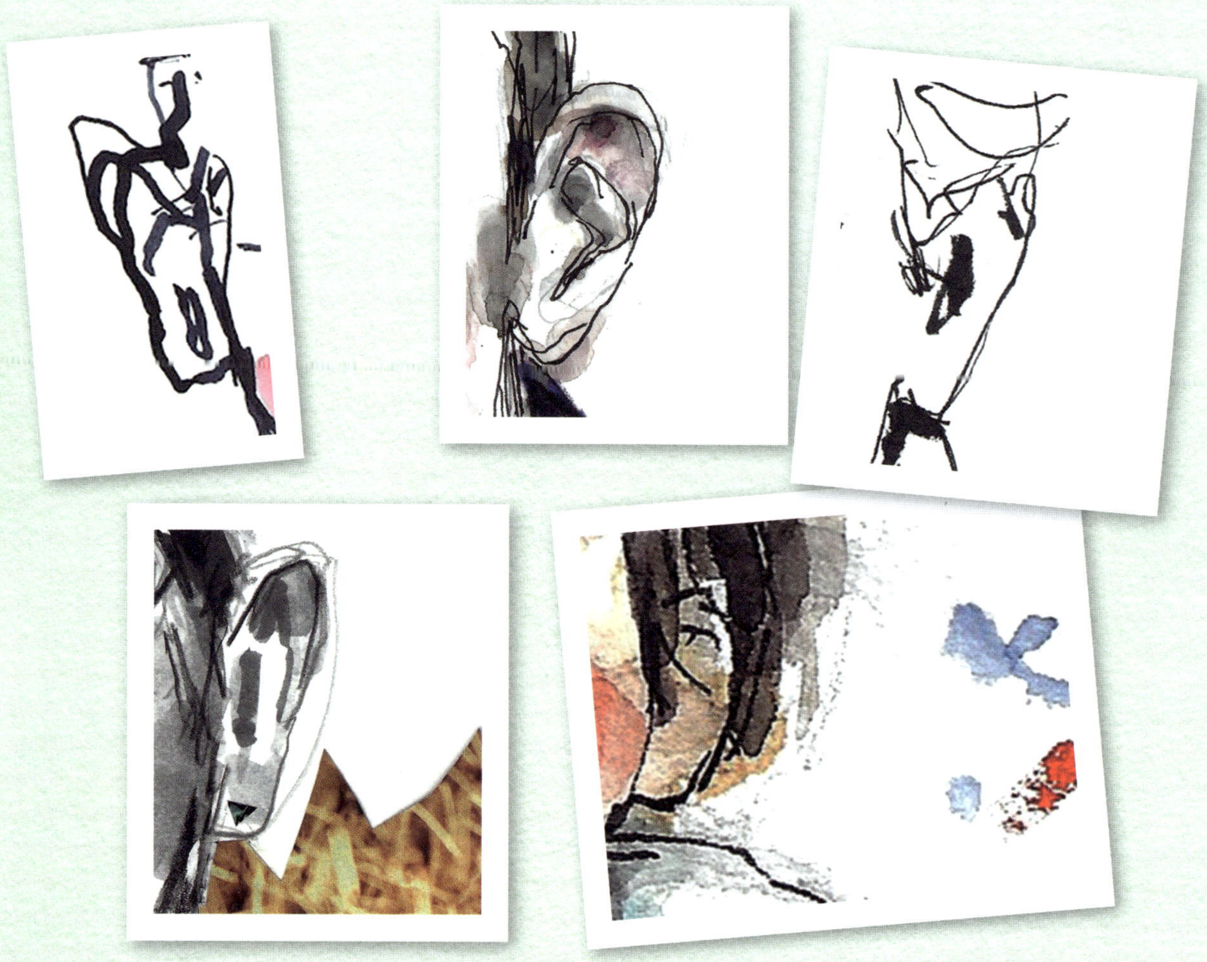

Am besten probieren Sie anhand einiger Skizzen aus, was alles möglich ist und was Ihnen gefällt. Ob es lediglich ein paar »Henkel« rechts und links vom Kopf sein sollen oder doch alle Windungen detailliert mit Licht und Schatten oder irgendetwas dazwischen.

So lange Sie nicht auf Stilbrüche setzen, sollten die Ohren zum Gesamtbild passen. Eine lockere Porträtskizze mit einem penibel ausgestalteten, fotorealistischen Ohr könnte seltsam anmuten.

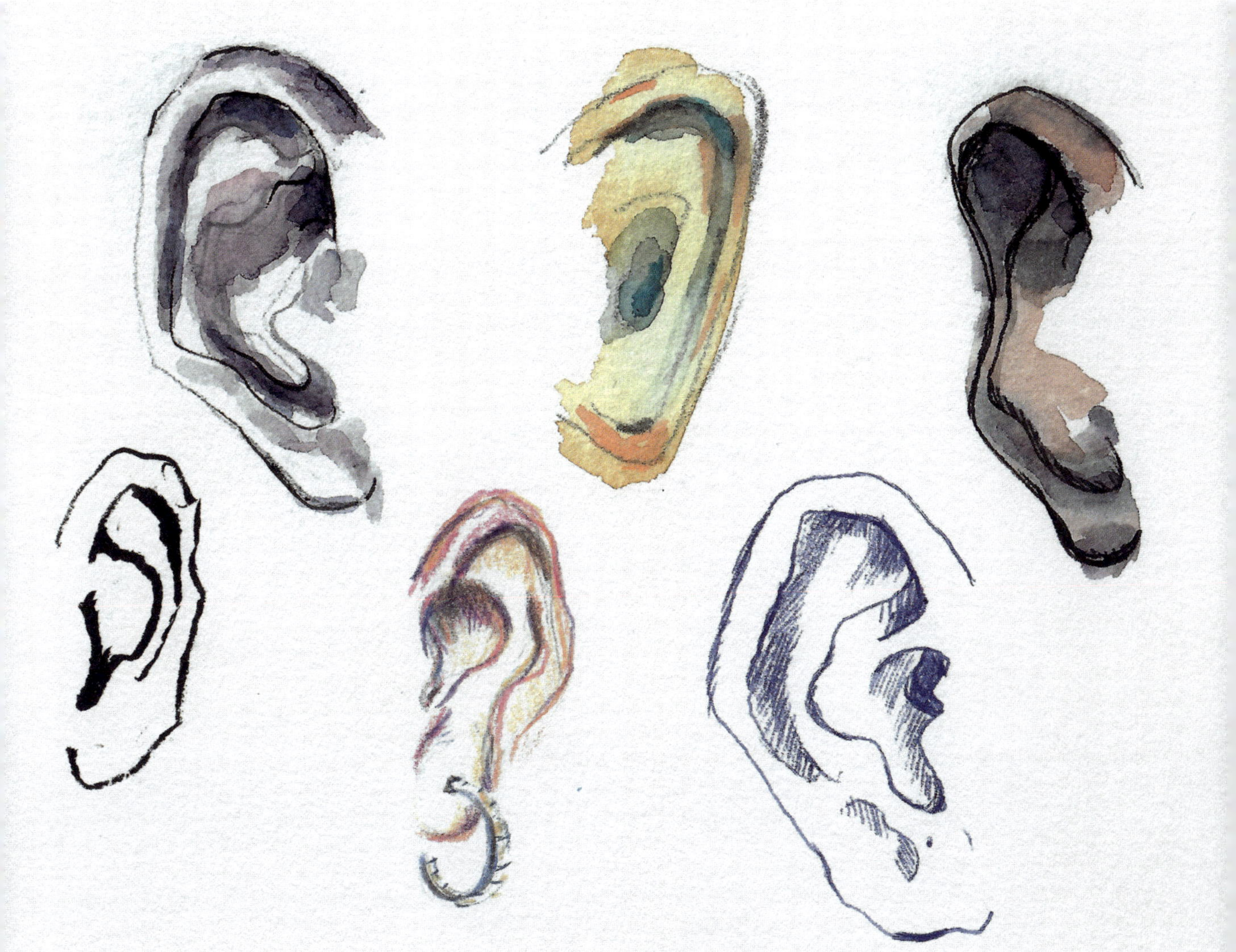

Spezialfall Profil

Alles, was wir bis jetzt zum Thema Porträt gesammelt haben, gilt analog auch für das Porträt im Profil. Nur, dass wir jetzt den Kopf seitlich betrachten und nur ein Auge und ein Ohr sehen können (eventuell das jeweilige Pendant im Anschnitt beim Halbprofil), dafür zusätzlich den Nacken und Hinterkopf der Person.

Es genügt, wenn wir uns für den Anfang wieder einige Grundsätze bewusst machen. Zum Beispiel ist der Kopf keine Kugel, sondern eher ein Oval. Damit weist das Gesicht im Profil eine Wölbung auf und ist nicht platt. Genauso wenig wie der Hinterkopf, der gern vernachlässigt wird.

Der Nacken schließt an den Hinterkopf an und geht in den Hals über, der im Vorderbereich ebenfalls leicht gewölbt ist. Als Faustregel gilt: An unserem Körper gibt es keine geraden Linien.

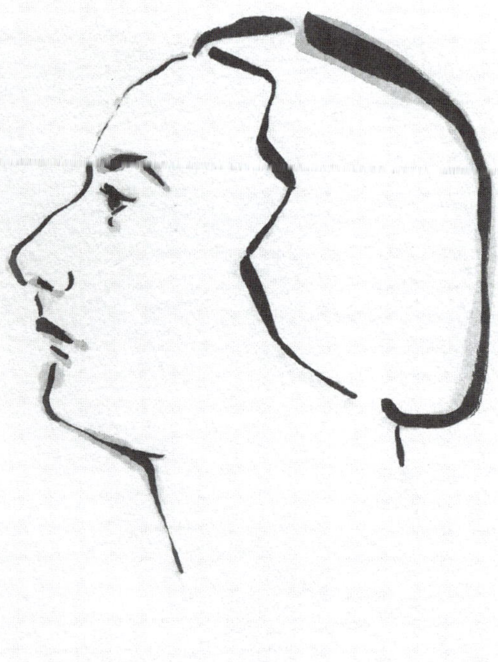

12

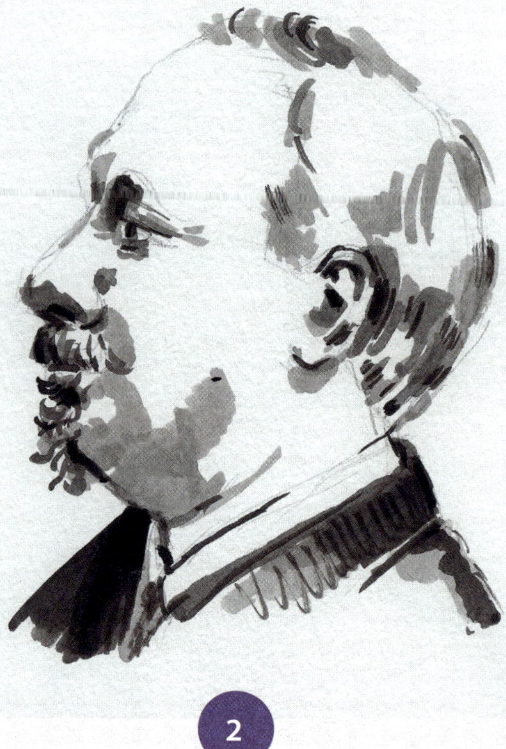

2

Beim Auge sehen wir einen Ball im Profil, beim Mund denken wir an Rollen, die aufeinander liegen. Achten Sie auch auf die charakteristischen Schwünge des Nasenrückens! Im Profil kommt er erst richtig zur Geltung. Das Ohr bitte nicht zu dicht ans Auge rücken. Es ist etwa (von seiner Außenkante gemessen) so weit vom äußeren Augenwinkel entfernt wie dieser vom Kinn.

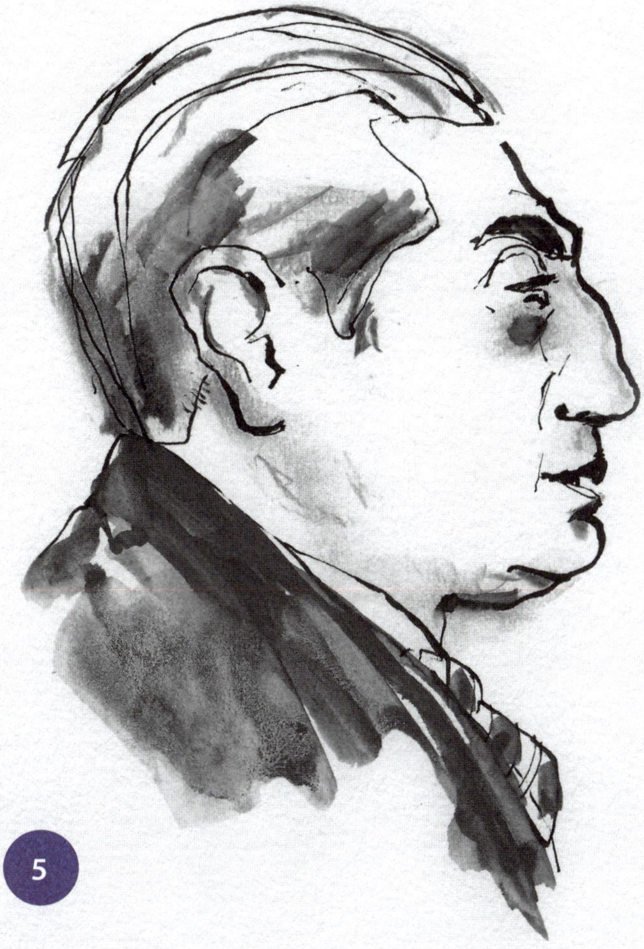

5

Licht und Schatten

Mit dem Einsatz von Licht und Schatten erzielen wir eine große Wirkung und sollten uns dies zu Nutze machen. Ein verschattetes Gesicht wirkt oft dramatischer als ein komplett ausgeleuchtetes.

Wer schon etwas geübter im Zeichnen ist, ändert vielleicht sogar die Lichtverhältnisse der Vorlage oder intensiviert sie. Sollten Sie mit einem Modell arbeiten, positionieren bzw. leuchten Sie es entsprechend Ihren Vorstellungen aus.

Bei dem Bild rechts habe ich den Schatten so intensiv getönt, dass ich nachträglich die rechte Lippenkontur mit weißem Gelstift hervorgehoben habe, damit sie nicht verschwimmt. Die dunkle Stelle am rechten Auge ist streng genommen etwas heftig, genauso wie der Fleck am Kinn. Aber wie drückte es eine meiner Lehrerinnen treffend aus: Das Bild hat immer Recht! Wenn Sie fühlen, da muss noch was hin oder Sie eine bestimmte Wirkung erzielen möchten, nur zu.

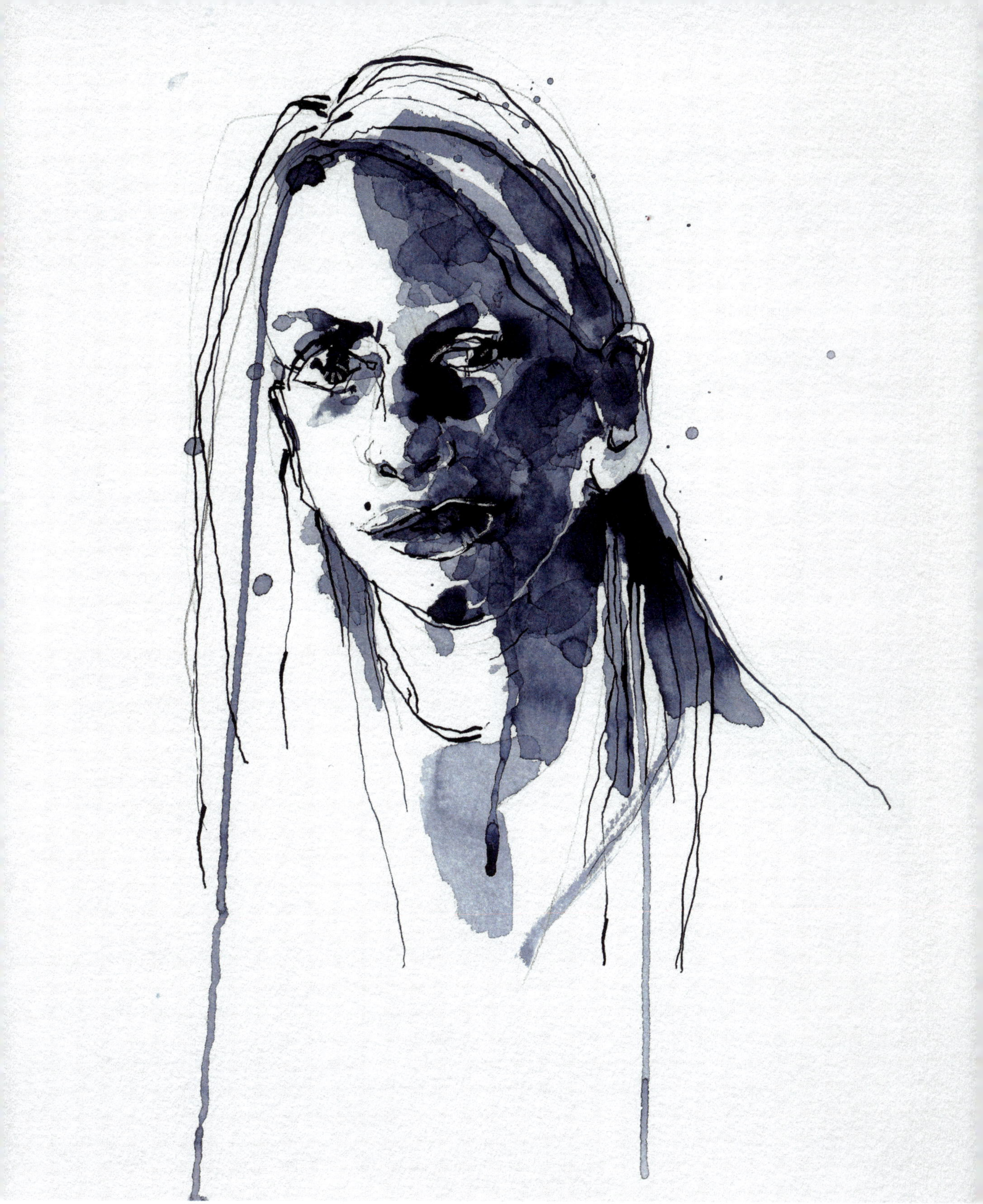

Zähne – bitte nicht

Tatsächlich zeichnet man Zähne eher selten. Es sei denn, sie sind eine Art Markenzeichen der Person und sollen zur Geltung kommen. Für fast alle anderen Menschen ist weniger mehr und meistens sind geschlossene Münder in Porträts am schönsten. Sie wirken einfach natürlicher. Aber gut, jetzt haben wir uns für eine breit lachende Person entschieden – wie gehts weiter?

Als Künstler:innen sind wir frei in der Entscheidung, welche Details wir darstellen und welche wir weglassen. Außerdem denkt das Auge vieles mit. Wir müssen also nicht jeden Zahn zeichnen, was meistens recht künstlich und unattraktiv wirkt und unserer Idee einer lockeren Zeichnung widerspräche.

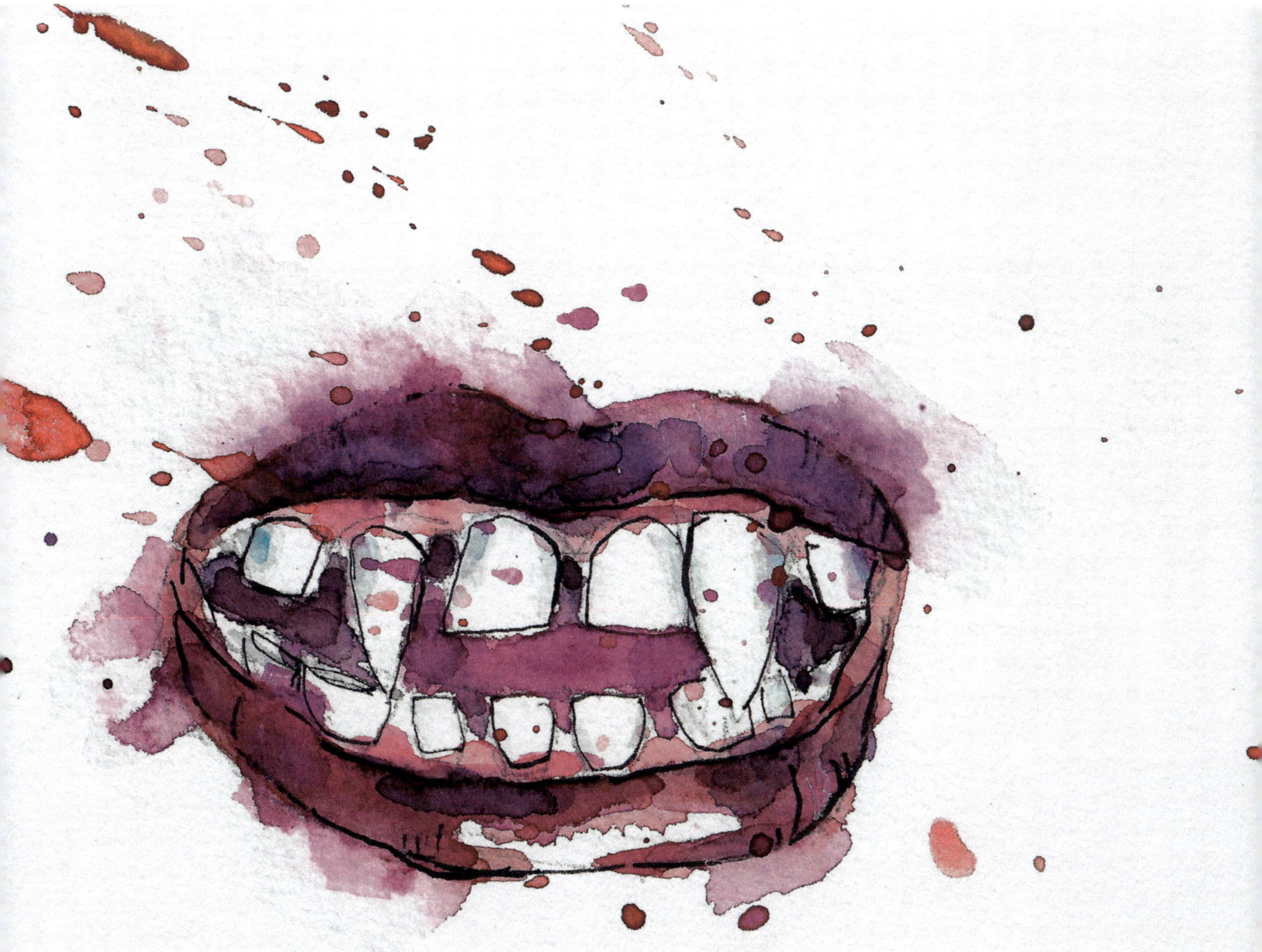

… oder doch?

Schnappen Sie sich die nächstbeste Zeitschrift und nutzen Sie die Fotos darin für ein paar Studien. Probieren Sie aus, wieviel Zahn zu sehen sein darf.

Ich zeichne oder male auf weißem Papier am liebsten den Raum außen herum, betone die Mundwinkel und entscheide zum Schluss, ob und wieviel ich noch ausarbeiten möchte. Ist mir das Papierweiß zu weiß und wirkt deshalb fremdartig im Gesicht (wie bei zu heftigem Bleaching), töne ich leicht mit Naturweiß bzw. bei monochromen Zeichnungen mit Schraffuren an einigen Stellen nach. Meistens wirken bzw. sind die Backenzähne dunkler als die Schneidezähne. Oder es reicht schon aus, das Zahnfleisch stellenweise anzudeuten.

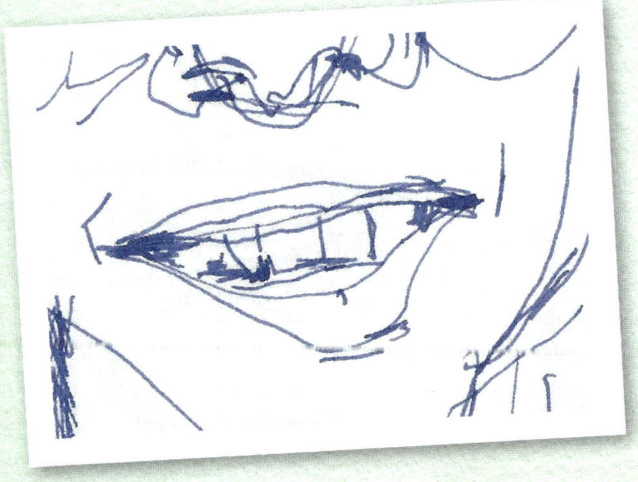

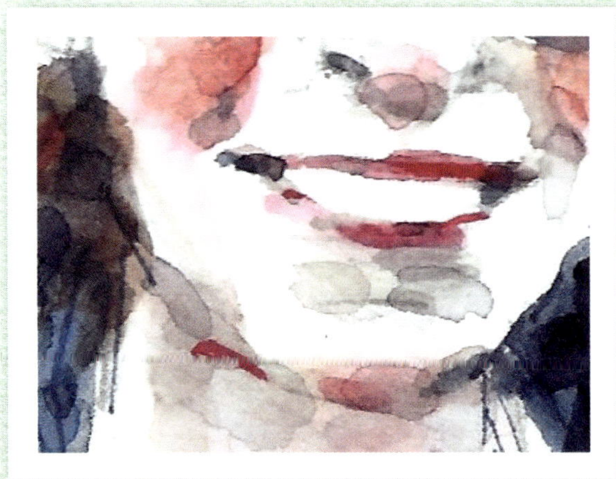

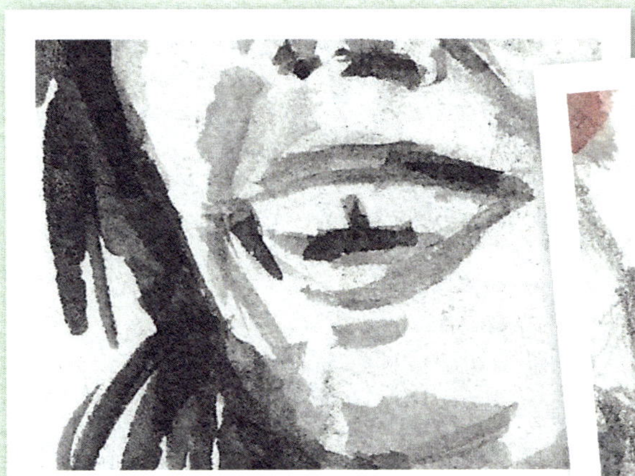

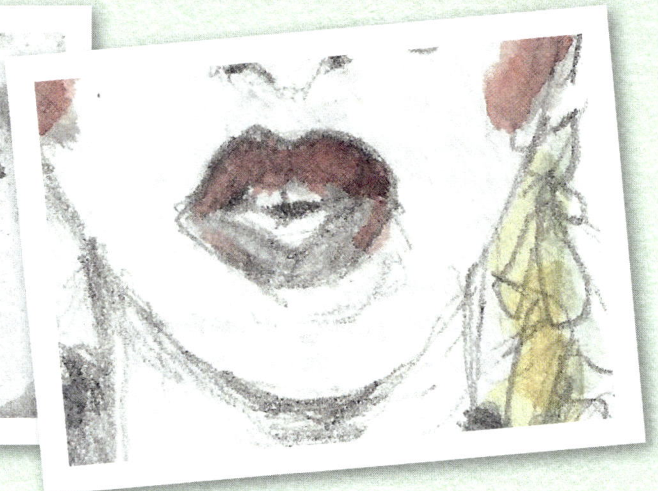

Für alle Ausgestaltungen und Details gilt: Sie sollten zum Gesamtbild passen. In einer schnellen Skizze plötzlich jeden einzelnen Zahn oder jede Wimper widerzugeben, kann merkwürdig wirken (oder, wie schon besprochen, Stilmittel sein).

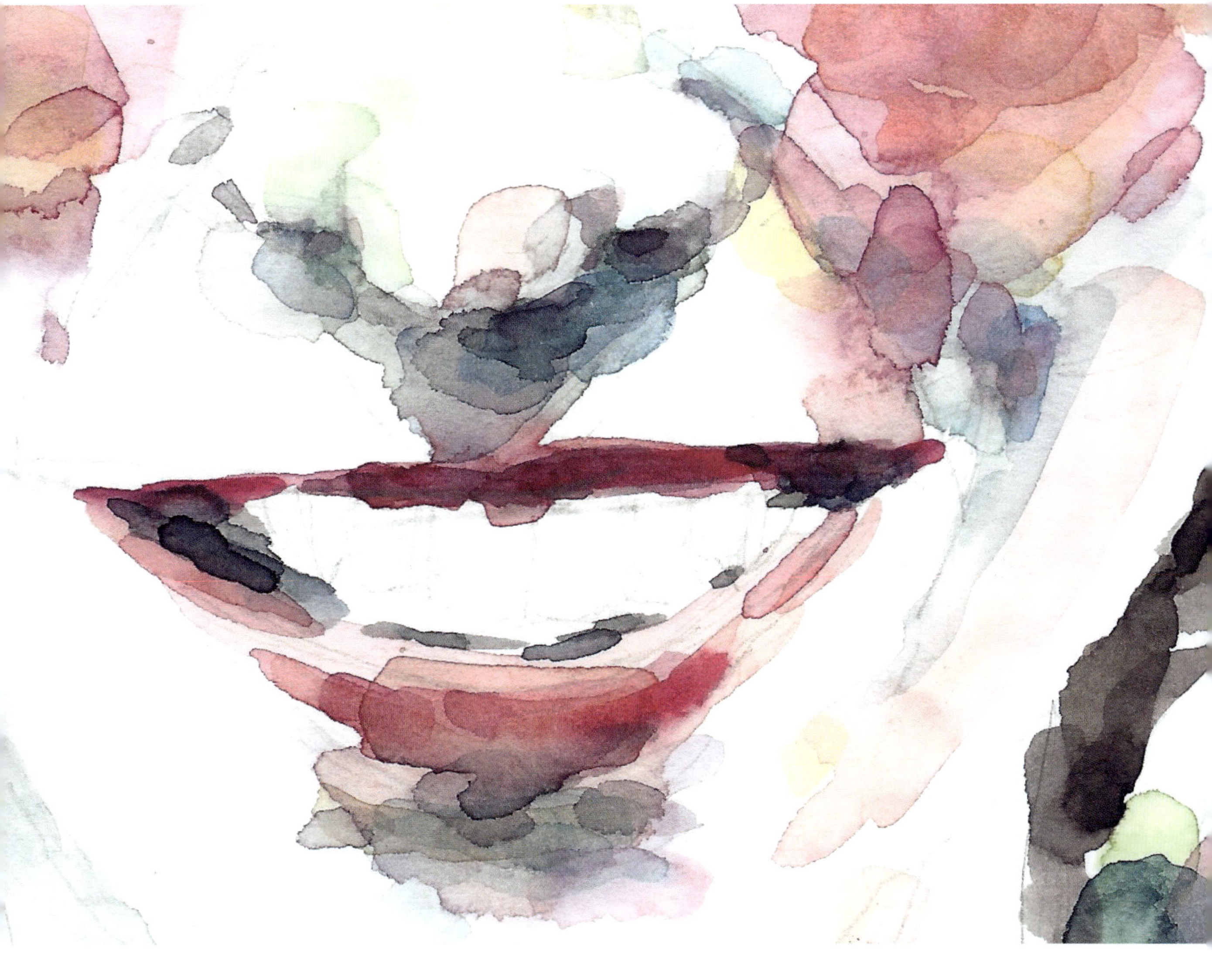

Es wird haarig

Frisuren und Bärte sind beim Porträtieren immer wieder Thema. Dabei möchten wir nicht nur die Form, sondern auch die Beschaffenheit (weich, seidig, glänzend, struppig) einfangen und vermitteln – natürlich, ohne jedes einzelne Haar zu zeichnen. Das ist auch gar nicht nötig, denn unser Auge ergänzt die fehlenden Elemente.

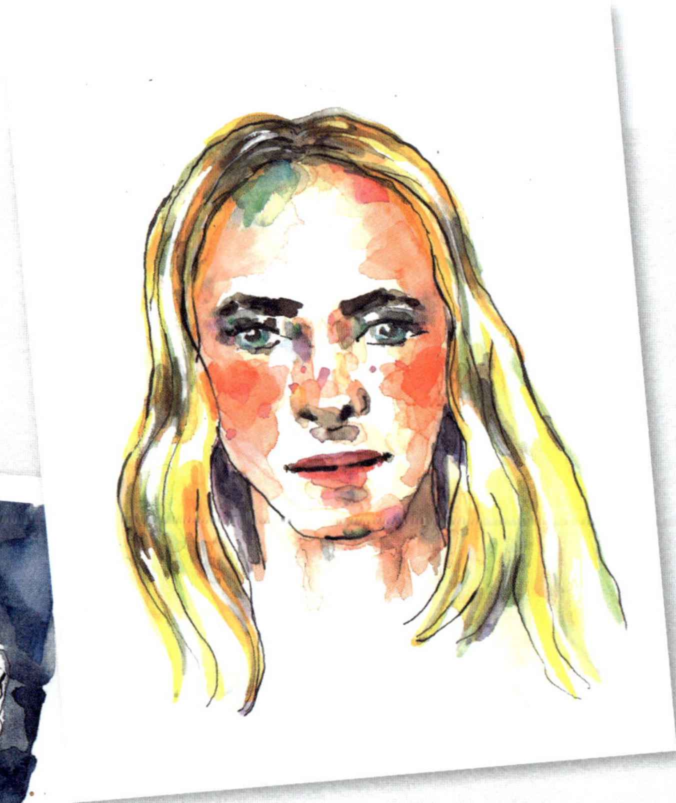

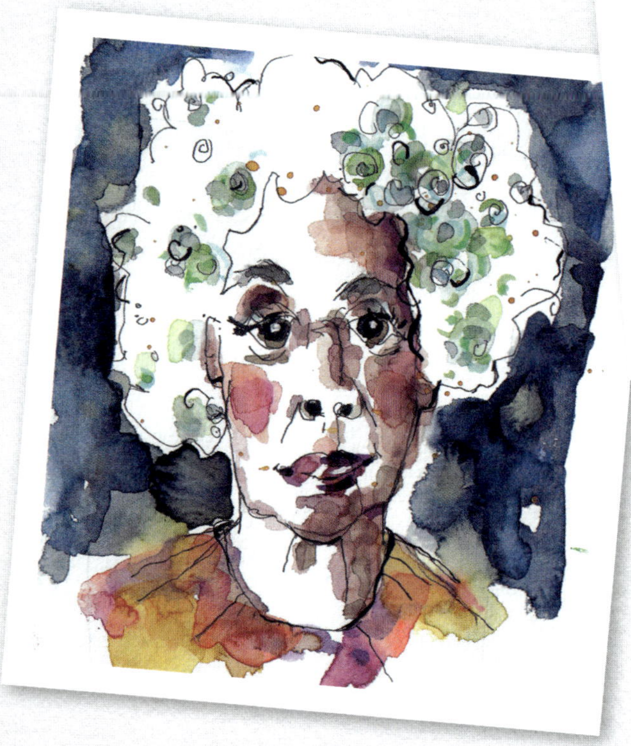

Einen voluminösen Lockenkopf kann ich mit der Gesamtform plus einzelner Locken andeuten oder auch mit einer kompakten Fläche, in die ich mit Linien Struktur bringe. Dasselbe gilt für glatte Haare. Glänzende Haare erziele ich durch Glanzpunkte, auf die das Licht fällt. Es lohnt sich, an dieser Stelle keine Farbe aufzutragen und das weiße Papier stehen zu lassen. Ergänzen können Sie immer noch.

Mit Bärten verhält es sich analog. Es reicht oft, ein paar Striche zu setzen, die die Haarbeschaffenheit wiedergeben. Wuschelige Haare lassen sich gut mit struppigen Pinseln und nicht zu viel Farbe vermitteln. Je freier und experimenteller der Stil, umso mehr Freiheiten kann ich mir erlauben und hier und da ein paar Haare abstehen lassen oder ungewöhnliche Farbkombinationen wählen.

Und dann sind da auch noch die Augenbrauen. Ist Ihnen aufgefallen, dass sie nie gleich sind, genauso wenig wie unsere Augen? Meistens sitzt eine höher als die andere. Auch in der Dichte können sie sich unterscheiden. Es gilt also mal wieder, das Aus-der-Reihe-tanzen in unserem Porträt einzufangen und zu starke Symmetrien zu vermeiden.

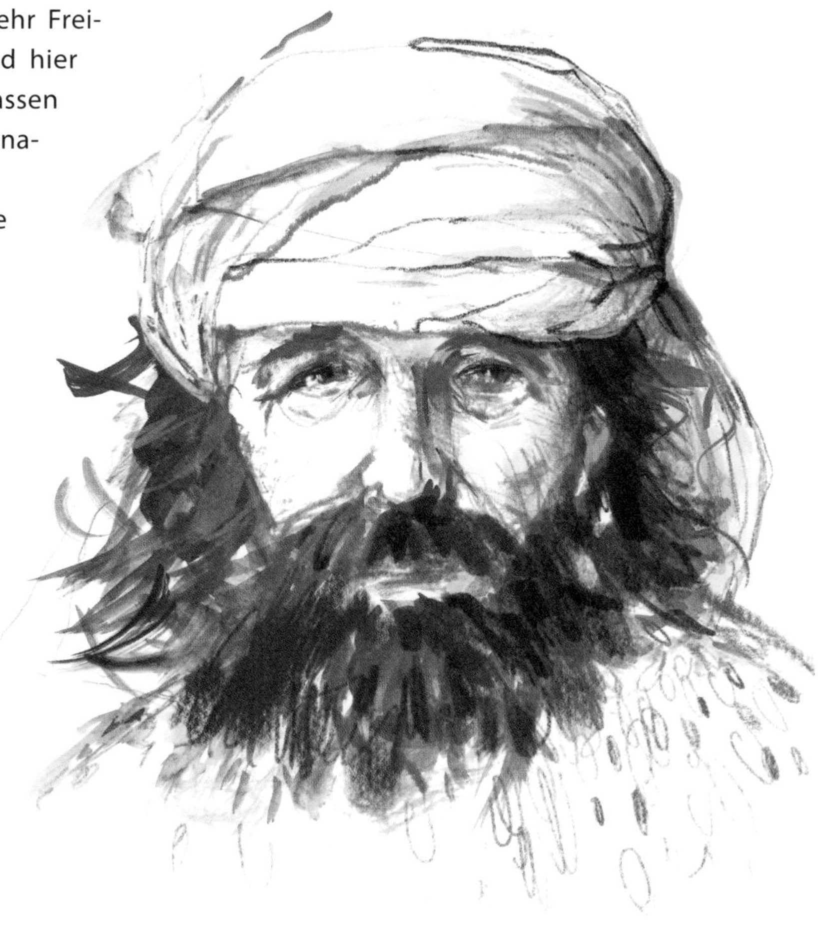

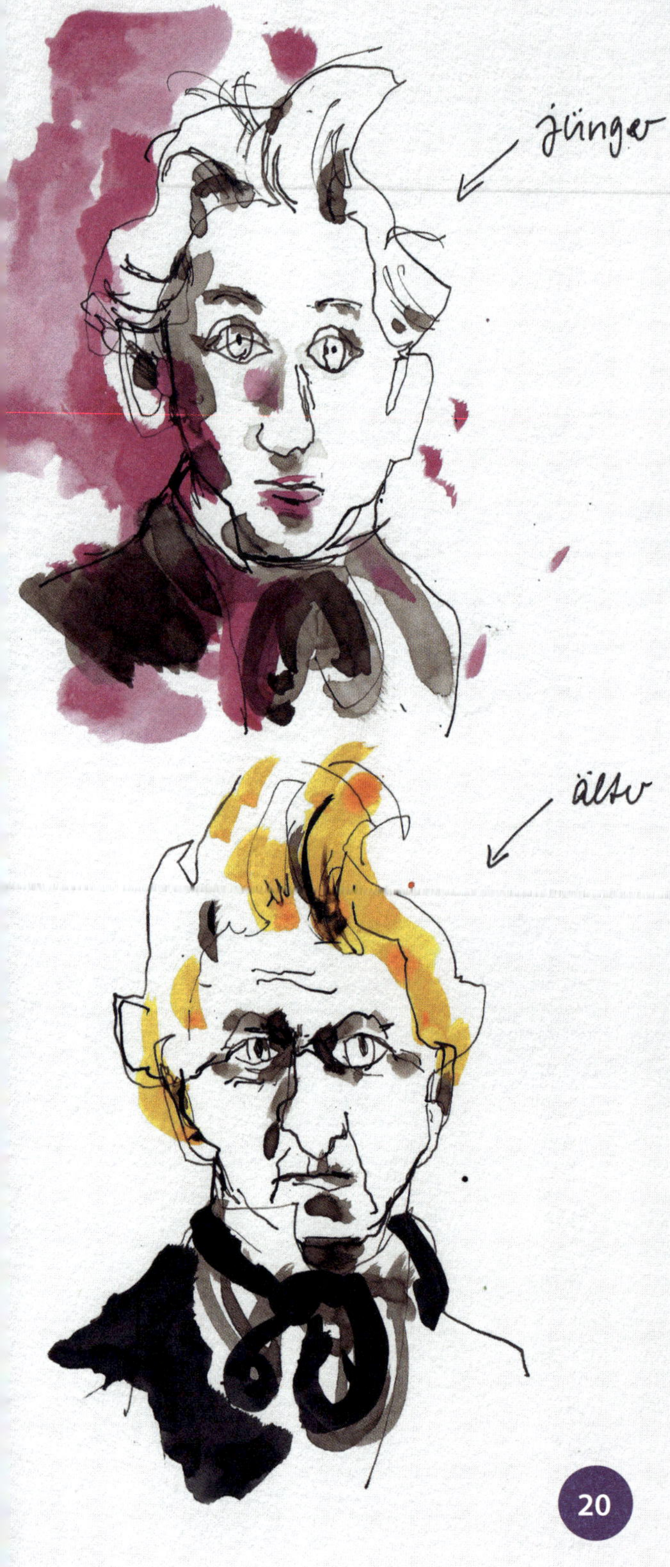

Älter, jünger

Hier können wir ganz schön tricksen, sowohl in die eine als auch in die andere Richtung. Zum Üben macht es Spaß, zeichnerisch ein junges Gesicht in ein älteres zu verwandeln. Wie das geht?

Als erstes fallen Ihnen bestimmt die Falten ein. Babys, Kinder und Jugendliche haben davon null, doch irgendwann macht sich bei jedem das Leben bemerkbar, denken Sie an Mimik- und Lachfältchen. Sie machen ein Gesicht erst zeichnerisch interessant. Um die Augen, den Mund, auf der Stirn – ein Traum, nicht nur für die Kosmetikindustrie!

Wenn Sie sich die beiden Porträts des Mannes mit der Haartolle anschauen (oben in der jüngeren, darunter in der älteren Version), werden Sie schnell die Unterschiede erkennen:

- Seine »jüngeren Augen« sind weit geöffnet und unverschattet.
- Das Pink, besonders auf den Lippen, gibt ihm eine jugendliche Frische.
- In der älteren Version hat er weichere Gesichtskonturen und mehr Mimikfalten und Schatten.

Bestimmt haben Sie schon einmal vom Kindchenschema gehört. Gemeint sind damit die typischen Körperproportionen von Kindern (große Augen und großer Kopf im Verhältnis zum Gesamtbild und im Vergleich zum Erwachsenen). Darauf gilt es auch beim Zeichnen zu achten und sich dessen bewusst zu sein, denn sonst entstehen »kleine Erwachsene«.

Hilfreich ist, sich mit Hilfe einer gedachten horizontalen Mittellinie die Lage insbesondere von Augen und Ohren bei verschiedenen Altersstufen anzuschauen. Während sich das Gesicht eines Kleinkindes komplett in der unteren Hälfte befindet, »wandern« die Augen mit zunehmendem Alter immer mehr nach oben, hin zur Mittellinie. Die Ohren ebenfalls und sogar darüber hinaus.

Insgesamt entwickelt sich unser Gesicht vom Rundlich-Prallen ins Längliche und unsere Konturen werden weicher, die Wangenknochen zeichnen sich stärker ab. Denken Sie an das Gesicht eines Babys und vergleichen Sie es mit dem eines alten Menschen. Die (gedachte) Außenlinie wird im ersten Fall in einer schwungvollen Kurve verlaufen, während sie im zweiten Fall wahrscheinlich etwas unruhiger anmutet. Die Schwerkraft, Sie wissen schon. Deshalb dürfen Sie hier ruhig ein wenig »krakeln« (siehe die Zeichnung des älteren Mannes links), um dieses charakteristische Merkmal zu betonen.

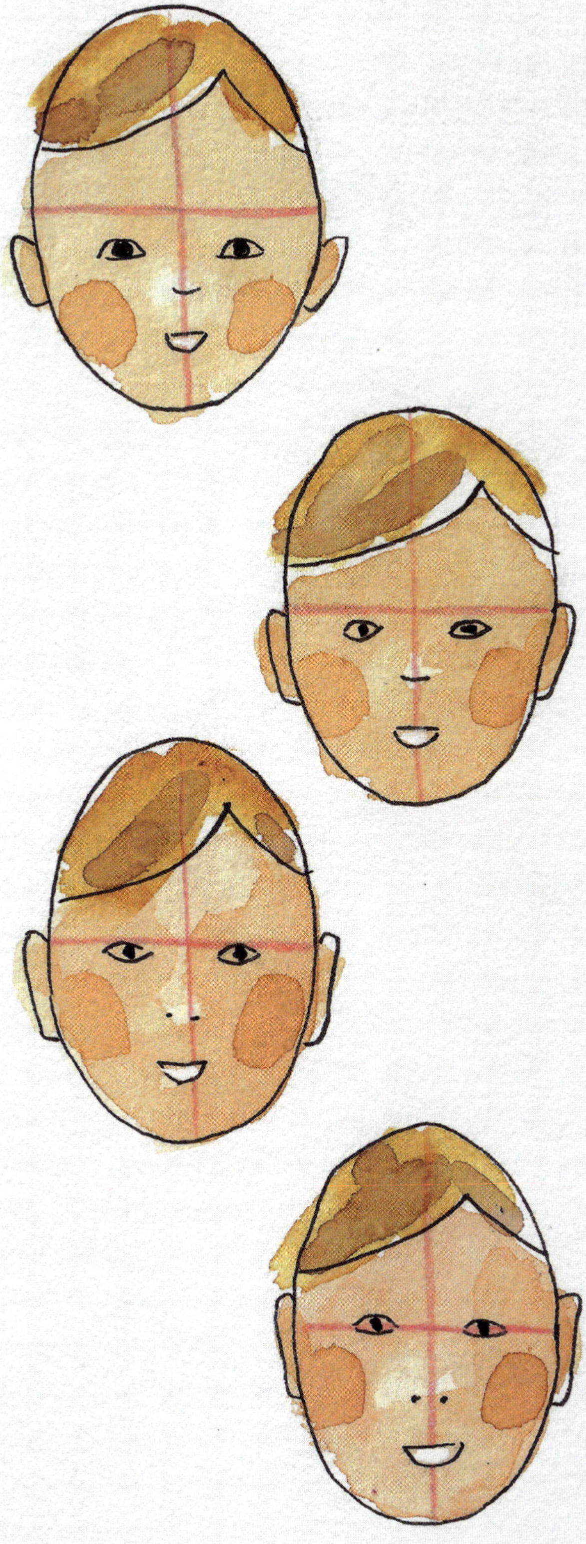

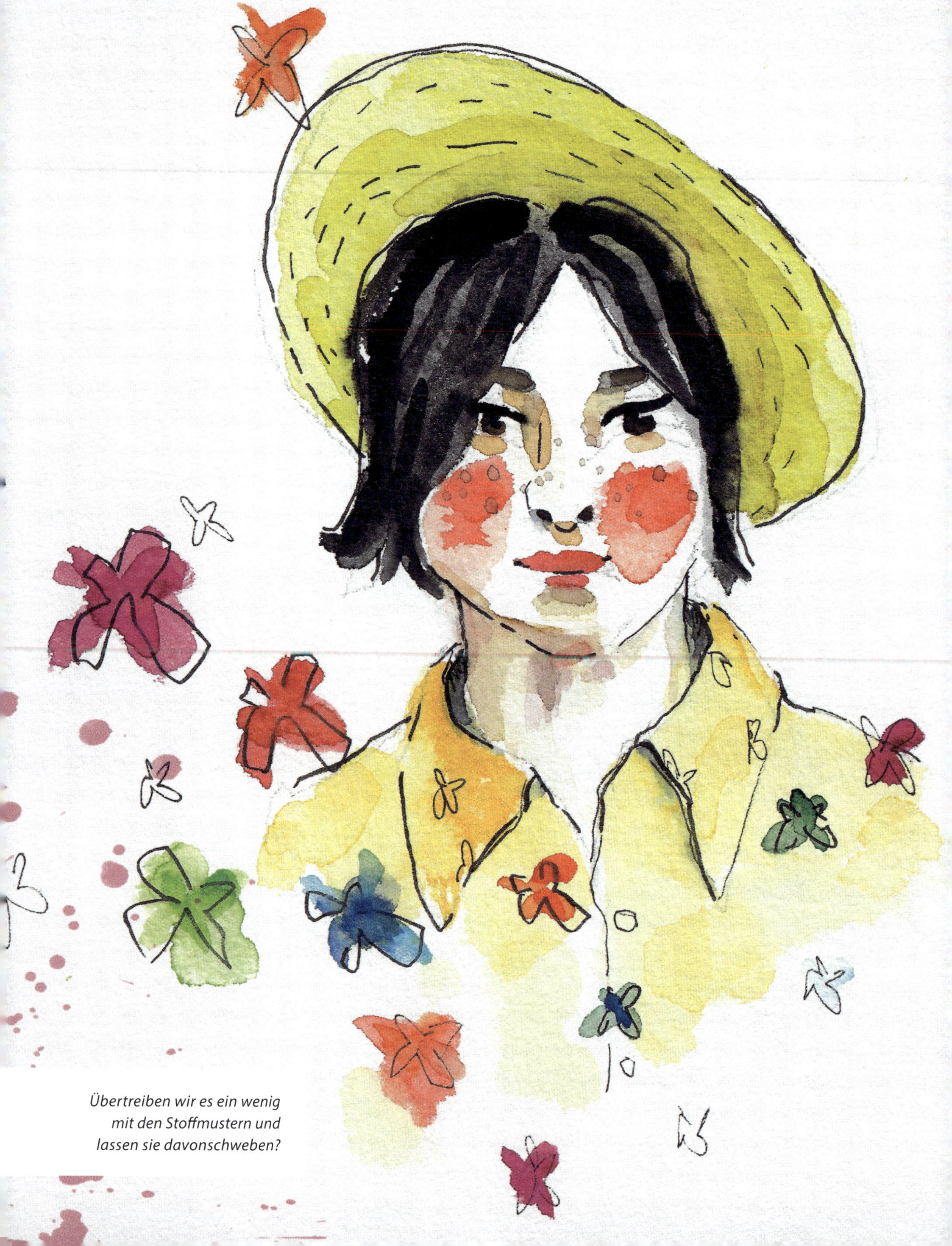

Übertreiben wir es ein wenig mit den Stoffmustern und lassen sie davonschweben?

11 KLEIDUNG UND ACCESSOIRES

Zum Thema Bekleidung mit ihren unterschiedlichen Stofflichkeiten, Faltenwürfen und Mustern ließe sich allein ein ganzes Buch schreiben. Da für uns aber das Porträt im Fokus steht, machen wir es uns einfach und reduzieren, wo immer es möglich ist. Zur Veranschaulichung habe ich ein paar Beispiele ausgesucht. Ganz wichtig: Wie beim Anprobieren unserer Bekleidung, auch beim Porträt muss sie sitzen.

Als Bildbetrachter:in wollen wir glauben, dieser Hut sitzt auf dem Kopf (statt merkwürdig zu schweben), der Schal legt sich um den Hals, ebenso der Kragen usw. Deshalb achten wir auf die »Anschlussstellen« und verdeutlichen sie durch Schatten und sich um die Körperteile legende Linien. Sonst wirkt die Kleidung aufgeklebt wie bei einer Papier-Anziehpuppe.

Die Stofflichkeit (Rüschen, Wolle, glatter fester Stoff) anzudeuten reicht aus. So ist sie dezent vorhanden und stiehlt unserem Porträt nicht die Schau. Das Skizzenbuch kann uns auch hier unterstützen. Probieren Sie immer wieder Muster, Strukturen und Stofflichkeiten aus, die uns zum Glück überall umgeben.

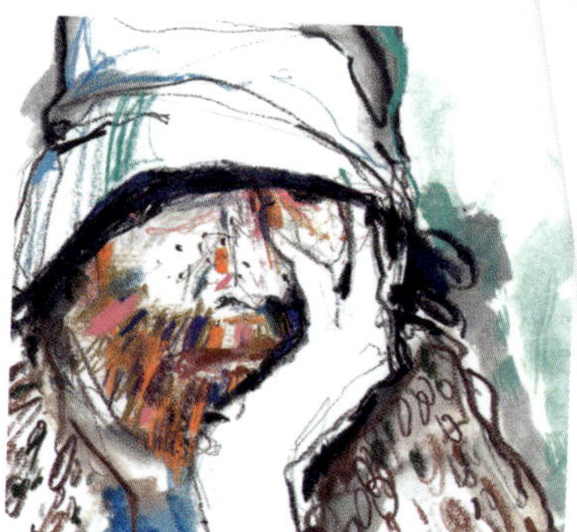

Strickmaschen für Faule – ein paar Kringel simulieren die Wolljacke. Der lockere Strich passt zum Gesamtbild.

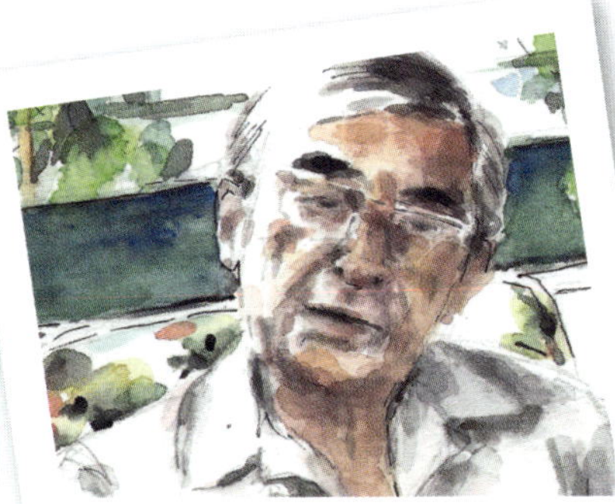

Mein Großvater, lesend auf seinem Balkon. Lockeres Zeichnen war genau sein Ding! Ich war im Kindergartenalter, als er mir zeigte, wie man fliegende Vögel zeichnet – zwei aneinander gereihte, nach unten offene Bögen, fertig. (Leider hatte die Erzieherin dafür null Verständnis.)

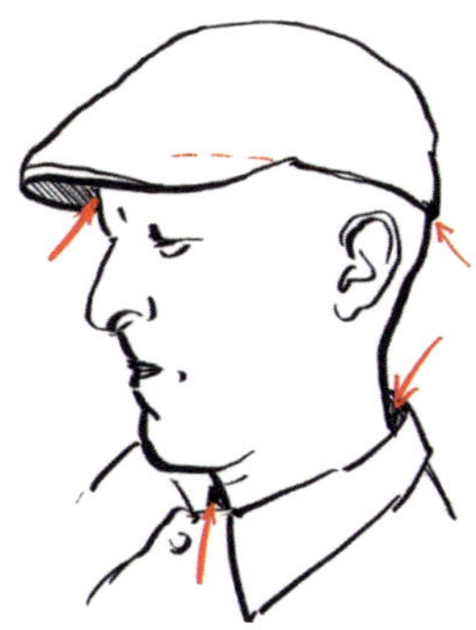

Es hilft, sich die Form eines Kragens oder Hutes weiterzudenken (rote gestrichelte Linie), um diese glaubwürdig zu gestalten.

Brillen

Vom aufsteigenden Schwierigkeitsgrad, dieses Accessoire zu zeichnen, verhält es sich wohl in dieser Reihenfolge: Sonnenbrille, Brille mit Voll- oder Halbrand und randlose Brille (und Monokel!).

Sonnenbrillen kaschieren beinahe das halbe Gesicht, was man sich als Anfänger:in ruhig mal zunutze machen kann. Die Augen fallen weg, dafür gibt es schöne dunkle Kreise und fertig! Andererseits stehe ich mit meiner Auffassung vom Zeichnen und Porträtieren nicht dafür, etwas als »zu schwierig zu zeichnen« zu betiteln. Und auch wenn wir statt der Augen eine getönte Brille präsentieren, kann das eine gestalterische Herausforderung sein. Denken wir nur an die Seitenansicht, die Reflexe usw. …

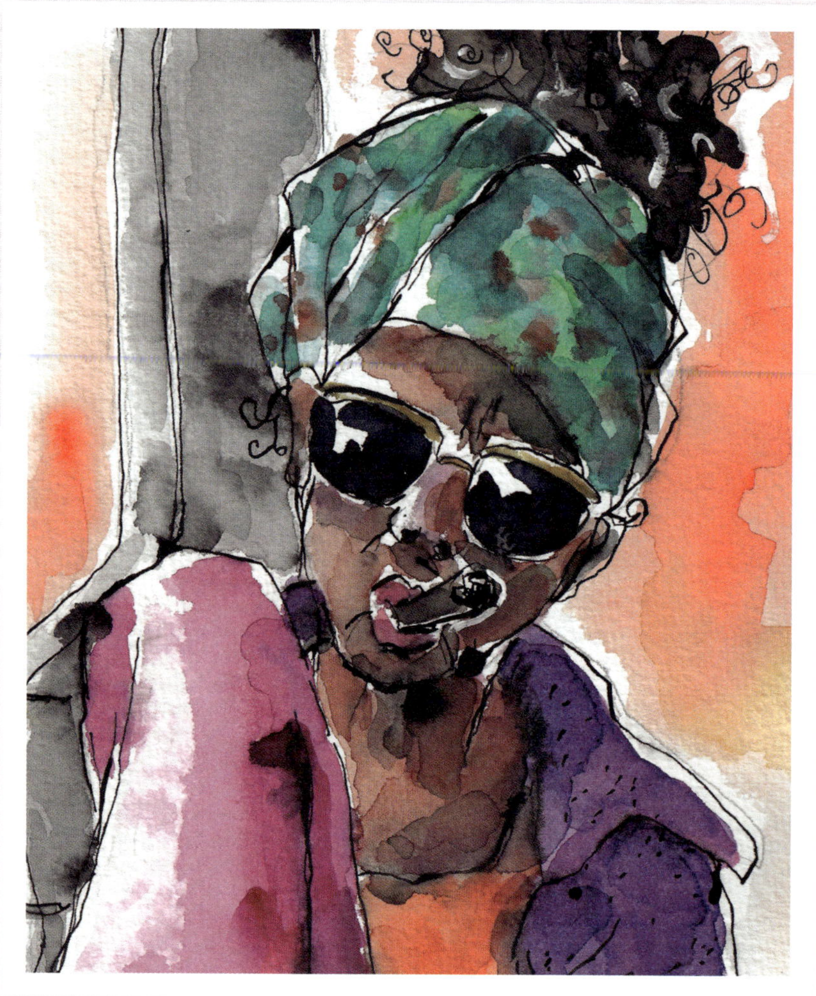

Keine Frage, Sonnenbrillen sorgen immer für einen Schuss Coolness.

Am einfachsten scheint die Vollrandbrille in der Frontalansicht zu sein – ein sichtbares Gestell, bei dem die Gläser keine Rolle spielen (müssen).

Dagegen ist beim »Kneifer«, dem Monokel, und randlosen Brillen die große Frage: Ich erkenne kaum etwas davon – aber wie stelle ich dieses Bisschen dar? Blättern Sie doch bitte mal kurz zurück zu meinem Großvater unter Bekleidung (auf S. 75). Auf dem Bild trägt er eine Halbrandbrille, der untere Glasbereich ist also ohne Fassung. Ich habe die Brillenränder nur minimal und auch nicht durchgehend mit grauer Aquarellfarbe transparent angedeutet. Den oberen, eingefassten Teil habe ich einfach beim Kolorieren des Gesichts ausgespart und auf der Schattenseite mit einem Fineliner betont. So bleibt die Lockerheit des Porträts erhalten und die Brille ordnet sich harmonisch ein.

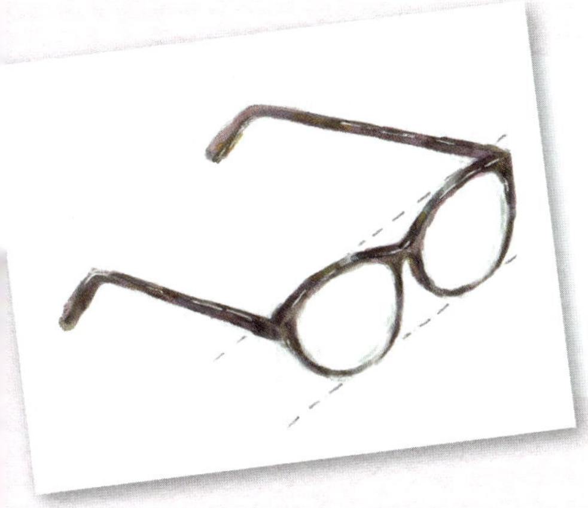

Mir hilft es bei der Seitenansicht, ein paar dünne parallele Hilfslinien zu ziehen, um das Brillengestell zu zeichnen. Machen Sie aber bitte keine technische Zeichnung daraus!

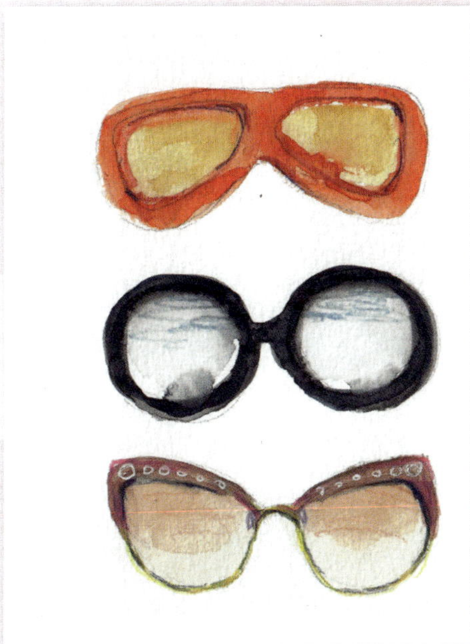

Wie wäre es, wenn Sie Ihre eigene Kollektion für Ihre Porträts entwickeln?

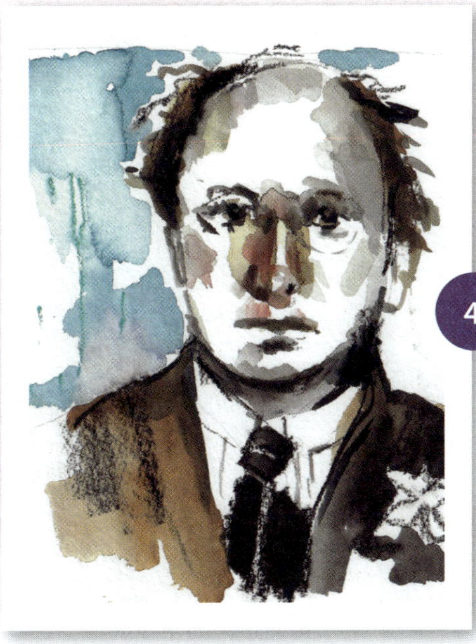

4

Auch hier habe ich das Glas mit wenigen Aquarellstrichen angedeutet. Das Porträt ist ein Mix aus Aquarellfarben und wasservermalbarem Grafit.

Schmuck

An den Ohren, um den Hals, den Bauch, die Fuß- und Handgelenke, am Finger, im Haar, beinahe an jeder Körperstelle kann etwas Schmückendes aus unterschiedlichstem Material baumeln, hängen, stecken. Damit sind wir – wie bei der Kleidung oben – wieder bei diversen Textur-Gestaltungsmöglichkeiten angelangt, ob aus Silber, Gold, Leder, Stoff, oder mit Edelsteinen besetzt.

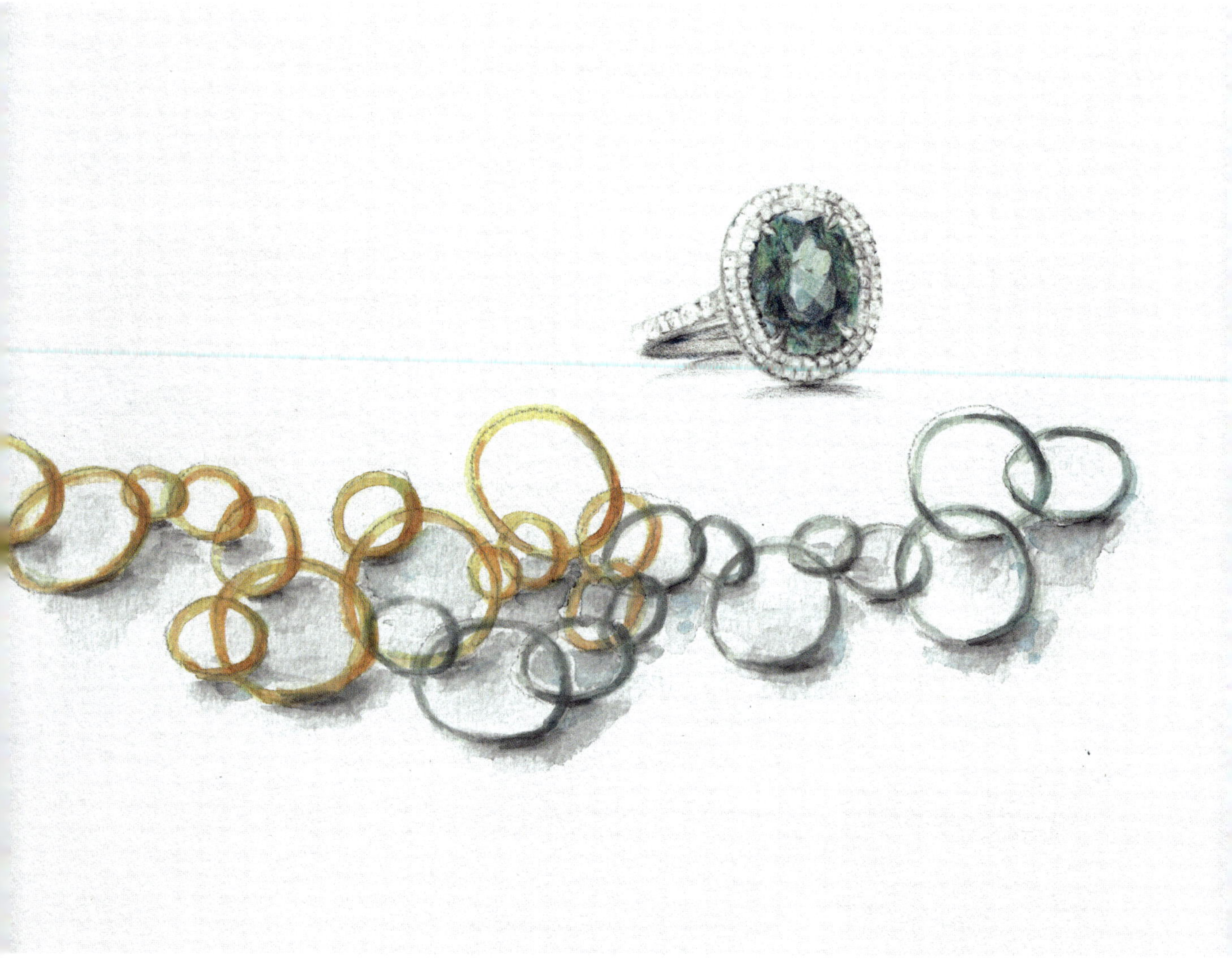

Wir können entscheiden: Fügen wir eher etwas hinzu oder lassen wir Elemente weg und wie detailliert handhaben wir das Ganze? Müssen wir jedes Steinchen zeichnen? Es ist vielleicht nicht so geschickt, dem Gesicht von einer monströsen Halskette die Schau stehlen zu lassen. (Es sei denn, wir illustrieren eine Schmuck-Werbung.) Zum Glück sind wir völlig frei in unserer Gestaltung. Vertrauen Sie Ihrem Gefühl! Das Bild hat immer Recht.

Wie Sie im Vergleich zum Foto erkennen, habe ich hier den Schmuck stark vereinfacht. Es hat mir Spaß gemacht, eigene Ornamente zu entwickeln! Verwendet habe ich purpurviolette Tusche, eine Zeichenfeder und einen breiten Pinsel.

16

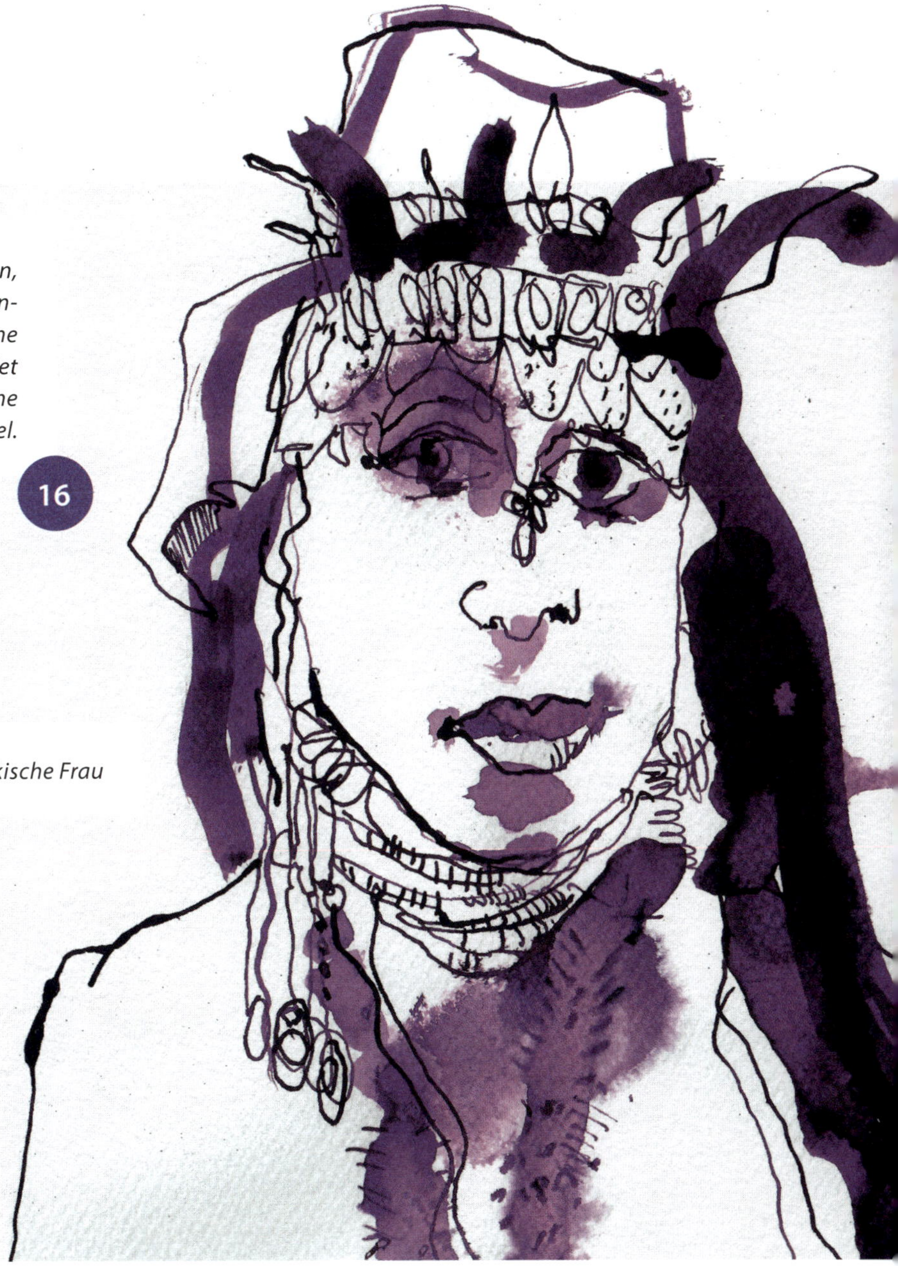

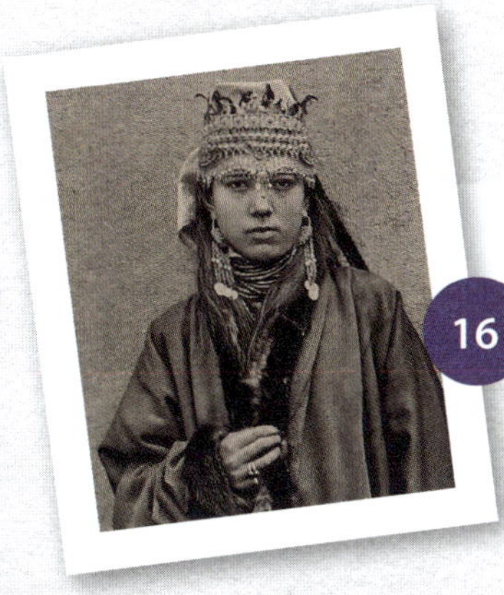

16

Tadschikische Frau

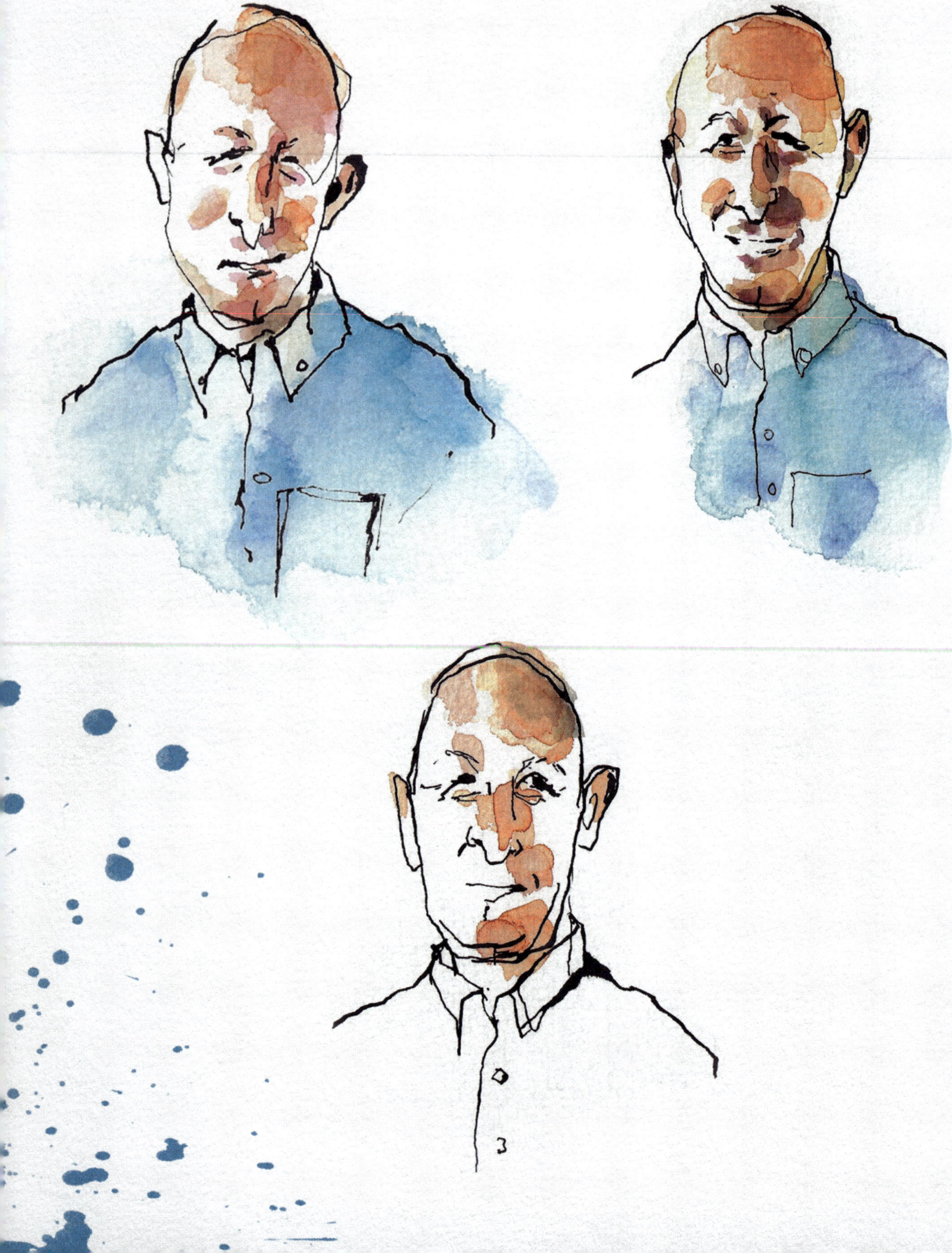

12 ÄHNLICHKEIT

Geht es um Porträts, ist das Thema unvermeidbar. Wie bereits anfangs bei Anna von Kleve besprochen (siehe S. 9), hat das Ganze auch eine stark subjektive Komponente. Ich habe in meiner Verzweiflung darüber, dass Porträts nichts wurden, schon Fotos abgepaust oder Gesichter vermessen. Alles stimmte und trotzdem stimmte nichts. Meistens lag es an zu symmetrischen, zu schönen Gesichtern. Für uns Porträtierende sind sie oft langweilig, und das spiegelt sich schließlich in unseren Ergebnissen wider. Vielleicht hatte ich auch nicht genau hingeschaut oder mich durch meine Erwartungen ans Ergebnis selbst gebremst.

Sind wir uns eigentlich jederzeit selbst ähnlich oder haben wir verschiedene Gesichter? Als ich im Internet nach Fotos von Jack Nicholson suchte, stutzte ich. Sah er wirklich so aus? Oder war dieses Bild ähnlicher? Oder das? Keins der vielen Fotos schien mir wirklich typisch für ihn. Ich entschied mich, meine eigene Version zu zeichnen. Und dazu möchte ich auch Sie mit meinem Buch ermutigen.

Wie wir aussehen, hat zum Beispiel auch damit zu tun, wie wir uns fühlen. Dennoch haben wahrscheinlich die meisten von sich (und anderen) eine Art Prototyp vor Augen. Daran scheint es auch zu liegen, wenn wir Porträts aussortieren, weil sie uns vermeintlich nicht entsprechen.

Nicht jedes Bild wird gut, bei niemandem. Aber durch regelmäßiges Üben wird man in jedem Fall besser, das betrifft auch die Ähnlichkeit. Es geht vielleicht nicht so schnell, wie wir es erwarten. Deshalb bemerken wir unsere Fortschritte auch nicht gleich, höchstens in der Rückschau. Irgendwann, vorausgesetzt Sie bleiben am Ball, wird das Einfangen von Ähnlichkeit bzw. dessen, was Ihr Modell ausmacht, unvermeidlich.

TIPP: Zur Vermeidung optischer Verzerrungen ist es hilfreich, Ihre Zeichenunterlage schräg vor sich zu halten oder aufzustützen. Es gelingt Ihnen so viel leichter, die Proportionen einzufangen – ein wichtiger Faktor, um Ähnlichkeit zu erzielen.

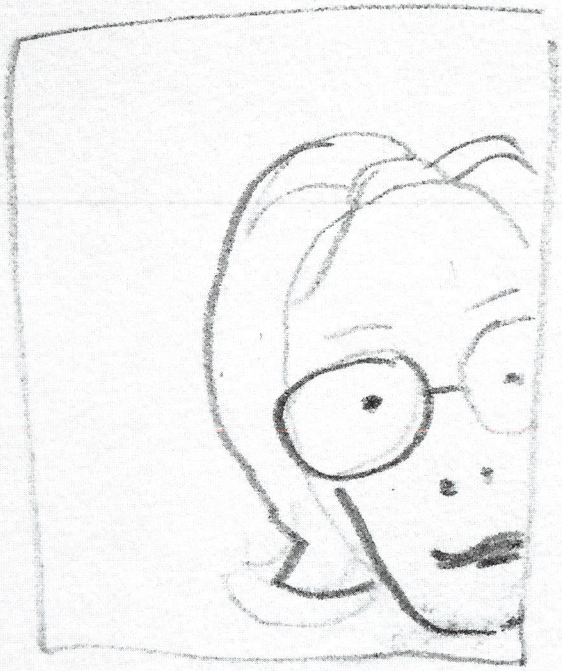

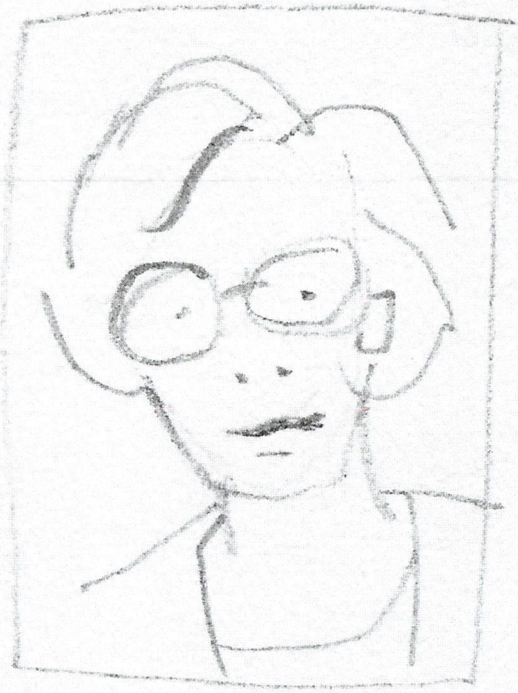

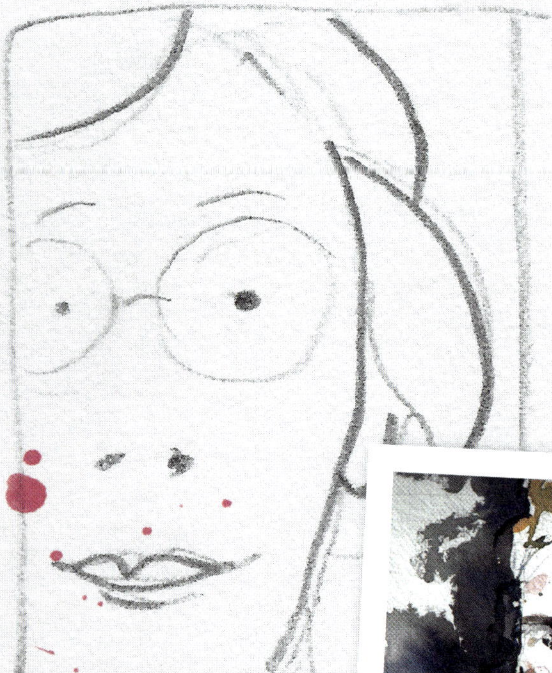

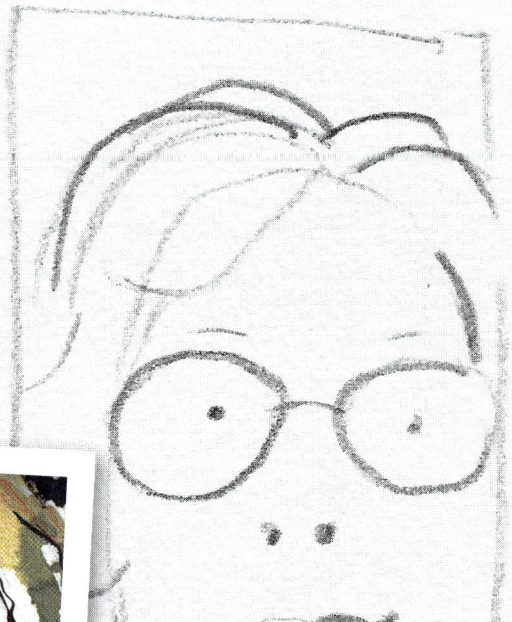

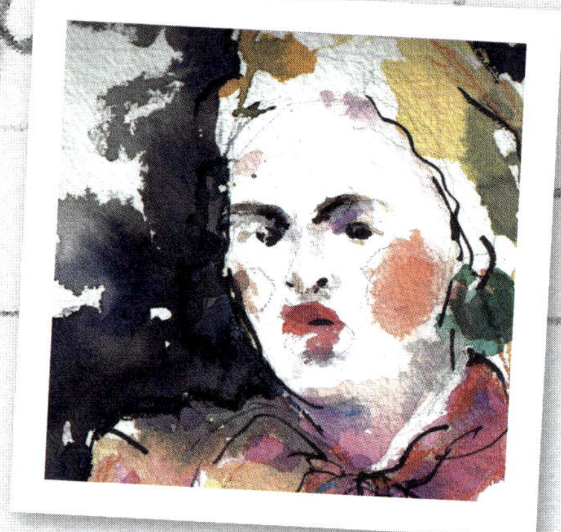

13 BILDGESTALTUNG

Unser Modell

In der ersten Euphorie macht es einfach nur Spaß, sich an immer wieder neuen Porträts auszuprobieren und mit Farben und Material zu spielen. Wir zeichnen drauf los, verwerfen, beginnen neu. Nach einigem Üben ist es dann vielleicht reizvoll, sich mit der weiteren Bildgestaltung zu beschäftigen. Dazu gehört die bewusste Wahl der Perspektive, des Bildausschnitts und des Hintergrunds.

Wie und wo platziere ich die porträtierte Person im Bild und wieviel Raum nimmt sie ein? Als Anfänger:in ist es am einfachsten, sich mit Frontalansichten zu beschäftigen. Wer damit nach einer Weile vertraut ist, sollte unbedingt auch andere Perspektiven ausprobieren, zum Beispiel das (Halb)-Profil oder die Ansicht von schräg oben oder unten.

Der Bildausschnitt

Habe ich mich für eine Position entschieden, lautet die nächste Frage: Wo im Bild möchte ich die Person haben? Möchte ich denselben Bildausschnitt wie auf dem Foto wählen oder einen anderen? Zoome ich sie heran oder gehe ich zeichnerisch einen Schritt zurück und zeige beispielsweise noch die Schultern oder ein Stück vom Oberkörper? Das lässt sich mit kleinen Skizzen ausprobieren.

Interessant werden unsere Bilder auch durch den nachträglich gewählten Ausschnitt. Ein paar Passepartouts in verschiedenen Größen oder Papierstreifen zum Legen erleichtern das Ausprobieren. Wer einen Scanner hat, kann seine Bilder digital beschneiden. Mit dem Smartphone geht das auch. Sie werden staunen, was Sie allein durch die Bestimmung des Bildausschnitts aus Ihren Werken herausholen und seine Aussage verändern. Hier ein Beispiel:

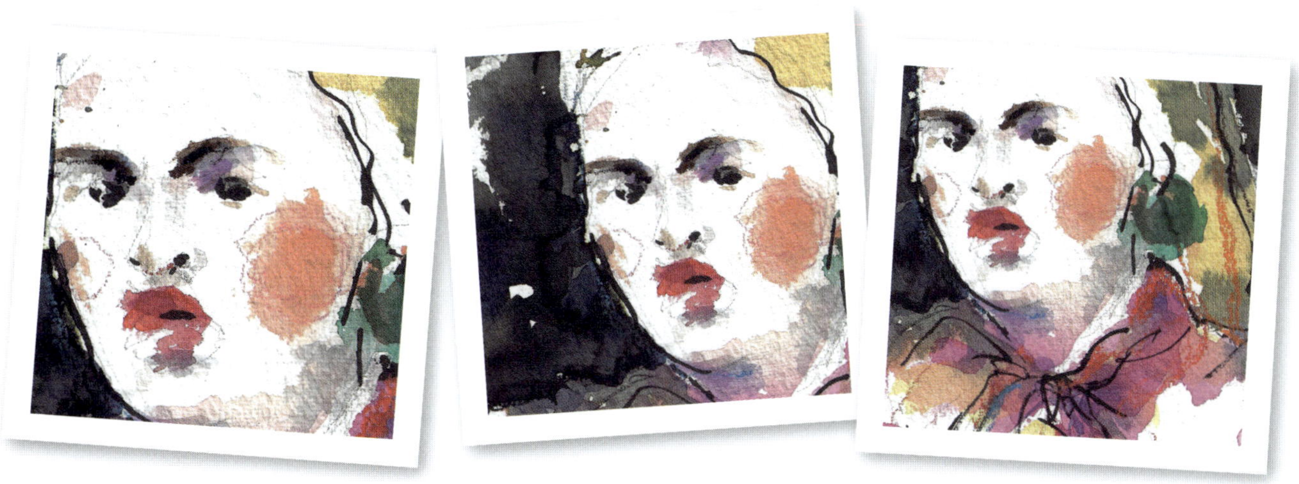

Der Hintergrund

Eine weitere wichtige Entscheidung sollten Sie bewusst treffen: Stelle ich die Person frei ohne Hintergrund, oder binde ich sie ein in einen Kontext? Soll dieser abstrakt sein oder real, hell oder dunkel? Was gewichte ich mehr – den Hintergrund oder die Person? Immer wieder verändert sich dadurch die Bildaussage. Ich möchte Ihnen hier einige meiner Überlegungen vorstellen.

Einfarbig

Das Porträt steht für sich selbst (vor allem, wenn ich den Hintergrund frei lasse). Diese Variante, kombiniert mit dem »richtigen« Bildausschnitt, ist schon die halbe Miete. Möchte ich den Gesamteindruck harmonisch halten, wähle ich eine Farbe, die ich bereits im Porträt verwendet habe oder die nicht hervorsticht, wie zum Beispiel Pastelltöne. Für mehr Power kann es eine dominante oder Komplementärfarbe sein, die für Kontraste und Spannung sorgt.

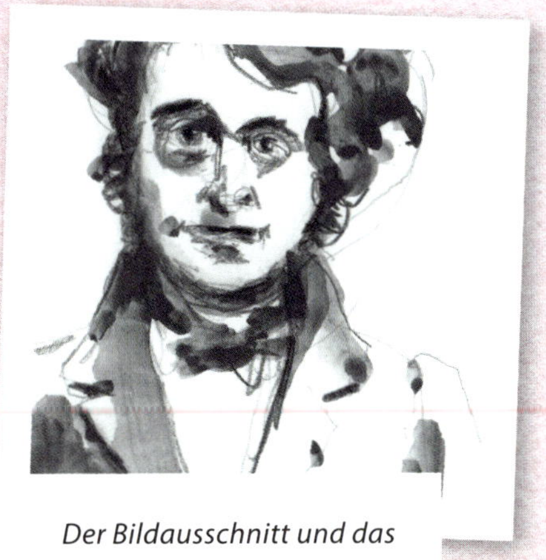

Der Bildausschnitt und das Formatfüllende lassen das Porträt bereits ohne farbliche Hintergrundgestaltung sehr präsent wirken.

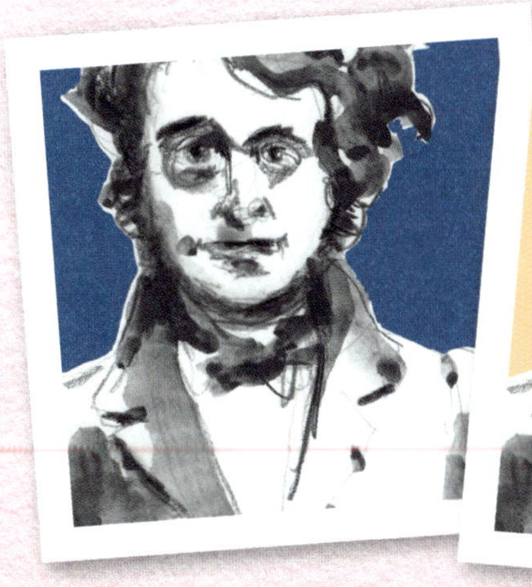

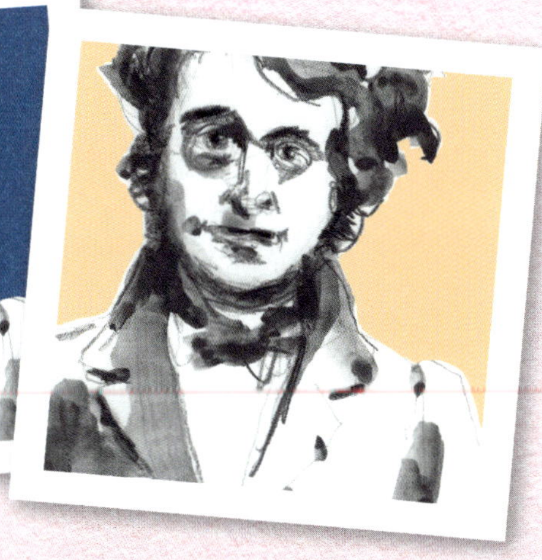

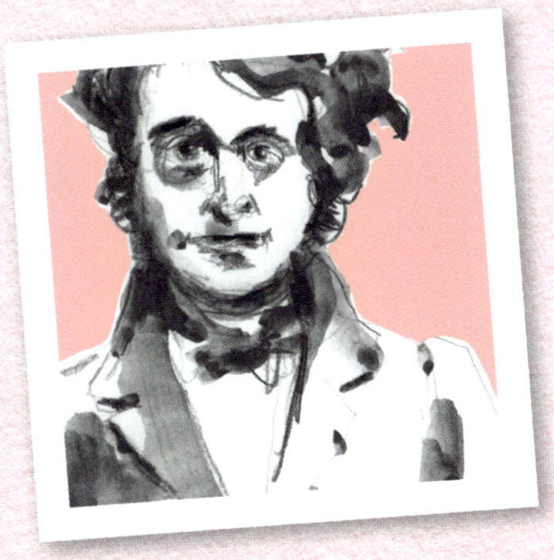

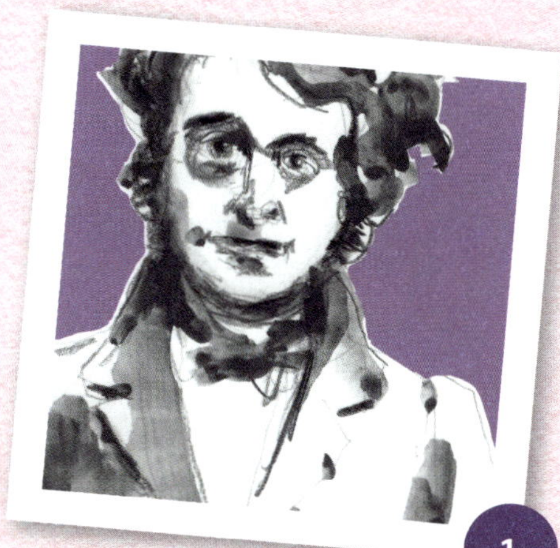

1

Die vier verschiedenen Farbversionen desselben Porträts auf der vorigen Seite zeigen: Bei jeder Farbe ändern sich Stimmung und Harmonie des Bildes.

Strukturen

Was bietet sich im Porträt an (zum Beispiel in der Kleidung) und was kann ich für den Hintergrund übernehmen? Oder setze ich mit dem Hintergrund bewusst einen Gegensatz?

Bei den Porträts auf dieser Seite habe ich den Hintergrund kreidig-streifig angelegt, was einen Kontrast zu den weichen Lasuren bildet. Die knallrote Farbe toppt diesen Eindruck noch.

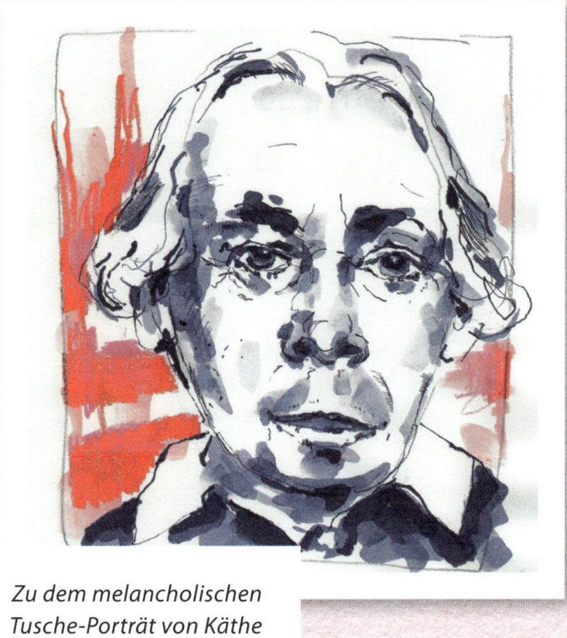

Zu dem melancholischen Tusche-Porträt von Käthe Kollwitz habe ich bewusst einen knalligen Hintergrund gewählt, der die Gesamtwirkung ins Moderne dreht.

7

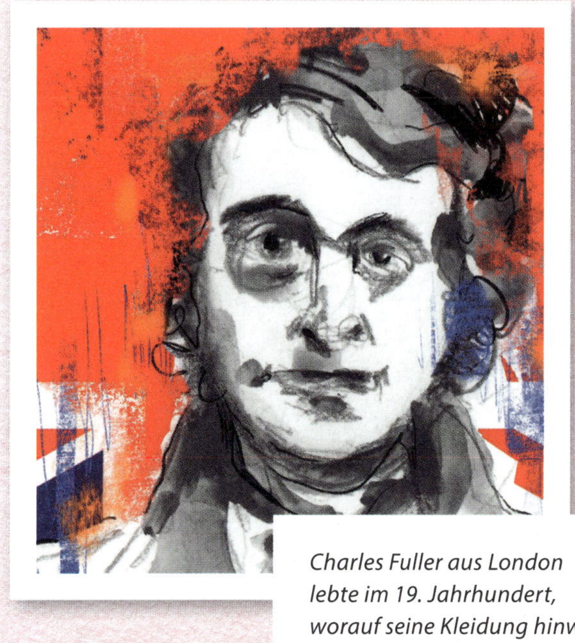

Charles Fuller aus London lebte im 19. Jahrhundert, worauf seine Kleidung hinweist. Ich habe mich bewusst für einen modernen Hintergrund mit Elementen der britischen Flagge entschieden.

1

Bezug zum Porträt und fiktiver Raum

Denkbar ist auch, die porträtierte Person in eine realistische Umgebung einzubinden – in eine Landschaft, eine Stadt, einen Raum. Die Aussage lässt sich dadurch stark verändern, wie diese Beispiele zeigen. Die Frau in Uniform wirkt anders in einer sachlichen Umgebung (angedeutete Bahnhofshalle) als in einer Blumenwiese. Wogegen der nächtliche Schneefall relativ neutral erscheint.

Für den Hintergrund eignen sich neben mehr oder weniger ausformulierten Zeichnungen – die Bahnhofshalle habe ich stilisiert, den Berliner Dom gezeichnet – auch Collagen aus Zeitschriften oder Fotos.

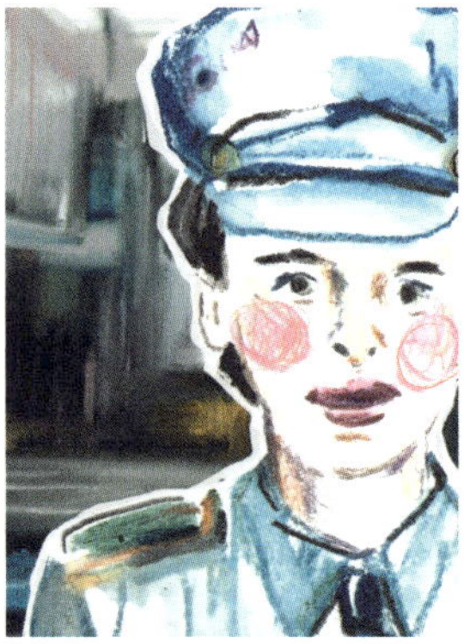

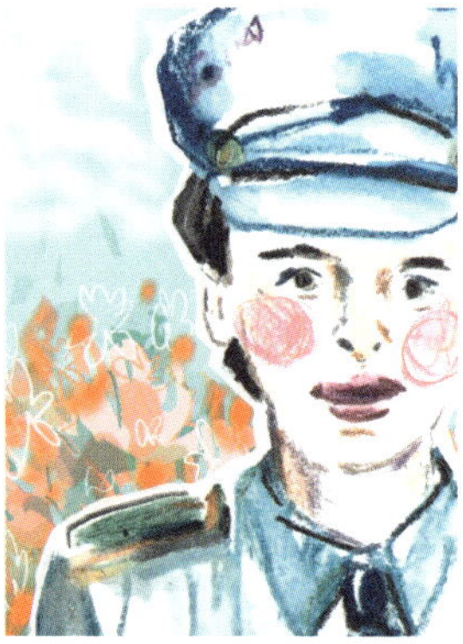

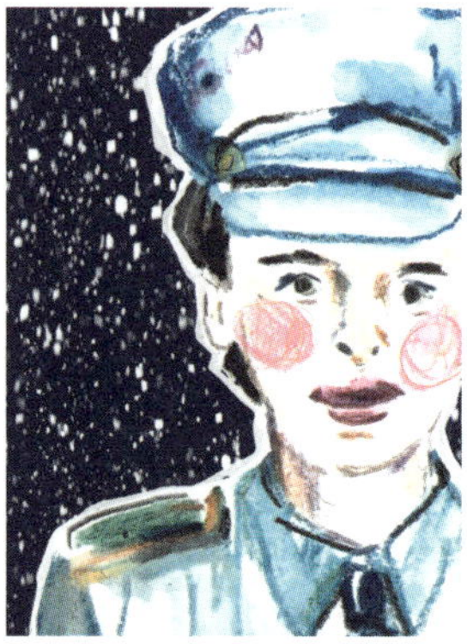

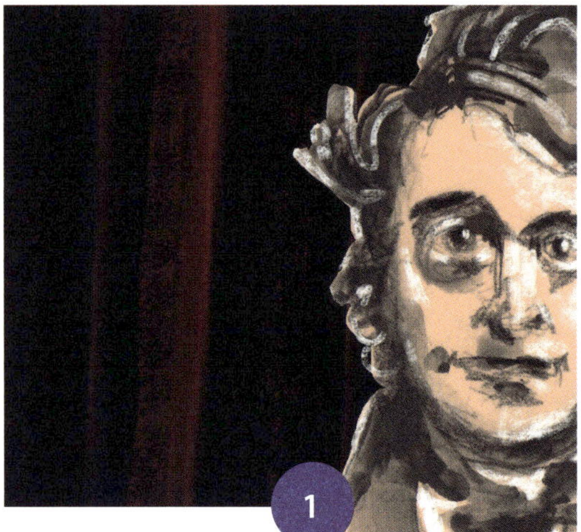

1

Der elegante Mr. Fuller mit seinen wilden Haaren erinnert mich an einen Dirigenten. Deshalb platzierte ich ihn vor einem Samtvorhang (Fotocollage), um eine entsprechende Atmosphäre zu schaffen.

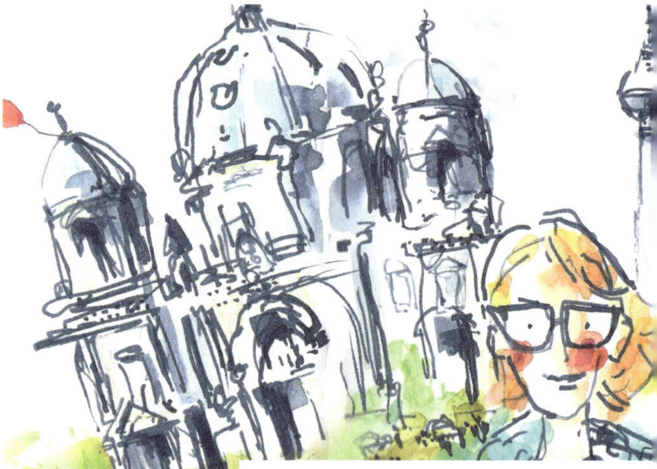

Als Berlinerin habe ich mich einfach mal vor dem Berliner Dom inklusive Fernsehturm gezeichnet. Klimaneutrales Reisen leicht gemacht.

Zufall

Manchmal existiert der Hintergrund schon vor der Zeichnung. Ich hebe gern Papiere mit Farbproben o.ä. für diese Zwecke auf. Da es sich um »Schmierpapier« handelt, lässt sich ganz befreit darauf zeichnen.

TIPP: Holen Sie sich Anregungen, wo immer es möglich ist. Betrachten Sie Abbildungen, Fotos, Kunstwerke gezielt in Bezug auf ihre Hintergrundgestaltung. Sie ist ein wichtiges Element, das oft unterschätzt wird.

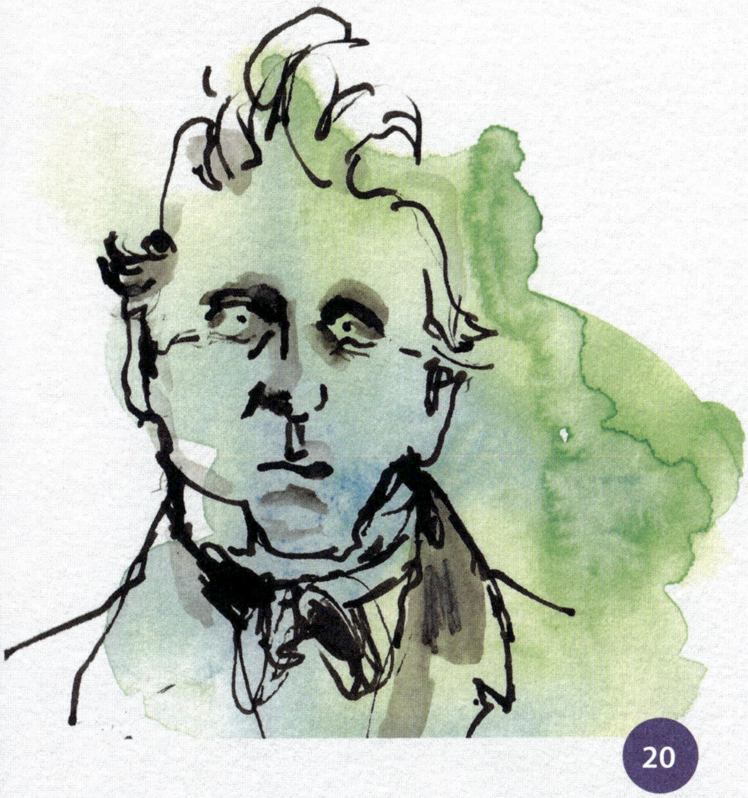

20

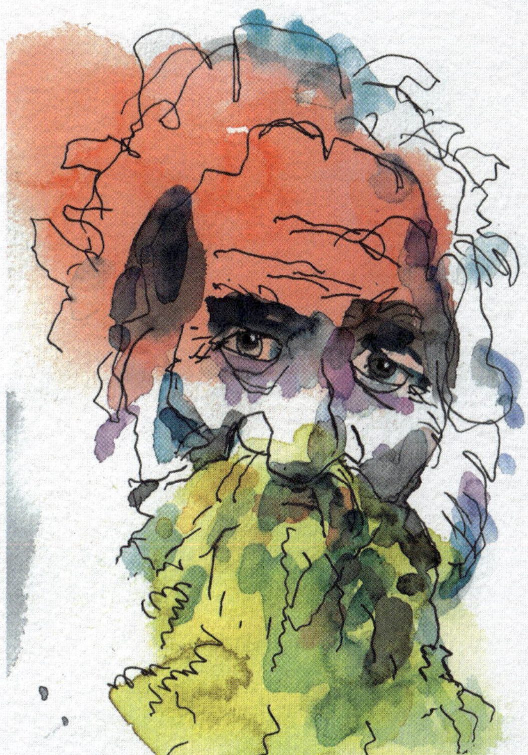

Akzente setzen

Hintergrund bedeutet nicht Ausmalen. Mit wenigen Farbakzenten schaffen Sie bereits eine Bühne für Ihr Porträt. Es darf auch mal etwas »stören«, wie der pinkfarbene Fleck, der dem Herrn rechts im Kragen sitzt.

Gerade eine einfarbige Zeichnung kann durch farbige Akzente mehr Power bekommen, ebenso ein Medienmix (hier Tuschezeichnung plus Farbstifte). Dabei achte ich auf Variationen: hier eine kleine Fläche, dort ein paar Streifen und Punkte. Zusammen mit den hellbunten Farben bekommt das strenge Porträt des Mannes eine spielerische, heitere Note. Die drei orangefarbenen Striche simulieren abstehende Haarsträhnen, das Pink darunter vermischt sich mit dem Haarschopf. So entstehen aus dem Hintergrund teilweise auch wieder die Zeichnung vervollständigende Elemente.

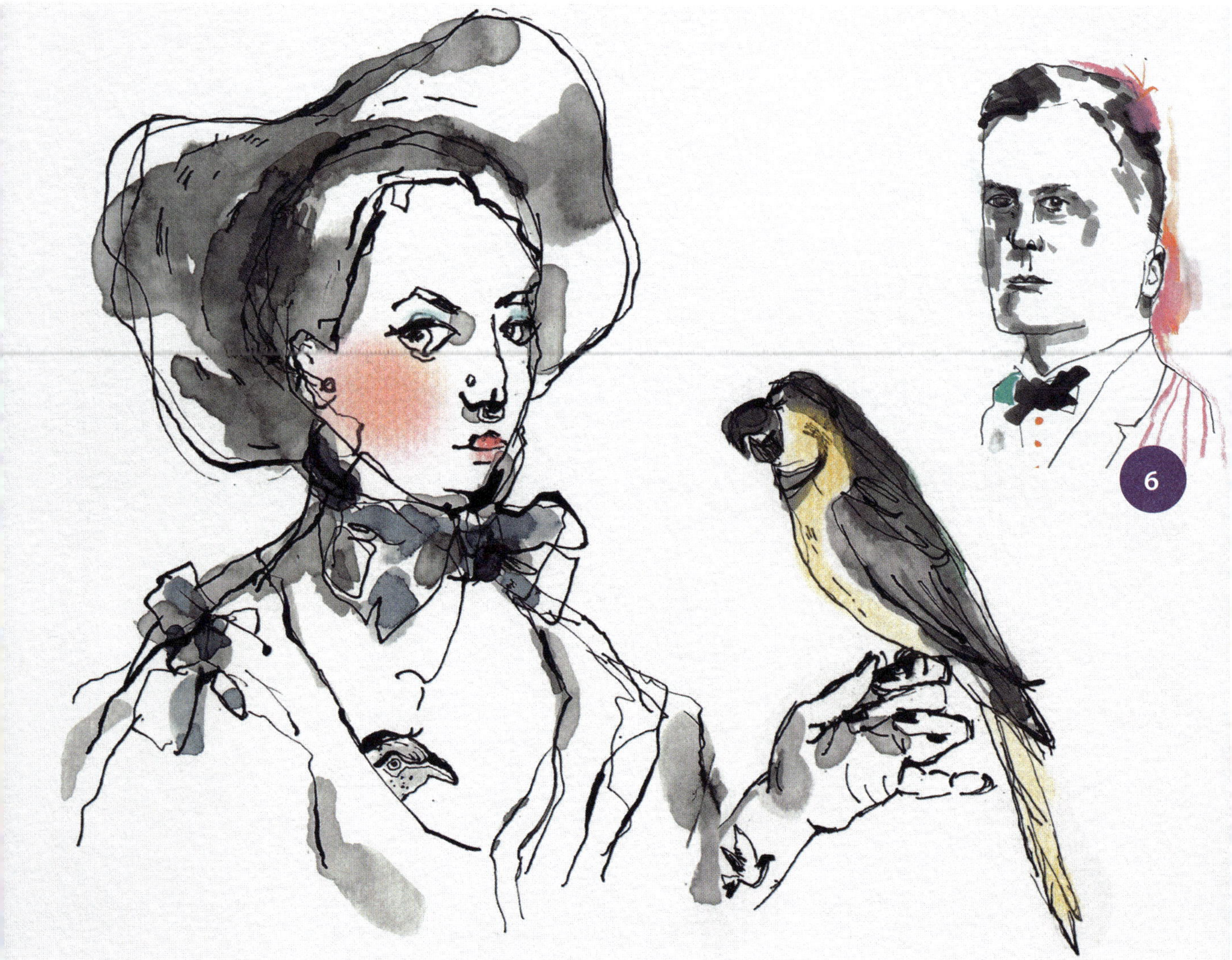

6

Wohin mit den Händen?

Hände sind ein fantastisches Mittel, um Ihrem Porträt mehr Ausdruck und Authentizität zu geben. Wir haben sie ja auch oft am Gesicht, zum Beispiel wenn wir uns eine Haarsträhne wegstreichen oder uns aufstützen. Schwierig zu zeichnen sind sie nicht, falls Sie das gerade einwenden wollten.

Für die ersten Porträtversuche konzentrieren Sie sich möglicherweise zuerst auf das Gesicht. Aber wir lieben doch alle die Herausforderung, oder? Sie haben ja auch schon mehrfach hier gelesen, dass wir ruhig einmal Fünfe gerade sein lassen können. Was bei den Ohren die Henkel, sind bei den Händen – tja, die Flossen? Die Röhren? Ich meine damit, Sie können auch hier beliebig einfach oder detailliert gestalten.

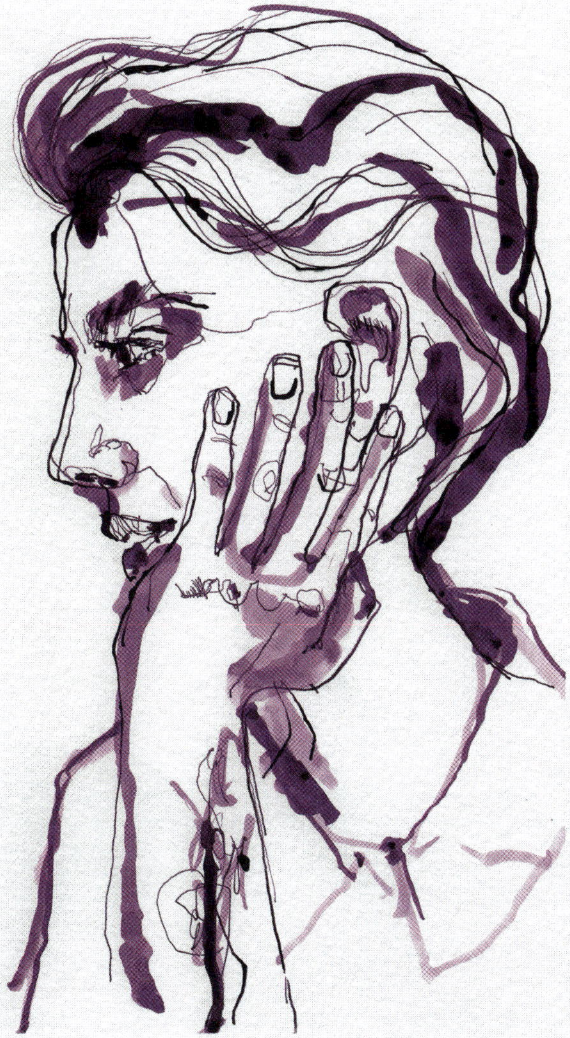

Ich liebe es sehr, einfach verschieden große wurstähnliche Gebilde an so etwas wie einem Handteller zu befestigen und ins Bild zu integrieren. Kurz durchzählen, passt!

Lassen Sie eine Hand im Gesicht dominieren, deuten Sie sie nur an oder lassen Sie Gesicht und Hand harmonisch verschmelzen. So viele Möglichkeiten!

Ich mache gern Handstudien und beschäftige mich mit den Details wie Gelenken, Fältchen und anderen Merkmalen. Wie immer gilt auch hier: keine festen Regeln. Alles sollte sich zu einem harmonischen Ganzen fügen.

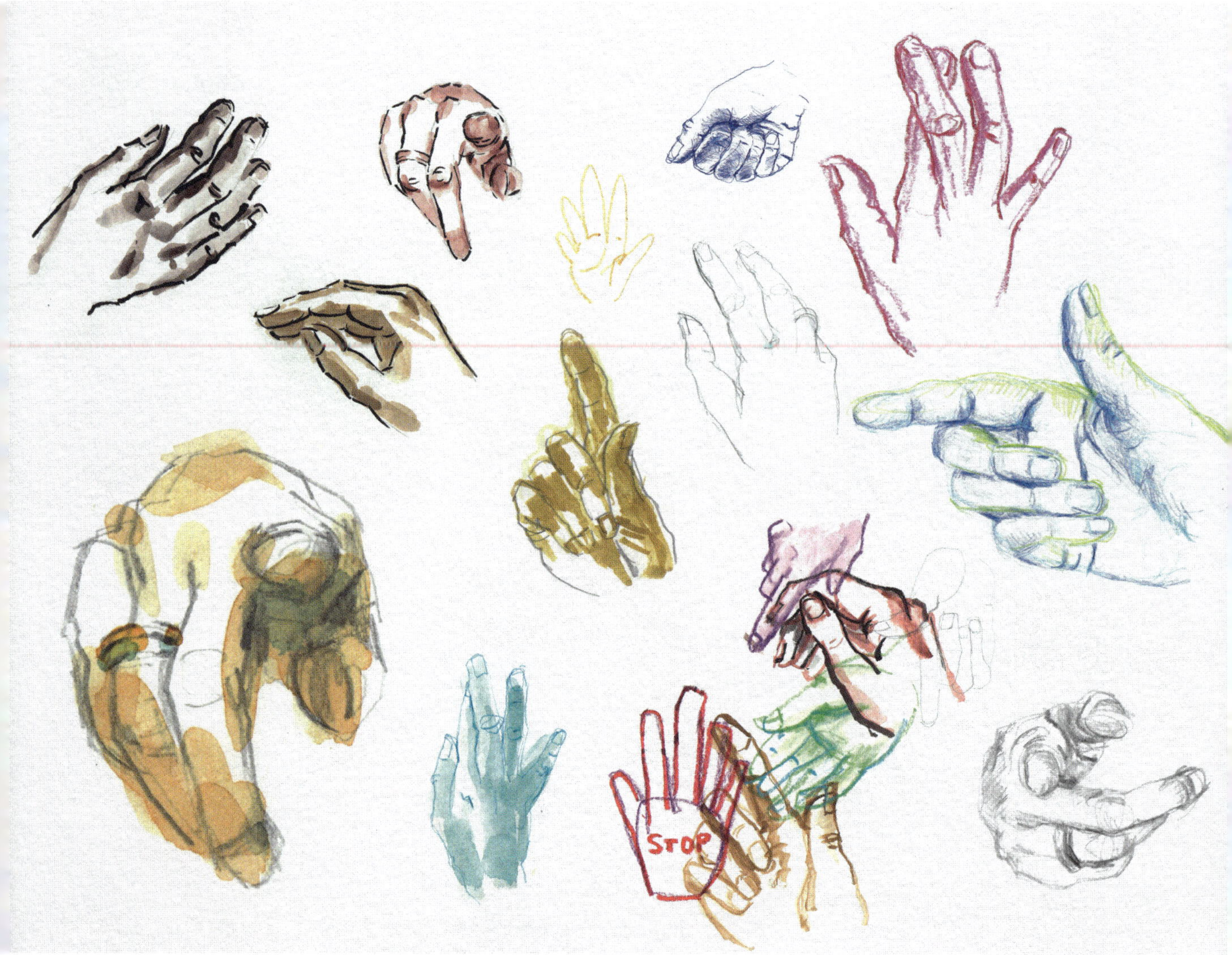

Wann höre ich auf?

Leider gibt es darauf keine Standardantwort. Wenn wir einem »Überarbeiten« unseres Bildes vorbeugen wollen, können wir vorher eine kleine Skizze anlegen und unser Porträt planen. Je konkreter unsere Vorstellung dazu ist, umso eher wissen wir, wann es genug ist.

Legen wir dagegen einfach drauf los und lassen sich das Porträt entwickeln, ist es ratsam, ab und zu einen Schritt zurückzutreten und das Ergebnis aus der Distanz zu betrachten. Auch ein, zwei Tage Ruhezeit wirken Wunder. Am besten Sie hören auf Ihre innere Stimme und schulen Ihr Auge, indem Sie so oft wie möglich zeichnen und Kunst betrachten. So entwickeln Sie Ihre eigene zeichnerische Handschrift und werden sicherer. Und ab und zu ein Risiko einzugehen schadet auch nicht.

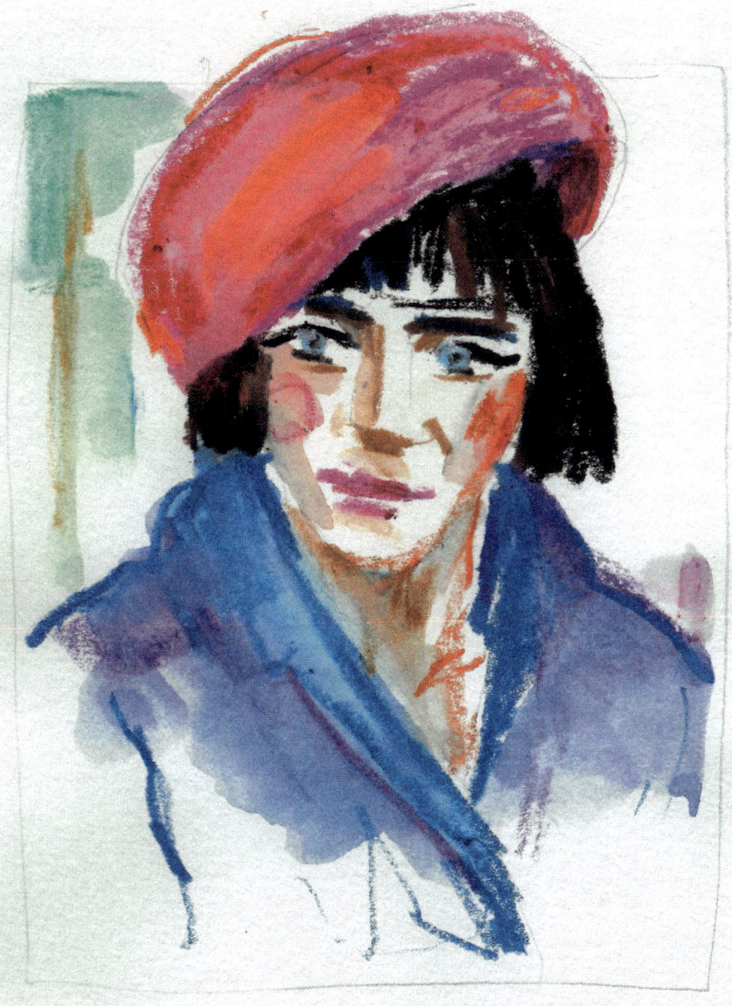

Ja, vielleicht hätte ich hier und da noch ein wenig Strukturen reinbringen können, wie zum Beispiel am Mantel die Beschaffenheit des Stoffes darstellen. Ich habe mich bewusst dafür entschieden, die Zeichnung nicht weiter auszuarbeiten.

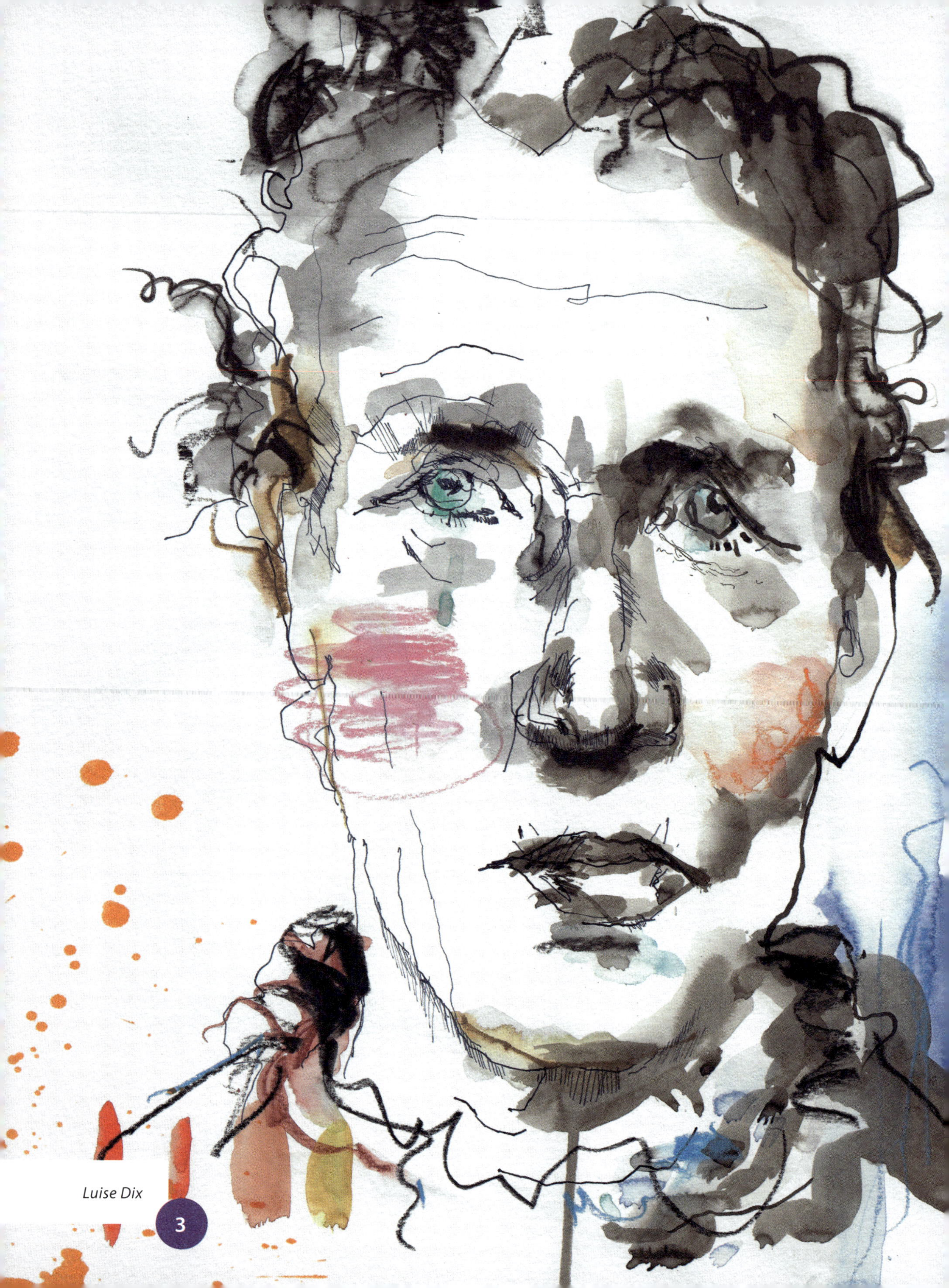

Luise Dix

3

14 BILDBETRACHTUNGEN

Oft ist uns nicht bewusst, warum uns ein Bild anspricht. Es ist erst einmal die Gesamtwirkung, auf die spontan ein positiver Impuls (»Mag ich!«) folgt. Es lohnt sich, dann genau hinzuschauen und für die eigene Arbeit und künstlerische Entwicklung neue Ideen und Ziele mitzunehmen.

Ich möchte Ihnen deshalb anhand einiger Lieblingsporträts verdeutlichen, was sie für mich besonders macht, um Ihnen Anregungen für Ihre Porträts zu geben. Picken Sie sich raus, was für Sie hilfreich ist!

Dieses Porträt (links) von Luise Dix ist zu Demozwecken in einem meiner Porträt-Kurse entstanden. Das Blatt mit Farbproben stand auf der Staffelei, und es ging zunächst nur um eine Tusche-Zeichnung. Während die Teilnehmer:innen an ihren eigenen Werken saßen und gerade keine Hilfe benötigten, ergänzte ich immer wieder etwas mit anderen Medien wie zum Beispiel Buntstiften oder Grafit. So entstand ganz nebenbei ein lebendiges Porträt. Der Trick dabei war wahrscheinlich, es kam (mir) nicht drauf an. Ein Übungsblatt mit Farbklecksen, was soll's. Schon lassen wir los im Kopf und in der Hand.

So ging es mir auch mit diesem Porträt rechts, der Frau mit den gelben Haaren – eigentlich eine Probe mit meinem Füller. Deshalb ist alles nur angedeutet. Die gelbe Tusche war auch nur ein Ausprobieren, da ich sie fast nie verwende.

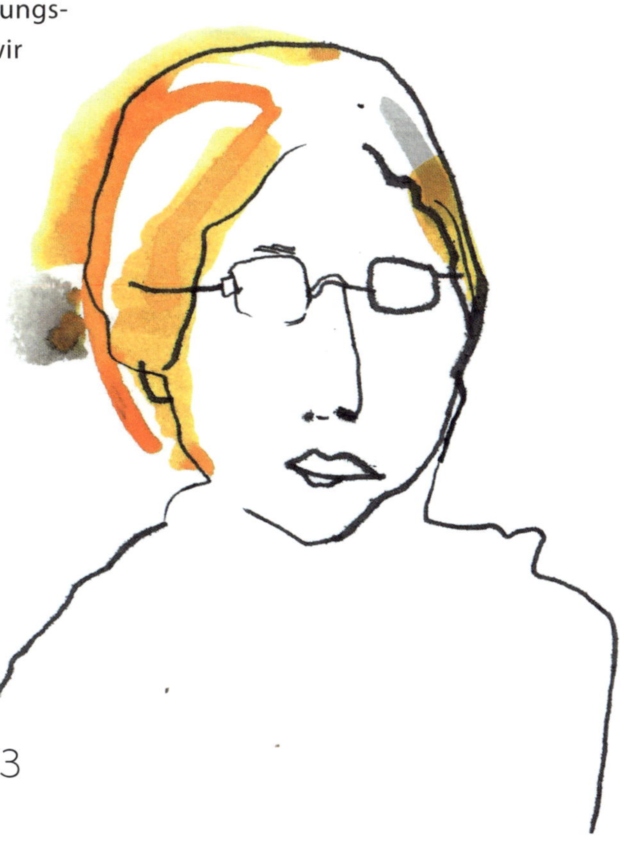

Wir sehen nicht, wo der Blick dieser Frau hingeht. Vieles bleibt der eigenen Fantasie überlassen. Mir gefiel dieses »Schmierpapier« so gut, dass ich es aufgehoben habe. Für mich braucht es keine weitere Ausarbeitung mehr.

Bei den Porträts auf diesen beiden Seiten handelt es sich um Fundstücke, die mir spontan gefielen. Vorher waren sie mir gar nicht aufgefallen, wahrscheinlich Probeskizzen für was auch immer. Jetzt dachte ich »Stark!«. Womit sich wieder einmal zeigt, Aufbewahren lohnt sich.

TIPP: Heben Sie Ihre Zeichnungen auf – besonders die ungeliebten. Erstens kann sich unser Blick darauf verändern, zweitens erkennen wir daran unseren Entwicklungsprozess.

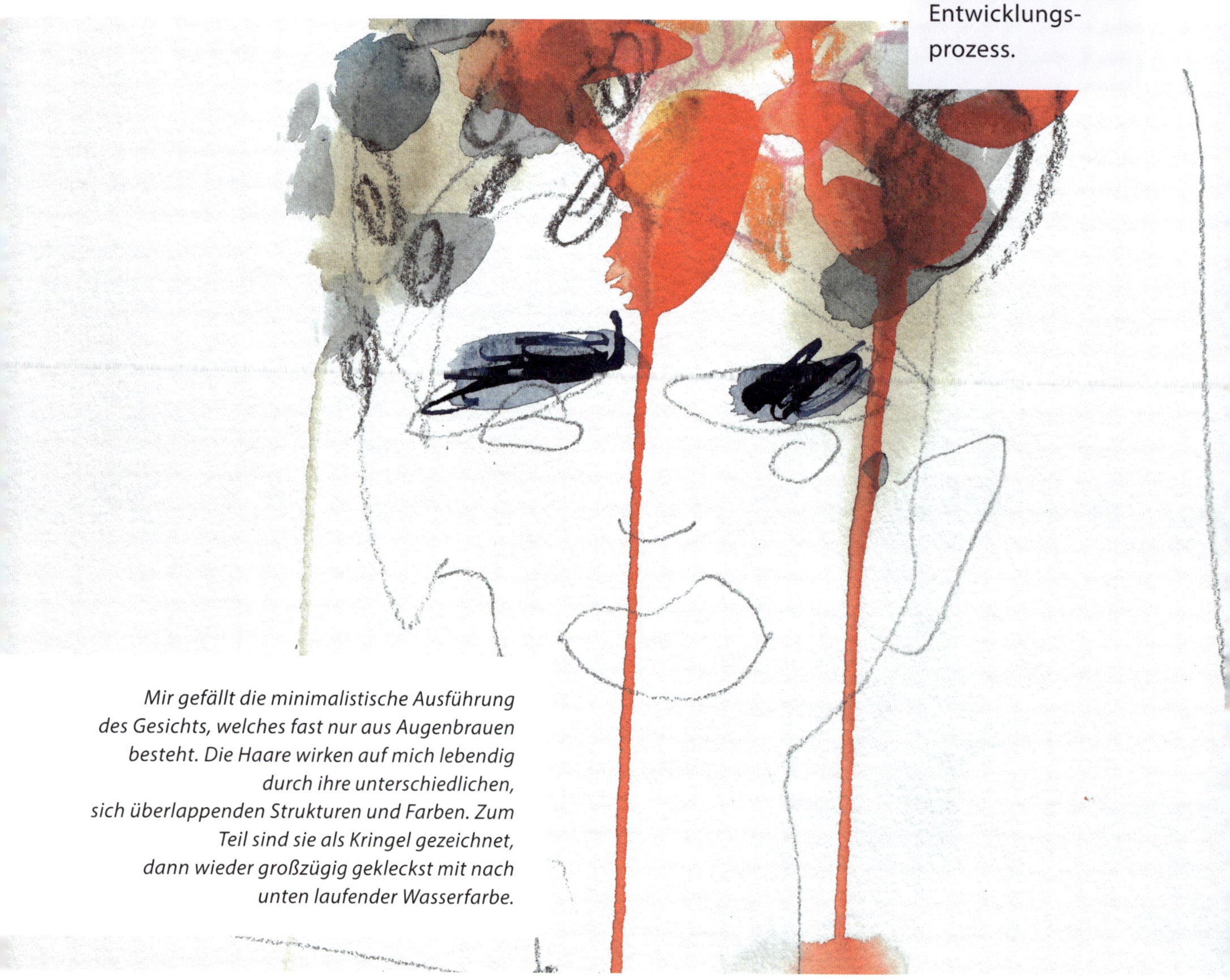

Mir gefällt die minimalistische Ausführung des Gesichts, welches fast nur aus Augenbrauen besteht. Die Haare wirken auf mich lebendig durch ihre unterschiedlichen, sich überlappenden Strukturen und Farben. Zum Teil sind sie als Kringel gezeichnet, dann wieder großzügig gekleckst mit nach unten laufender Wasserfarbe.

Mir gefallen die teilweise das Bild durchbrechenden, senkrecht und waagerecht verlaufenden Bleistiftlinien, die gleichzeitig auch wieder durch die Zeichnung gesprengt werden. Ich mag die Einfachheit der Gesichter mit ihren henkelähnlichen Ohren, die reduzierten Farben, die dafür um so plakativer aufgetragen wurden. Das Porträt auf der linken Seite tritt sogar in den Hintergrund und lässt dem Kopfschmuck den Vortritt. Wie oft schaffen wir es nicht, lockere Zeichnungen aufs Papier zu bringen, weil wir zu viel wollen. Alles soll perfekt sein und plötzlich ist unsere Zeichnung überladen. Mut zum Weglassen ist manchmal auch ganz schön!

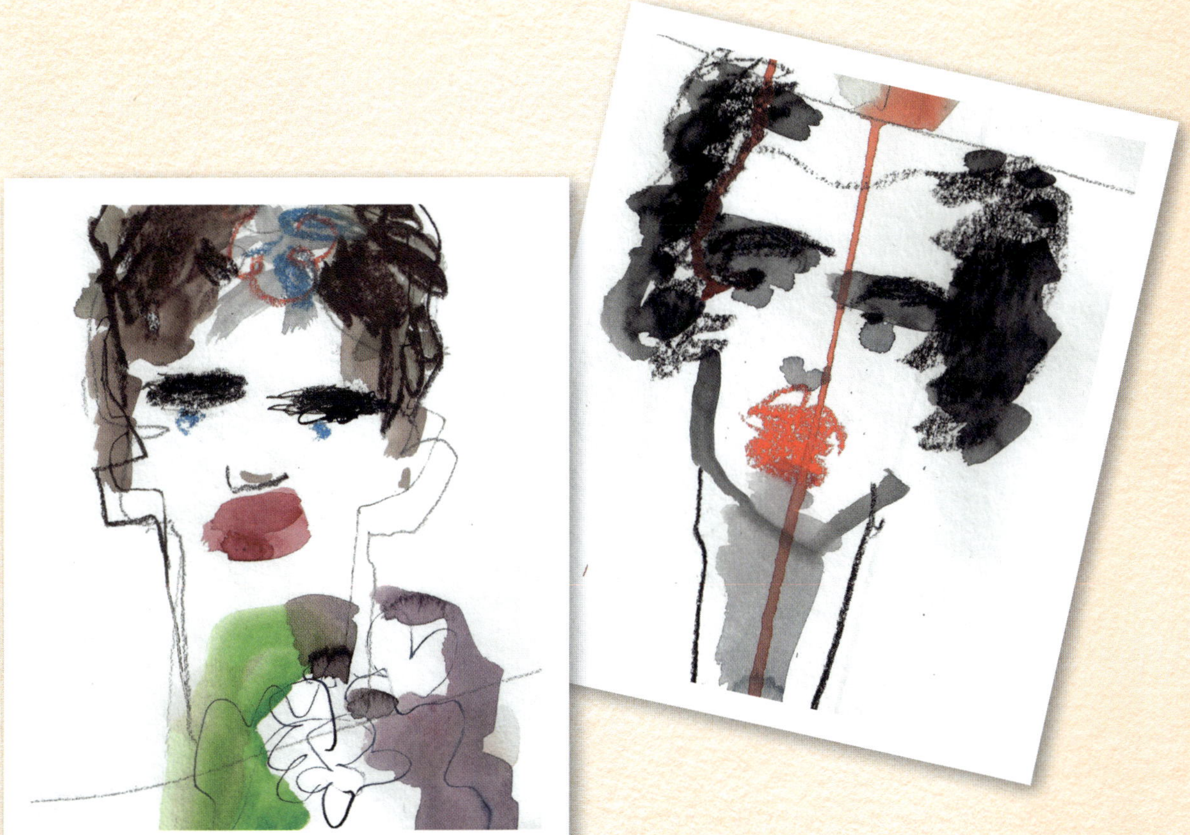

Indem ich mir bewusst mache, was mir an (anderen und meinen) Bildern gefällt, schule ich mein Auge und entwickele eigene Bewertungskriterien, an denen ich meine Arbeit messen kann. Das klingt vielleicht etwas streng. Gemeint ist damit eine Art innerer Kompass, der mir sagt, wann ich (!) meine Bilder gut finde. Dadurch gewinne ich Sicherheit und mache mich unabhängig von den Urteilen anderer. Zum Beispiel habe ich für dieses Buch etliche Zeichnungen verworfen, auch wenn sie anderen gefielen. Mein Kompass sagte mir aber »fühlt sich nicht gut an«.

Was sind Ihre Kriterien? Worauf kommt es Ihnen beim Zeichnen an?

Das Ganze ist ein offener Prozess, denn im besten Fall entfalten wir unsere Fähigkeiten immer weiter und kommen zu neuen Einsichten. Mit kleinen Zielen fährt es sich dabei gut. Zum Beispiel könnten Sie bei Ihrer nächsten Zeichnung Ihre Aufmerksamkeit bewusst auf einen abwechslungsreichen Pinselstrich richten oder die Gestaltung von Haaren.

TIPP: Oft ist die zweite Zeichnung die ausdrucksvollere. Wir kennen unser Motiv schon besser und gehen viel lockerer ans Werk.

Die eigenen Zeichnungen aufzubewahren und in zeitlichen Abständen zu betrachten, macht diesen Prozess nachvollziehbar. Wir haben unsere Entwicklung vor Augen und sehen unsere Fortschritte. Das hat alles auch viel damit zu tun, das eigene kreative Schaffen ernst zu nehmen – was nicht so leicht fällt, da es in unserer Gesellschaft sehr oft um die wirtschaftliche Verwertbarkeit von Eigenschaften, Dingen und Fähigkeiten geht. Und wenn schon das nicht möglich ist, soll jemand doch bitte schön wenigstens zeichnen KÖNNEN. Meistens ist damit das realistische Nachbilden des Gesehenen gemeint. Doch brauchen wir immer mehr Perfektionismus und exakte Kopien unserer Welt? Ich finde nicht, auch wenn viele daran den Wert einer Zeichnung messen.

Mit jedem Strich auf dem Papier erzählen Sie etwas über sich, in jedem Bild steckt Ihre Persönlichkeit. Und je lebendiger und individueller, umso interessanter. Wenn es Ihnen Freude macht und Sie eine Weile dran bleiben am Zeichnen, werden Sie feststellen, was Ihnen Ihr Tun gibt und wie es Sie in Ihrem Erleben reicher macht. Ich sitze manchmal schon morgens um fünf Uhr voller Energie mit meiner Kaffeetasse und meinem Zeichenblock am Schreibtisch, weil es mich dorthin zieht.

Ganz hoch im Kriterien–Kurs stehen bei mir:
Spontanität, Lebendigkeit, Abwechslung, Einfachheit,
etwas »Störendes« (ein Klecks, Strich etc.)

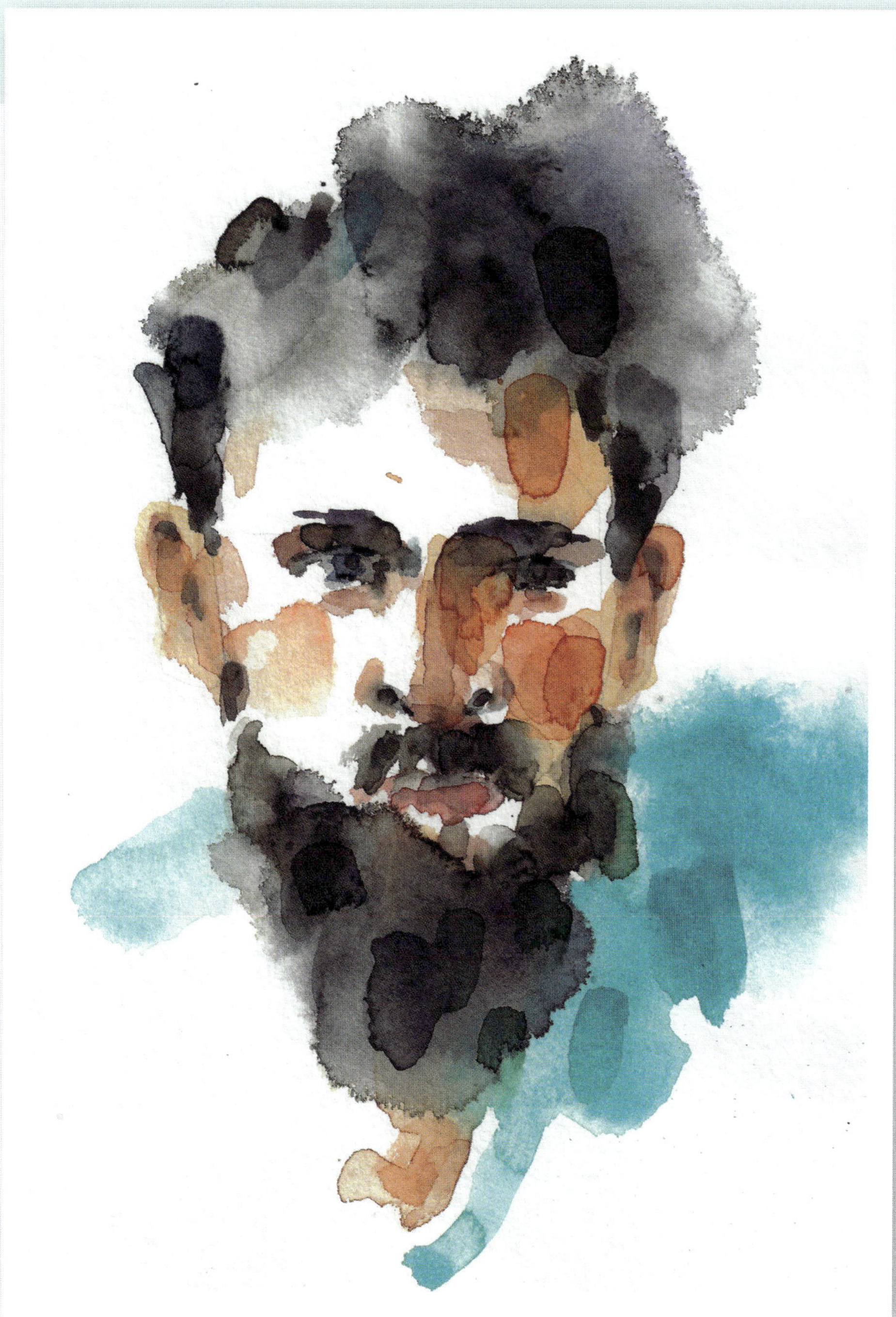

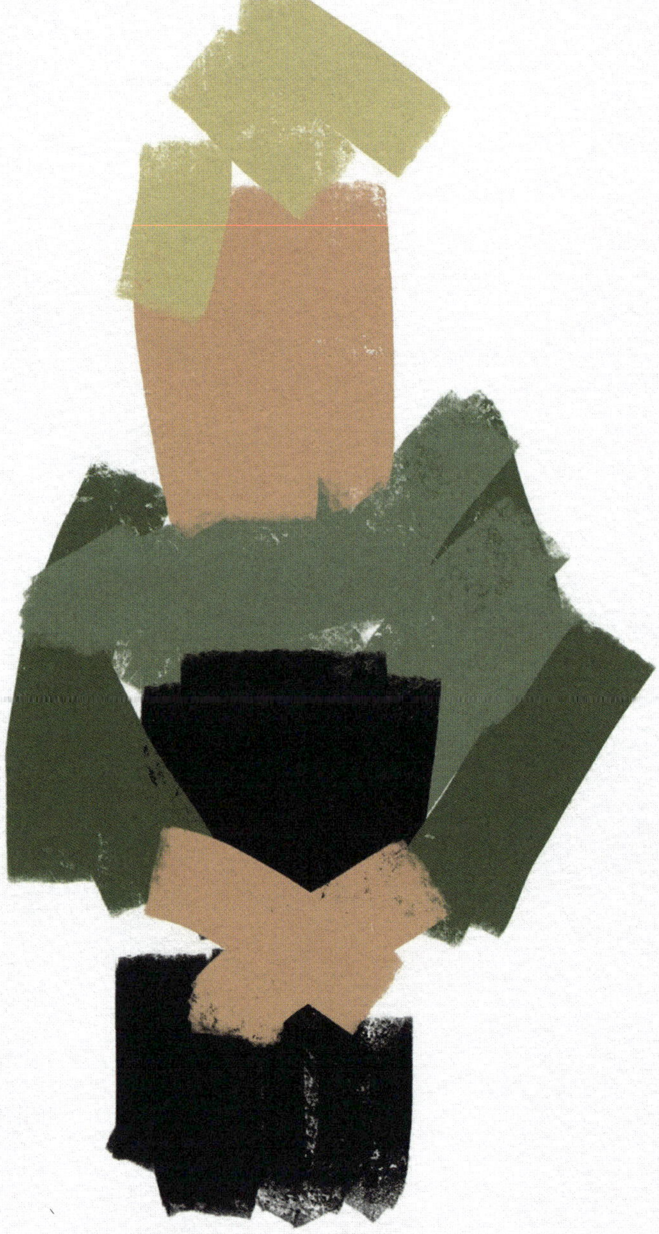

*Frau mit grüner Jacke
und schwarzer Tasche*

15 NOCH MEHR ZEICHENSPASS

Abstrakte Porträts

Bei diesen Porträts hatte ich eine Menge Spaß. Ich vertrieb mir während einer längeren Busfahrt die Zeit mit einer Zeichen-App auf meinem Smartphone. Normalerweise benötigt man dafür auch den entsprechenden Stift, den ich aber nicht dabei hatte. Mein Zeigefinger musste also ausreichen. So entstanden diese abstrakten, mit breiten Linien gezeichneten Porträts. (Natürlich ist das auch mit Stift und Papier möglich.)

Frau in Jacke mit Leopardenmuster

Mann in blauer Jacker guckt aus dem Fenster

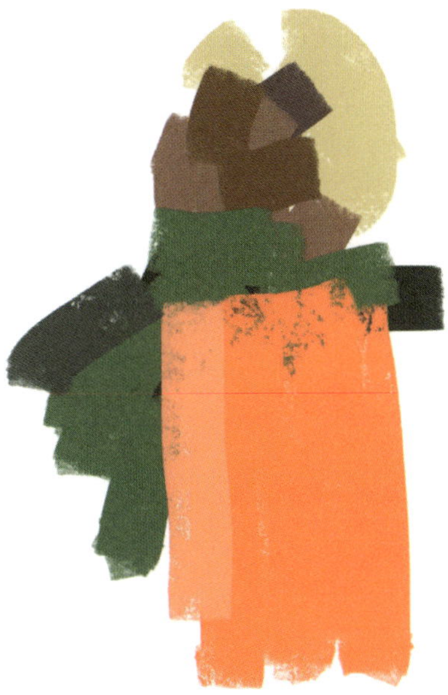

Frau hinter Ticketentwerter

Collagen

Nehmen Sie sich ein paar Bögen Papier (Größe ca. DIN A5) und zeichnen Sie ein paar schnelle Porträts (mindestens 3!). Mit schnell meine ich wirklich schnell, nicht mehr als 5 Minuten pro Bild. Seien Sie großzügig mit Proportionen und Genauigkeit und kümmern Sie sich um Abwechslung, indem Sie verschiedene Stifte und Farben benutzen. Wechseln Sie die Ansicht: Ein Profil sollte mindestens dabei sein. Zerschneiden Sie Ihre Werke einmal vertikal in der Mitte. (Ja, bitte tun Sie es!) Und nun gehts ans Puzzeln. Probieren Sie verschiedene Kombinationen und setzen Sie Ihre Bilder neu zusammen. Kleben Sie die entstandenen Porträts auf ein Blatt Papier und ergänzen Sie sie mit weiteren Farben. Achten Sie dabei auf interessante Formen, weniger auf »richtige« Porträtdarstellungen. So können auch hier starke abstrakte Porträts entstehen (zu diesem Thema siehe auch S. 98/99).

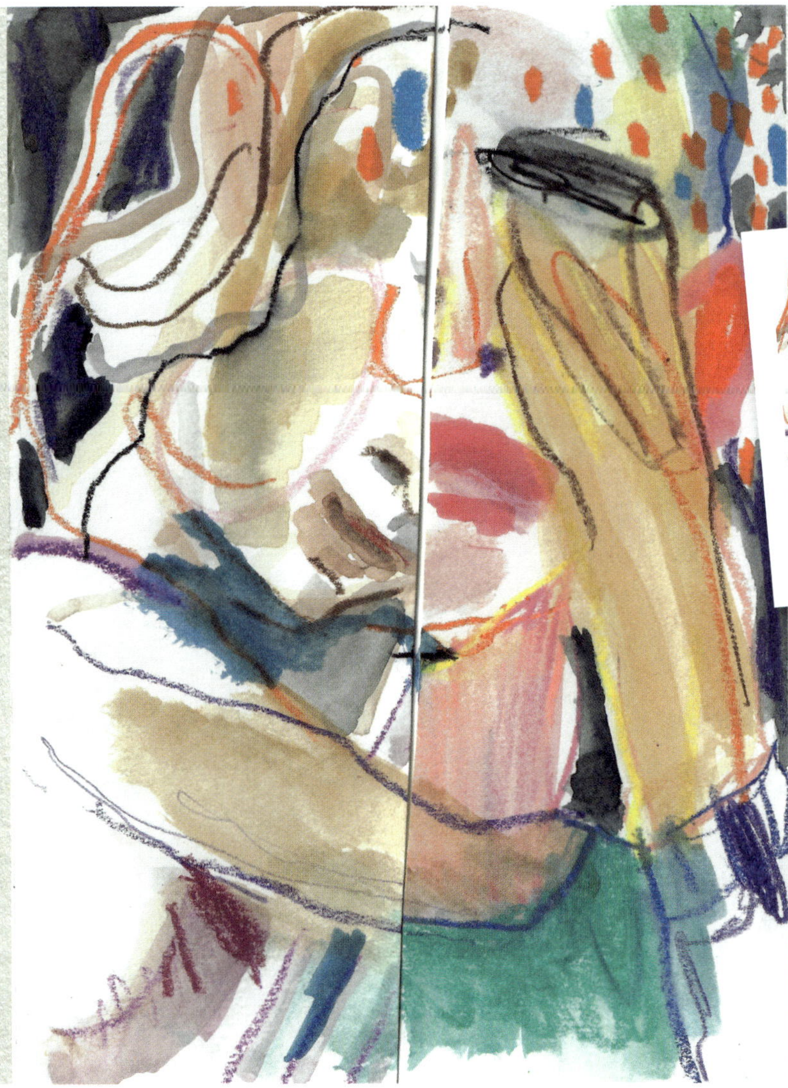

So sah das Porträt vor der weiteren Bearbeitung mit schwarzem Hintergrund aus. Gefiel mir auch schon gut, aber jetzt hat es noch mehr Ausdruck!

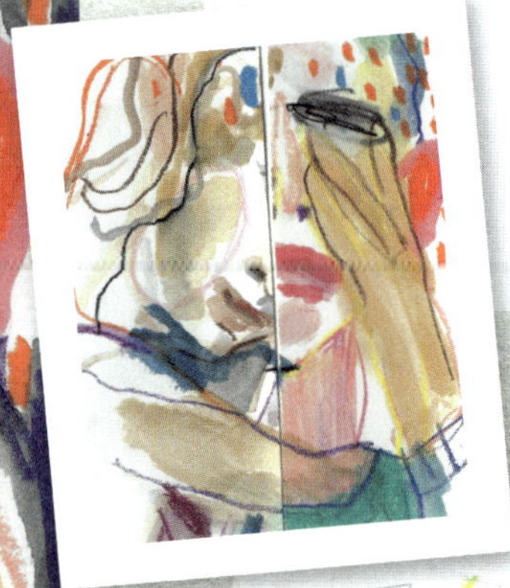

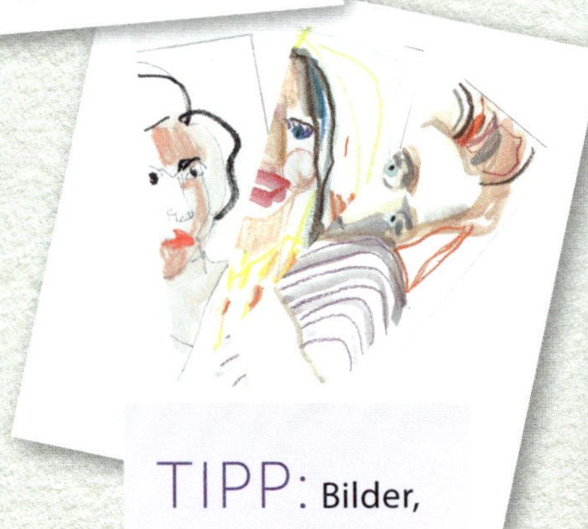

TIPP: Bilder, die misslungen scheinen, können hier ihren großen Auftritt haben.

TIPP: Möchten Sie Ihre einzelnen Bilder nicht zerschneiden, bieten sich ein Farbkopierer an oder digitale Bildbearbeitungsprogramme. Einzelne Elemente dieses Porträts kommen Ihnen wahrscheinlich bekannt vor. Anna von Kleve aus Kapitel 1 (S. 8) hat mitgewirkt. Auch das Porträt meiner Tochter (siehe S. 44/45) und das Porträt aus dem Schlusskapitel (siehe S. 136) sind enthalten, ergänzt um Ausschnitte von anderen Zeichnungen von mir.

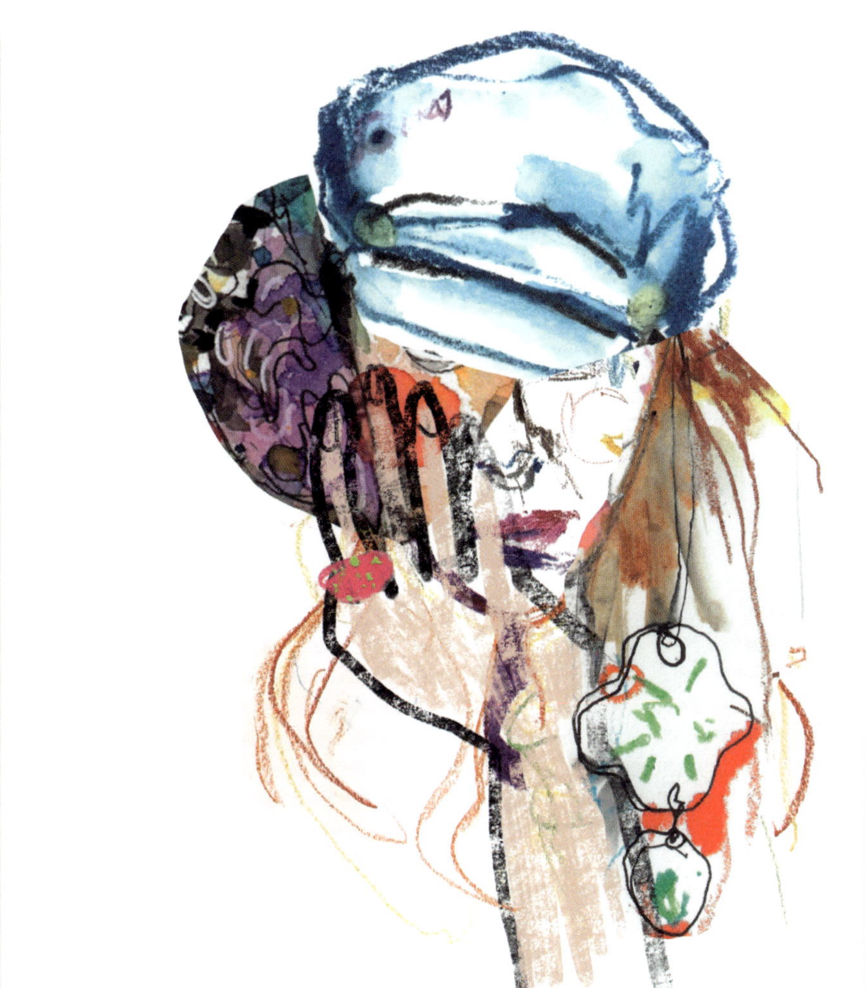

Verzerrte Perspektive

Jetzt übertreiben wir so richtig! Große Köpfe auf schmalen Schultern, das hat einen ganz speziellen Reiz und macht vor allem Spaß. Wir geben unseren Zeichnungen damit etwas Skurriles, vielleicht auch Kindliches.

Erlauben Sie sich, Ihr Porträt in den Proportionen kräftig zu überspitzen. Je krasser, umso besser. Ich habe bei diesem Porträt mit Kugelschreiber gearbeitet und mit dem Kopf begonnen, um mich danach weiter abwärts Richtung Hals und Schultern zu arbeiten – zunächst als Konturen. Bereits der Hals ist deutlich zu schmal und verjüngt sich. Damit fällt es leicht, auch den Oberkörper entsprechend zu zeichnen. Nachdem die Silhouette stand, bin ich in die Details gegangen und habe schraffiert, um Licht und Schatten herauszuholen. (Tipps zum Schraffieren finden Sie ab S. 115.)

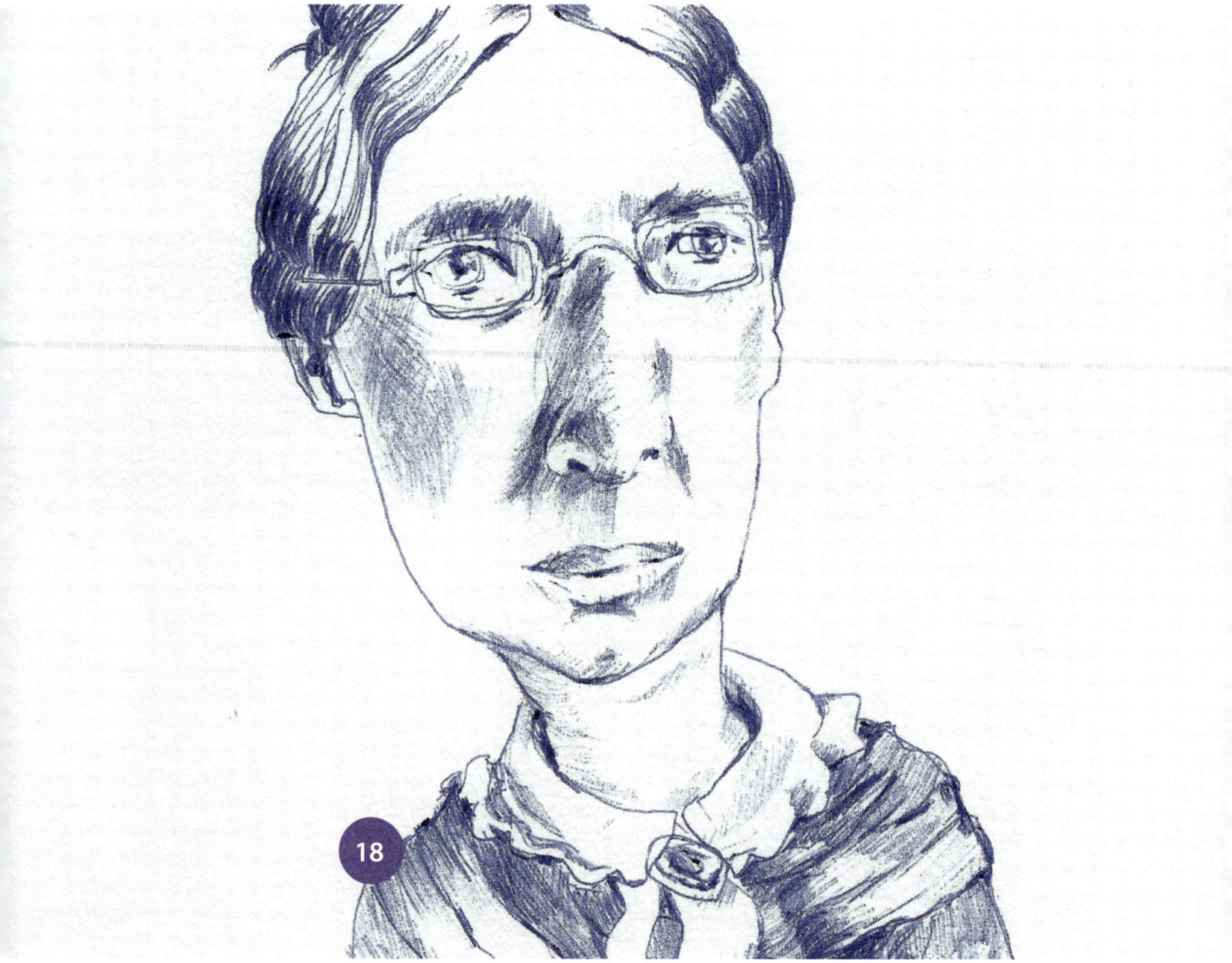

18

Porträts aus der Imagination

Wunderbar entspannend ist es auch, ein Porträt zu erfinden. Alles, was uns spontan einfällt, bringen wir zu Papier und kreieren aus unserer Fantasie heraus. Manchmal reichen schon ein paar Striche, manchmal haben wir vielleicht Lust, ins Detail zu gehen.

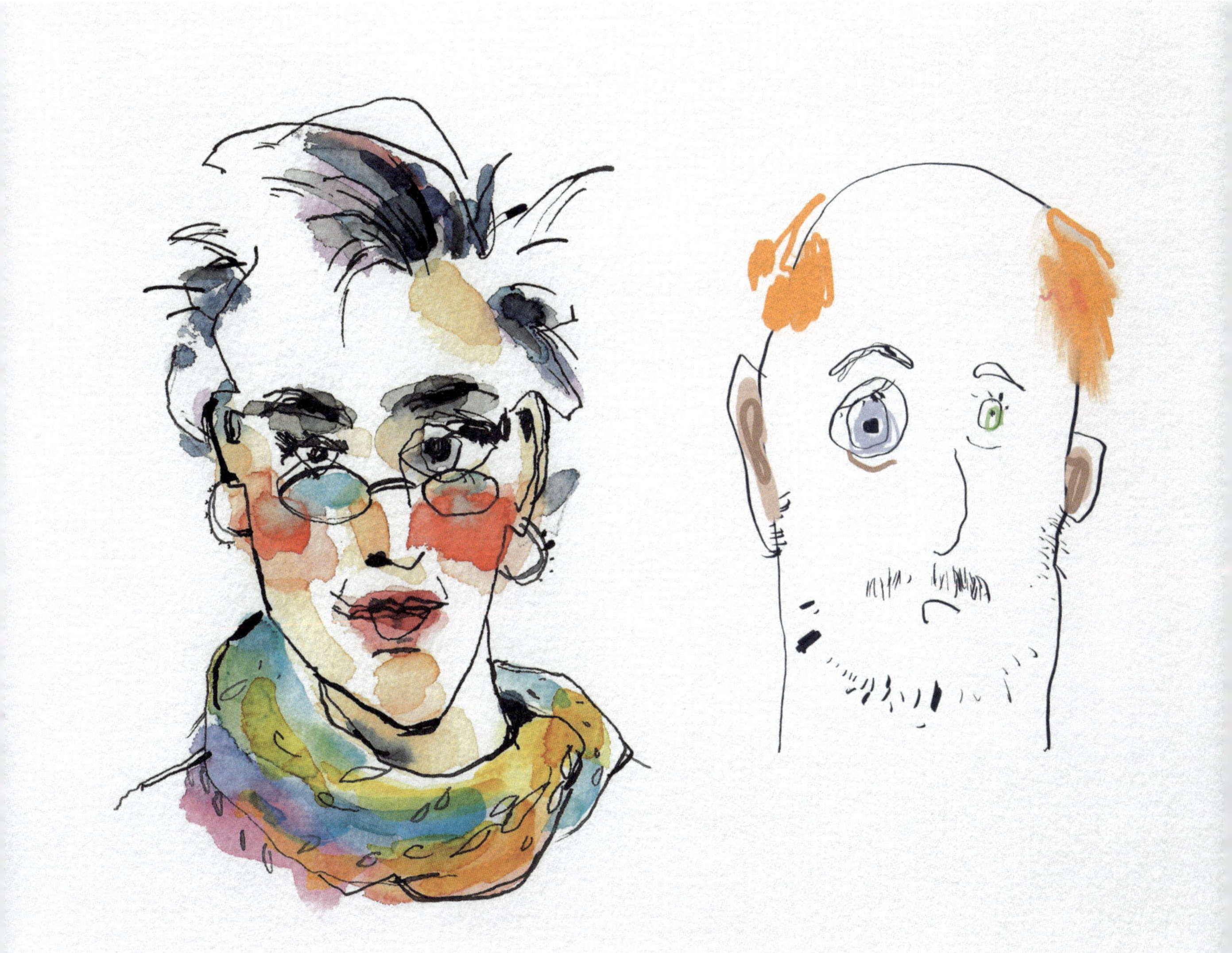

Hat das ein Kind gezeichnet?

Und nun schnappen wir uns eine Kinderzeichnung und kopieren sie! Wenn sich so etwas nicht in Ihrem Haushalt findet, im Internet werden Sie fündig. Kopieren Sie die Vorlage mit den Stiften Ihrer Wahl so genau Sie möchten und arbeiten Sie sie weiter aus. Wahrscheinlich stellen Sie fest, das ist gar nicht so einfach. Woher kommt dann wohl bitte der Spruch »Das kann mein Kind auch«?

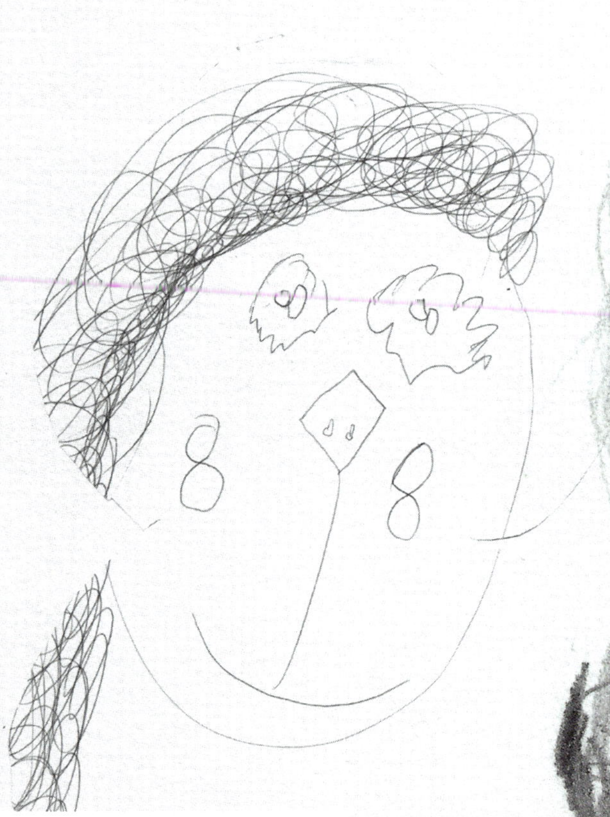

Eine Kinderzeichnung meiner Tochter

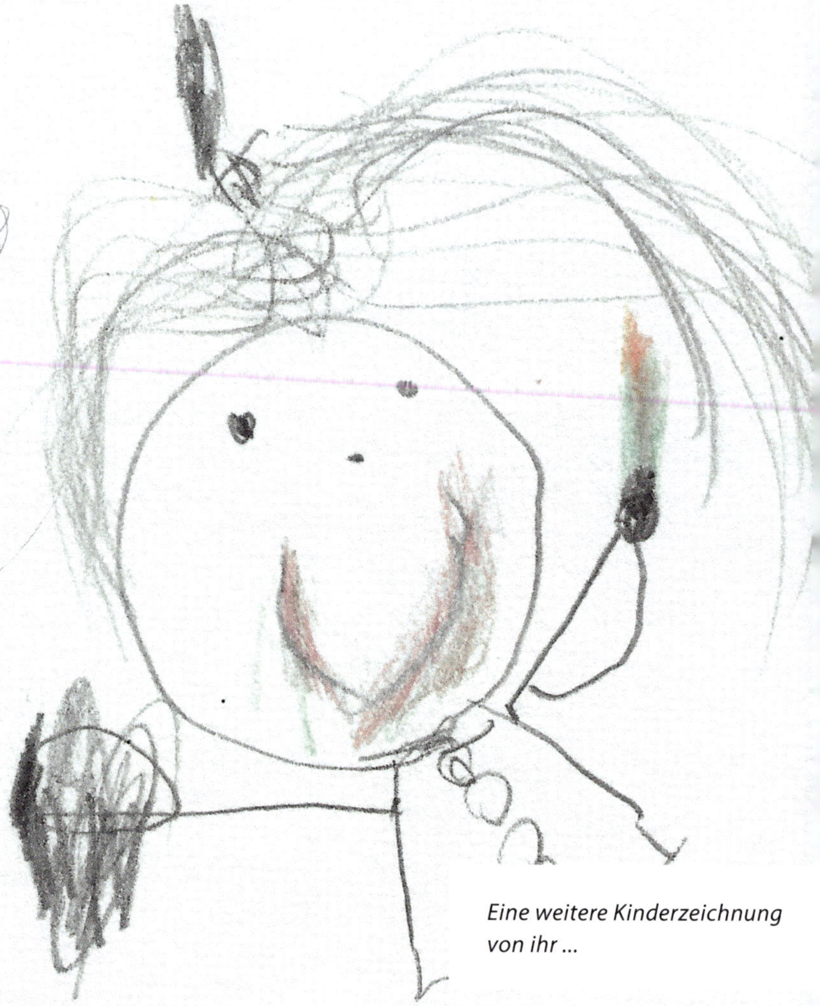

Eine weitere Kinderzeichnung von ihr …

Das Kopieren großer Meister gehörte schon immer zur künstlerischen Ausbildung. Wir lernen dadurch mehr über den Aufbau, die Komposition und Machart eines Bildes. Und von Kindern können wir hier eine Menge lernen. Sie malen einfach drauf los, jedenfalls so lange bis ihnen erzählt wird, was (angeblich) richtig und was falsch ist.

TIPP: Zeigen Sie Ihre ersten Bilder am besten nur wohlwollenden Menschen und auch nur, wenn Sie das möchten. Umgehen Sie Diskussionen zu Talent und Können im künstlerischen Bereich. Komischerweise hat dazu fast jeder etwas zu sagen. Solange Sie mit Freude dabei sind, ist alles gut!

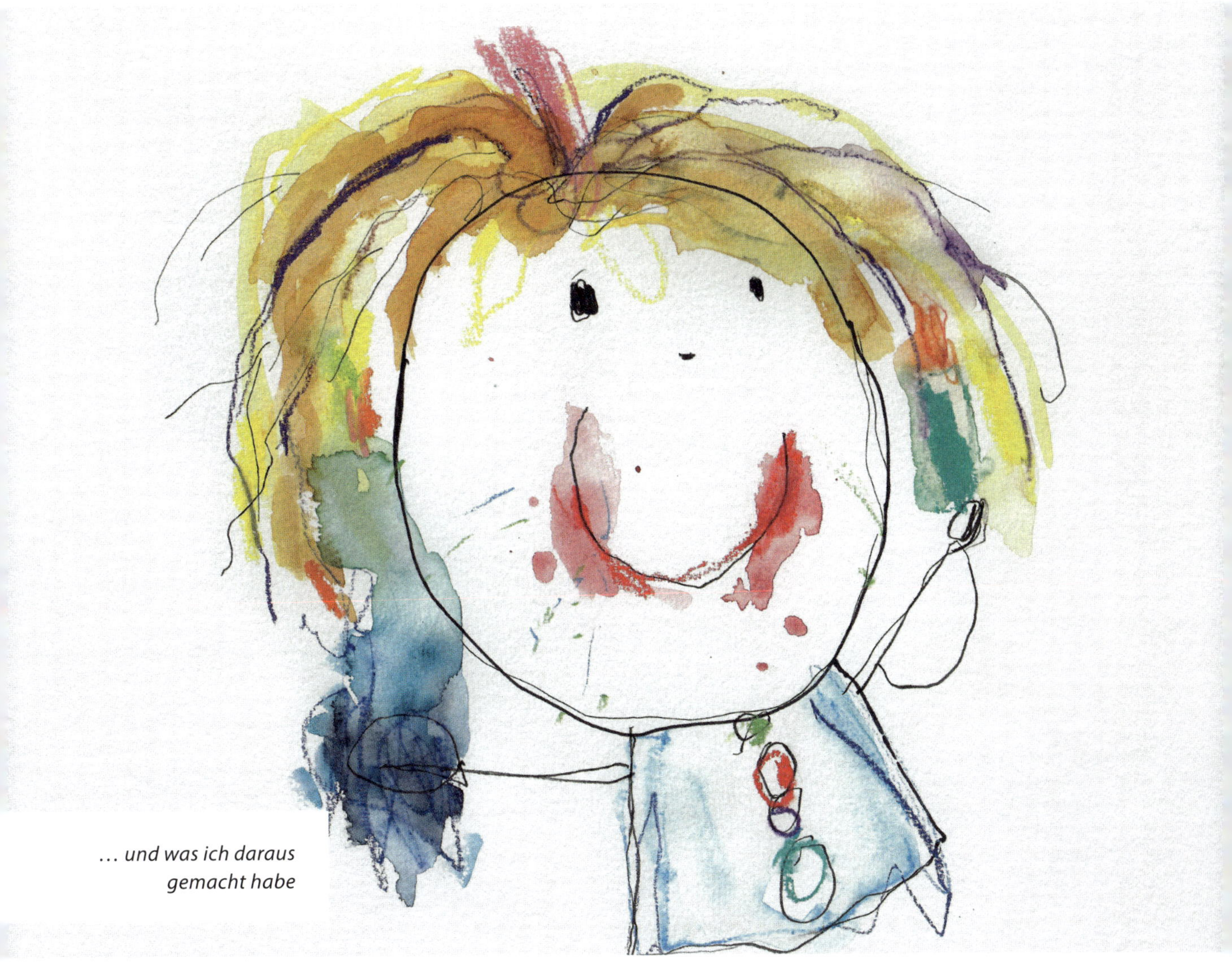

… und was ich daraus gemacht habe

Unterwegs

Mit Stift und Skizzenbuch haben wir jederzeit die Möglichkeit, unsere Umwelt zu studieren und zu porträtieren. (Das haben wir schon bei den abstrakten Porträts erwähnt.) Trauen Sie sich, es macht Spaß! Im Café lässt sich das wunderbar in einer ruhigen Ecke, ganz unbeobachtet, praktizieren, ebenso in der Straßenbahn. Eine tolle Gelegenheit, unseren Blick zu schulen.

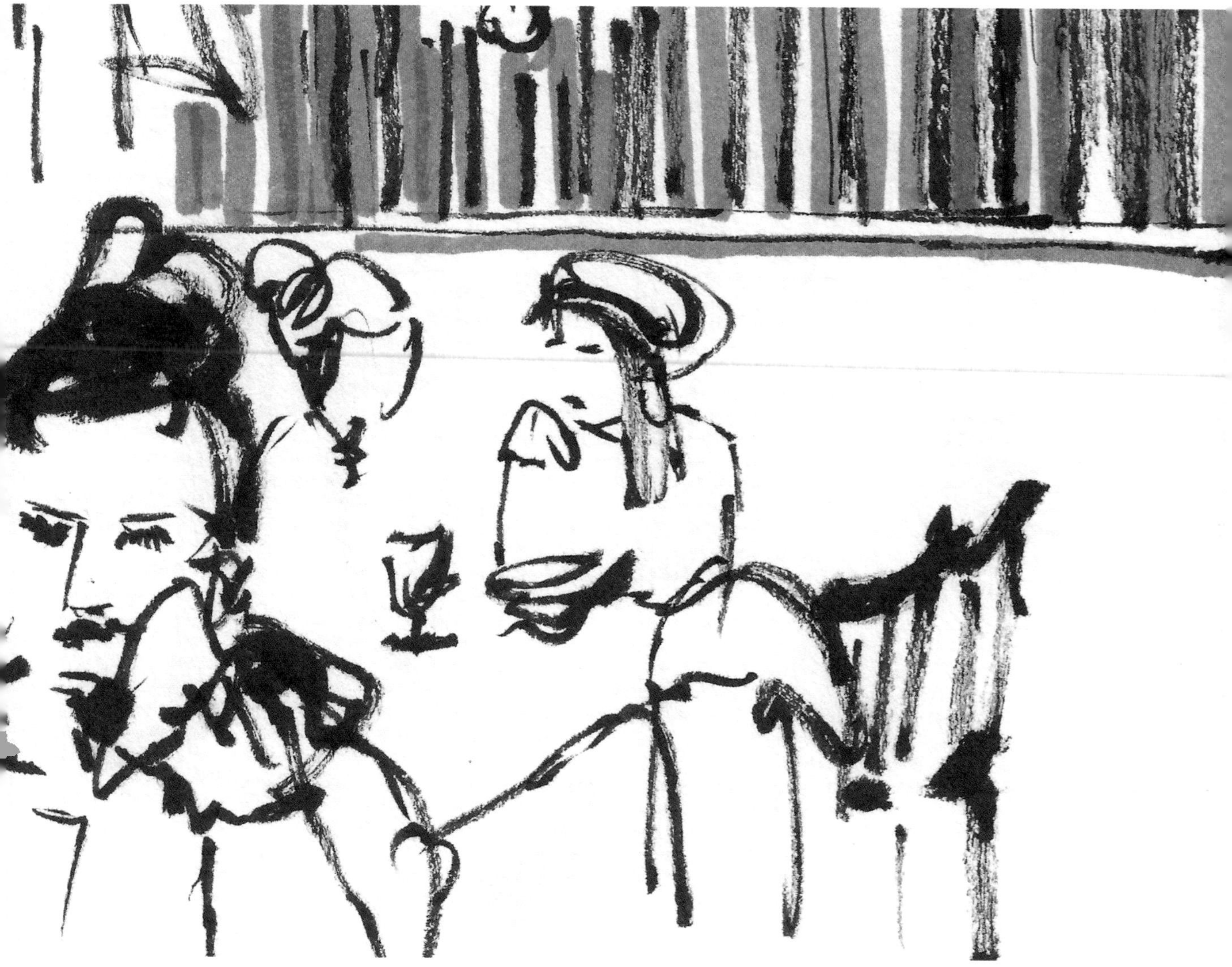

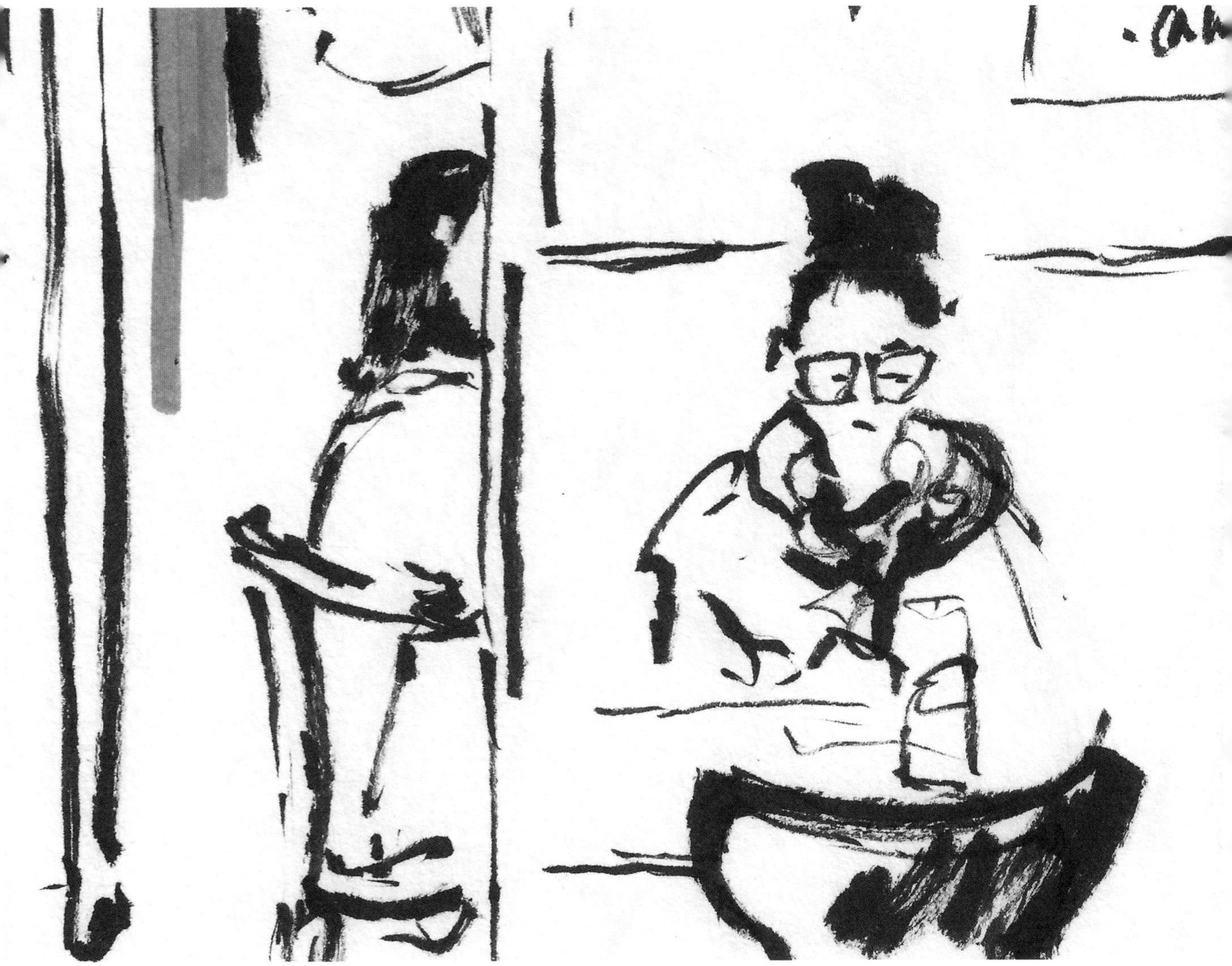

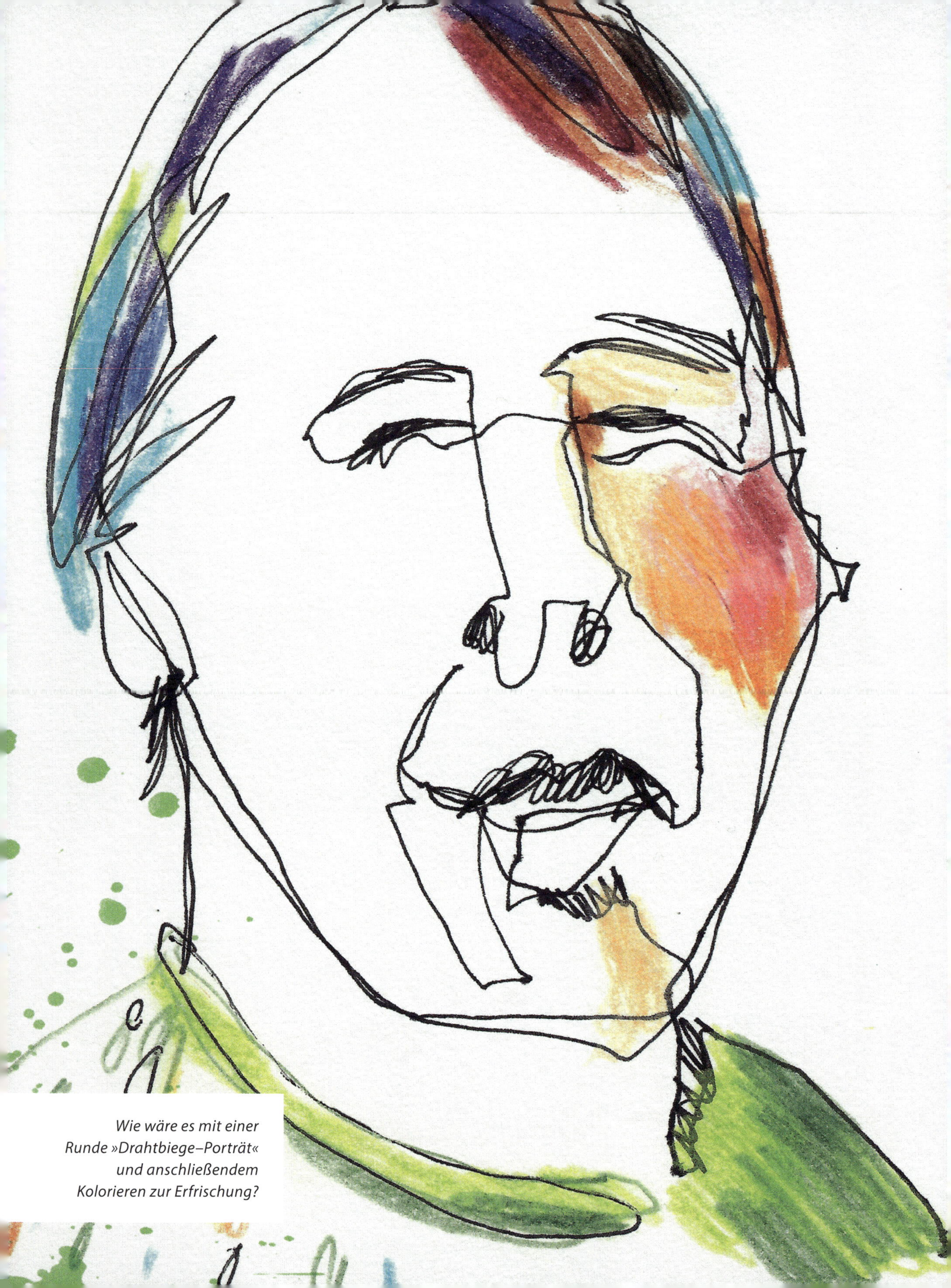

Wie wäre es mit einer Runde »Drahtbiege–Porträt« und anschließendem Kolorieren zur Erfrischung?

16 HILFE, ES WIRD NIX!

Ja, manchmal werden unsere Porträts nichts bzw. wir sind nicht zufrieden. So geht es mir meistens, wenn ich mich selbst zeichne. Für dieses Buch habe ich es 50 Mal versucht! Ich wollte Ihnen so gern zeigen, wie unterschiedlich sich ein und dasselbe Motiv gestalten lässt. Aber was mir mit anderen gelingt, ging hier total in die Hose. Alle Zeichnungen wirkten platt, öde, langweilig. Und genau das war auch das Gefühl, das ich beim Zeichnen hatte! Offensichtlich hatte ich keine Lust dazu und das war den Ergebnissen anzumerken.

Zeichnen Sie nur die Porträts, die Sie interessieren! Umso lebendiger werden sie und umso lustvoller werden Sie bei der Sache sein.

Dann gibt es noch die Bilder, die wir für andere anfertigen, die also anderen gefallen sollen. Sehr schwierig. Seien Sie lieber Ihr eigener Maßstab. Bleiben Sie realistisch in Ihren Ansprüchen an sich selbst. Wie lange zeichnen Sie bereits Porträts? Behalten Sie im Blick, was möglich ist. Bereitet es Ihnen Freude, werden Sie öfter zeichnen, automatisch besser werden und sich neue Ziele setzen.

Heben Sie auch die Zeichnungen auf, mit denen Sie nicht so happy sind. Später werden Sie daran Ihre Entwicklung erkennen und sie mit neuen Augen betrachten. Vielleicht gefallen Sie Ihnen sogar doch! (Erinnern Sie sich? Wir hatten das Thema bereits im Kapitel »Bildbetrachtungen« auf S. 93.)

TIPP: Wenn mal nichts klappen will, machen Sie eine Pause oder switchen Sie vorübergehend um auf eine andere Tätigkeit. Oder suchen Sie sich im Kapitel übers Aufwärmen (ab S. 17) eine Übung heraus, um Ihrer Kreativität wieder in den Sattel zu helfen. Ich habe mich zwischendurch gelockert, indem ich die Zeichnungen für das Kapitel über mein Material gemacht habe.

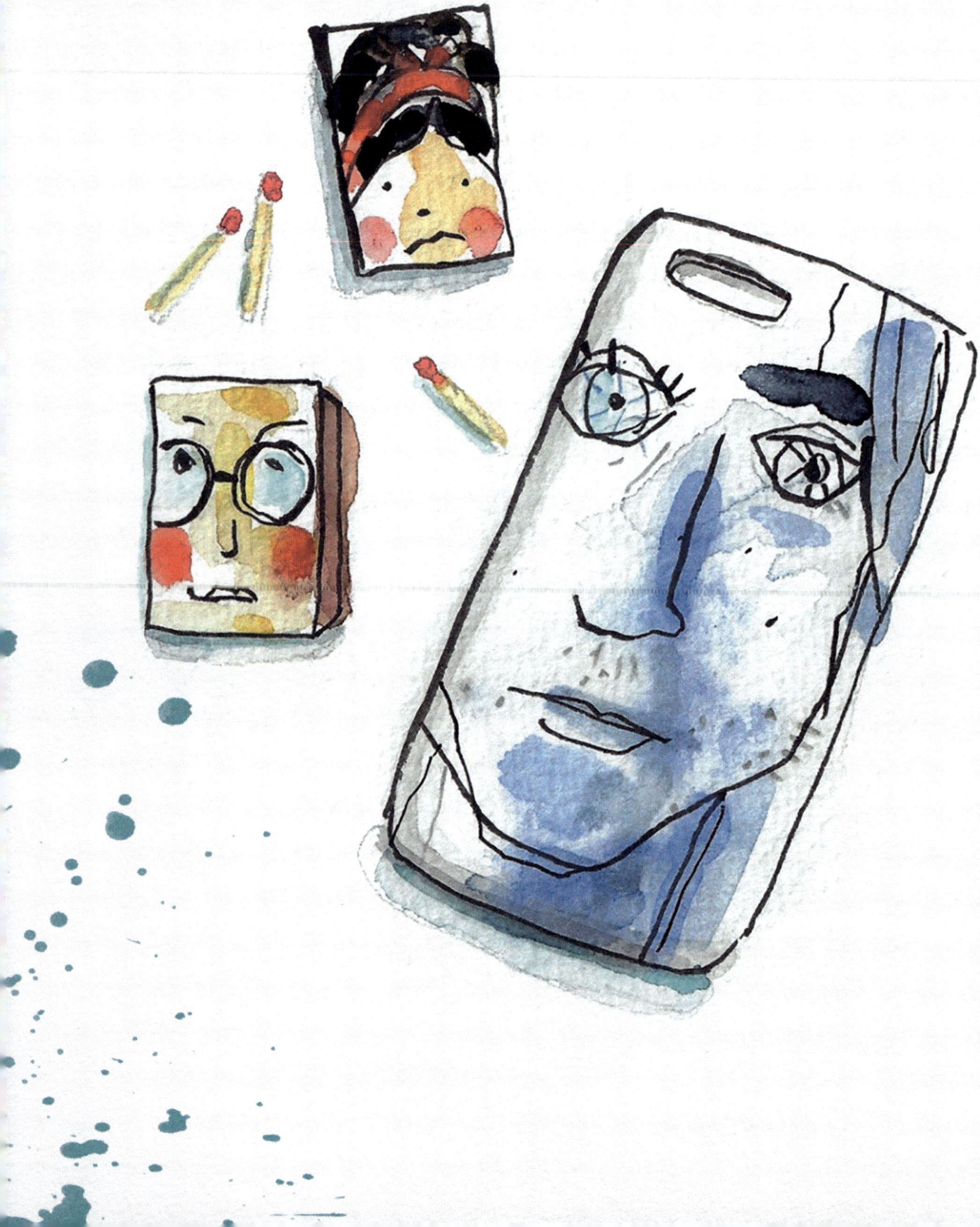

17 PORTRÄTS TO GO

Was wäre, wenn Ihre Porträts sich selbständig machten? Auf einer Streichholzschachtel, einem Frühstücksbrett, einer Kaffeetasse, einem T-Shirt? Porträts mit Gebrauchswert sozusagen. Es gibt genügend Anbieter:innen für fast alles, das sich bedrucken lässt. Mit einer meiner Lieblingszeichnungen ließ ich mir eine Smartphonehülle anfertigen. Mein Mann bekam von mir eine Tasse mit seinem Lieblingsgitarristen geschenkt. Sie sehen, persönliche Geschenke lassen sich mit Ihrem Hobby ebenfalls kreieren.

In der Regel reichen Scans in der Auflösung 300 DPI, von Ihrem Scanner zu Hause oder aus dem Copyshop. Die Datei laden Sie auf dem entsprechenden Portal hoch, gestalten Ihr Wunschprodukt online und klicken auf »bestellen«. Easy!

Neben dem Bedrucken ist das Bemalen eine weitere Idee. Der Pappteller wird damit entweder zum Bilderrahmen oder eben zum dekorativen Teller. Tante Lotte mit dem Stock, Sie haben Sie am Anfang des Buches kennengelernt (siehe S. 17), und weitere originelle Porträts meiner zweijährigen Tochter habe ich auf eine Keramikschale übertragen. Über den Tellerrand hinaus gibt es also noch viel zu entdecken.

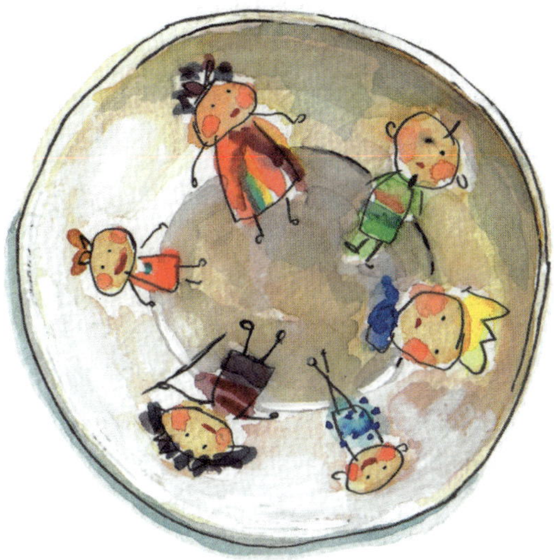

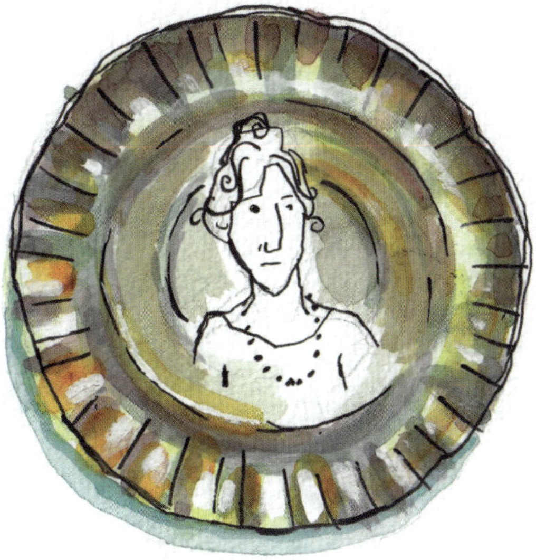

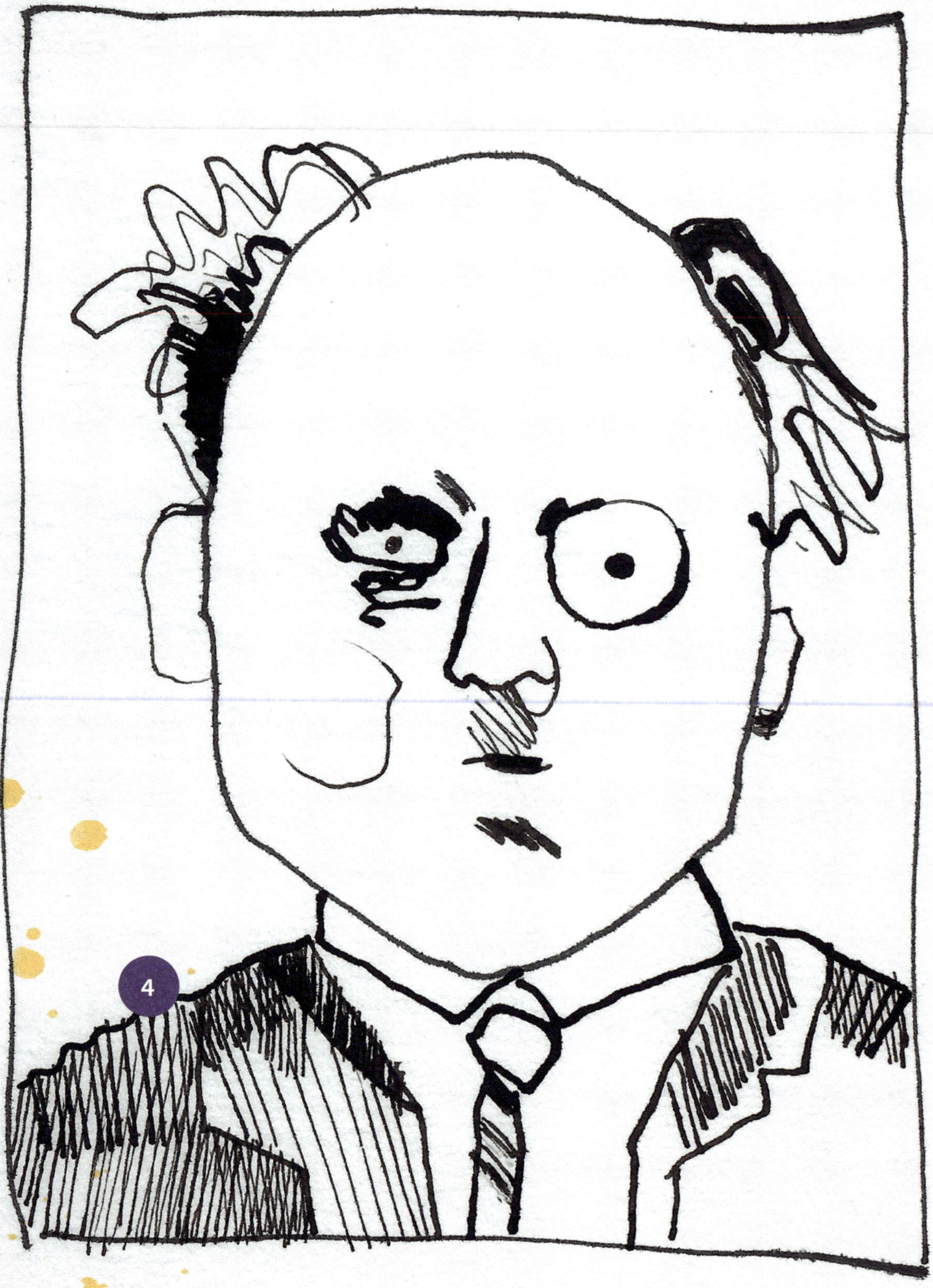

4

18 MEIN MATERIAL

Bevor wir zum Schluss kommen, möchte ich noch ein paar Worte zum Material anmerken. Wie oben bereits gesagt, liegt mir sehr am Herzen, dass man mit fast allem eine gute Zeichnung hinbekommen kann. Ihre Zeichnungen werden nicht durch teures Werkzeug besser, sondern durch Ihr Üben. Stehen Sie zeichnerisch noch am Anfang, öffnen Sie bitte zuerst Ihre Schubladen. Sie haben einen Bleistift, Kugelschreiber, Filz- oder Buntstift? Wunderbar! Sie können sofort loslegen.

Ich streite nicht ab, dass es ein Vergnügen ist, durch Läden zu stromern, sich inspirieren zu lassen und einzukaufen. Bewahren möchte ich Sie lediglich vor zuviel Zeugs, das ungenutzt die Schränke füllt.

Ein paar Dinge gibt es allerdings, die immer in mein Repertoire gehören. Ich stelle Sie hier kurz vor und möchte anmerken, es handelt sich dabei um meine sehr subjektive Sicht. Vielleicht haben Sie Lust, das ein oder andere auszuprobieren?

Fineliner

Fineliner haben – im Gegensatz zur Tusche – meistens die Eigenschaft, immer eine konstante Strichstärke zu produzieren. Sind sie wasserfest, können wir anschließend mit Wasserfarben unsere Zeichnung kolorieren und vermeiden ein Auflösen der Linien. Es gibt sie von verschiedenen Anbietern. Schon lange verwende ich die Pitt Artist Pens von Faber-Castell. Gut gefallen mir auch die Pigma Micron Stifte von Sakura. Beide sind wasserfest, es gibt sie in verschiedenen Strichstärken (und sogar als Brushpen, also mit Pinselspitze) und lichtechten Farben.

Nachfüllbare Stifte sind ebenfalls erhältlich und eine gute Idee, denn Sie produzieren weniger Abfall.

Neben den wasserfesten Finelinern kann es genauso spannend sein, wasserlösliche Stifte einzusetzen und sie bewusst mit Wasser oder Farbe auf dem Papier anzulösen. Das kommt der Wirkung von Tusche ziemlich nah. Vielleicht probieren Sie es vorher auf einem Probeblatt aus?

Ich verwende überwiegend Schwarz, aber es gibt auch noch so viele andere Farben. Warum nicht zur Abwechslung mal ein Blau, Grau, Braun, Dunkelrot...?

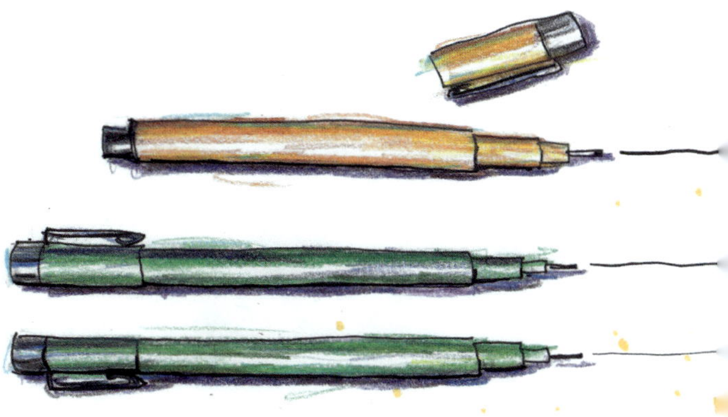

Es kann reizvoll sein, verschiedene Fineliner-Stärken in einer Zeichnung einzusetzen. Für Schatten und größere Flächen bieten sich Kreuzschraffuren an. Dabei setzen Sie mehrere Linien parallel zueinander (siehe S. 115 ganz unten links). Mit der nächsten Lage verfahren Sie ebenso, wobei diese Linien im spitzen Winkel zu den ersten angesetzt werden (siehe rote Linien im Beispiel daneben). Am einfachsten geschieht dies durch leichtes Drehen des Papiers. Dies lässt sich beliebig fortsetzen, je nach gewünschter Intensität. Größere Flächen können Sie so durch einzelne kleine »Päckchen« gestalten, wie in den Beispielen auf S. 115 zu sehen. Dadurch sind auch runde Konturen gut zu bewältigen.

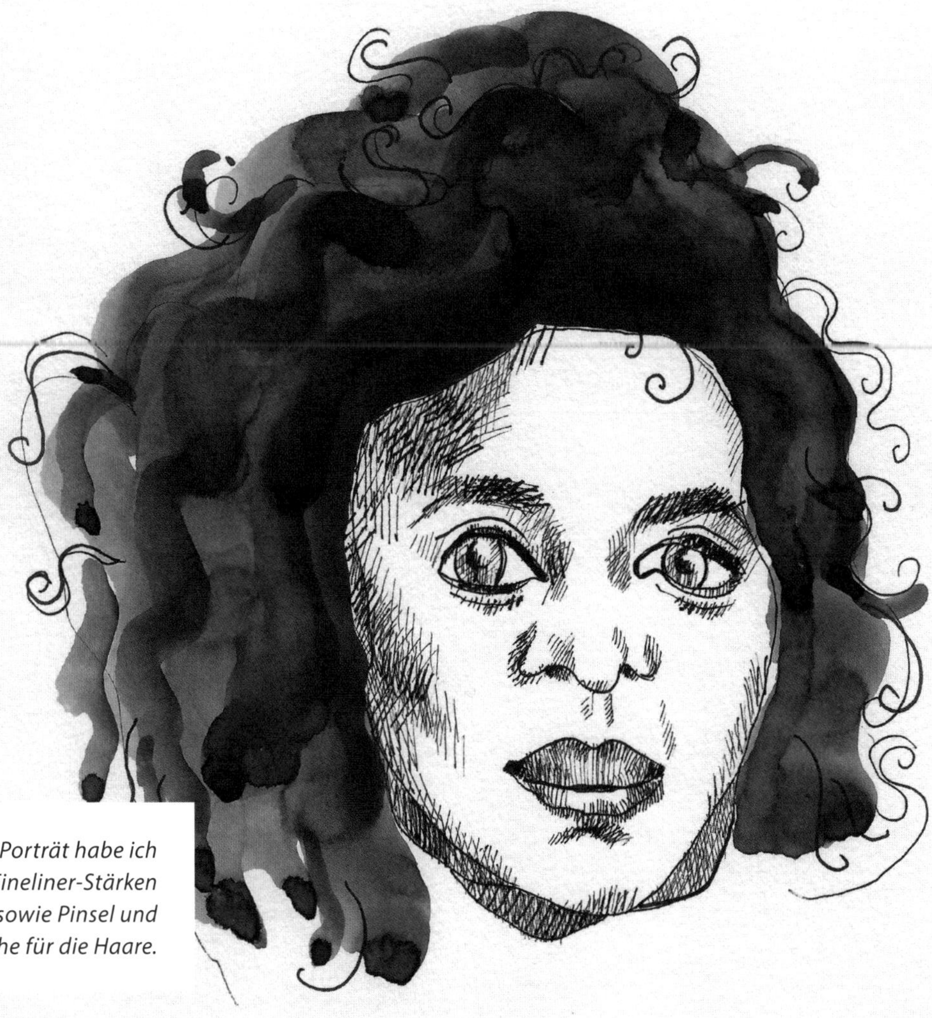

Bei diesem Porträt habe ich verschiedene Fineliner-Stärken verwendet sowie Pinsel und Tusche für die Haare.

Vor allem unterwegs sind Fineliner praktisch – nichts kann auslaufen. Ich finde, sie gehören zusammen mit einem Skizzenbuch in jede Tasche, um die eigenen Eindrücke einzufangen und nie mehr Langeweile in Wartesituationen zu haben.

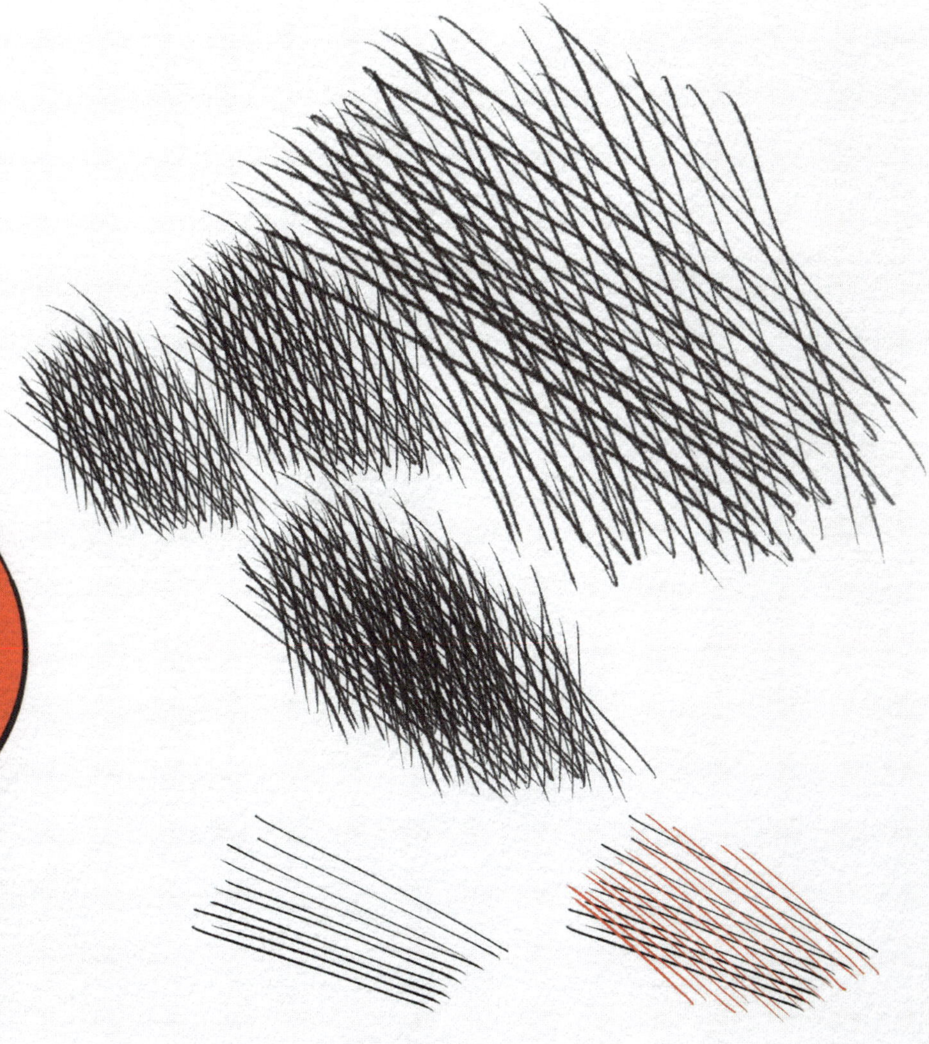

Vermeiden Sie hektisches Kritzeln. Es macht Ihre Zeichnung unruhig.

Tusche, Tinte, Feder, Füller

Mit Tusche und Feder bzw. Pinsel haben wir die Möglichkeit, unsere Linienstärke zu variieren. Je nach Druck produzieren wir breitere oder feinere Striche, die unsere Zeichnung lebendig machen.

Tusche lässt sich pur oder mit Wasser verdünnt verwenden. Sie sollte vor Gebrauch geschüttelt werden. Im Gegensatz zur Tinte ist sie nach dem Farbauftrag wasserfest. Das kommt uns entgegen, wenn wir weitere Farben verwenden, die die Tusche nicht anlösen sollen. Die Begriffe Tusche und Tinte sind oft nicht klar definiert. Achten Sie am besten aufs Etikett: Ohne den Hinweis »wasserfest« wird es die Farbe auch nicht sein.

TIPP: Tauchen Sie nur mit einem sauberen, abgetrockneten Pinsel ins Tusche- bzw. Tintenfass. Zum Verdünnen mit Wasser eignen sich kleine, ausrangierte Gefäße wie zum Beispiel Kontaktlinsenbehälter.

Ich verwende gern die Zeichentuschen und -tinten der Firma Rohrer & Klingner, die es in vielen Farbtönen gibt. Zu meinen Favoriten gehören die Tuschen Indigo und Sepia, die sich auch gut zu einem Beinah-Schwarz mischen lassen, was im Gegensatz zum puren Schwarz nicht ganz so hart wirkt. Doch auch hier hängt es wie immer von der beabsichtigten Wirkung ab. Neulich zeichnete eine Kursteilnehmerin mit dem Leipziger Schwarz dieser Marke Alle waren begeistert über die unterschiedlichsten Schattierungen von dunklem Blau bis Schwarz. Also – es gibt viel zu entdecken!

Kommt es nicht auf die Wasserfestigkeit an, sind Tinten ein wunderbares Medium. Sie lassen sich sehr praktisch per Patrone oder Konverter im Füller verwenden. Manche tauchen ihren Füller analog zur Feder auch direkt ins Tintenglas.

Um mit einer Feder zu zeichnen, benötigen Sie einen Federhalter plus eine Feder Ihrer Wahl. Hier gibt es eine unglaubliche Bandbreite an Möglichkeiten und mal wieder ist alles Geschmackssache. Machen wir es uns einfach und unterscheiden grob in Spitz- und Zugfedern (z. B. Bandzug oder Schnurzug), denn es gibt noch so viele andere Arten. Zugfedern haben eine Art Reservoir, das eine kleine Menge Tinte speichern kann. Sie müssen also seltener ins Glas dippen. Außerdem verfügen sie über einen – im Vergleich zur Spitzfeder – breiteren Strich.

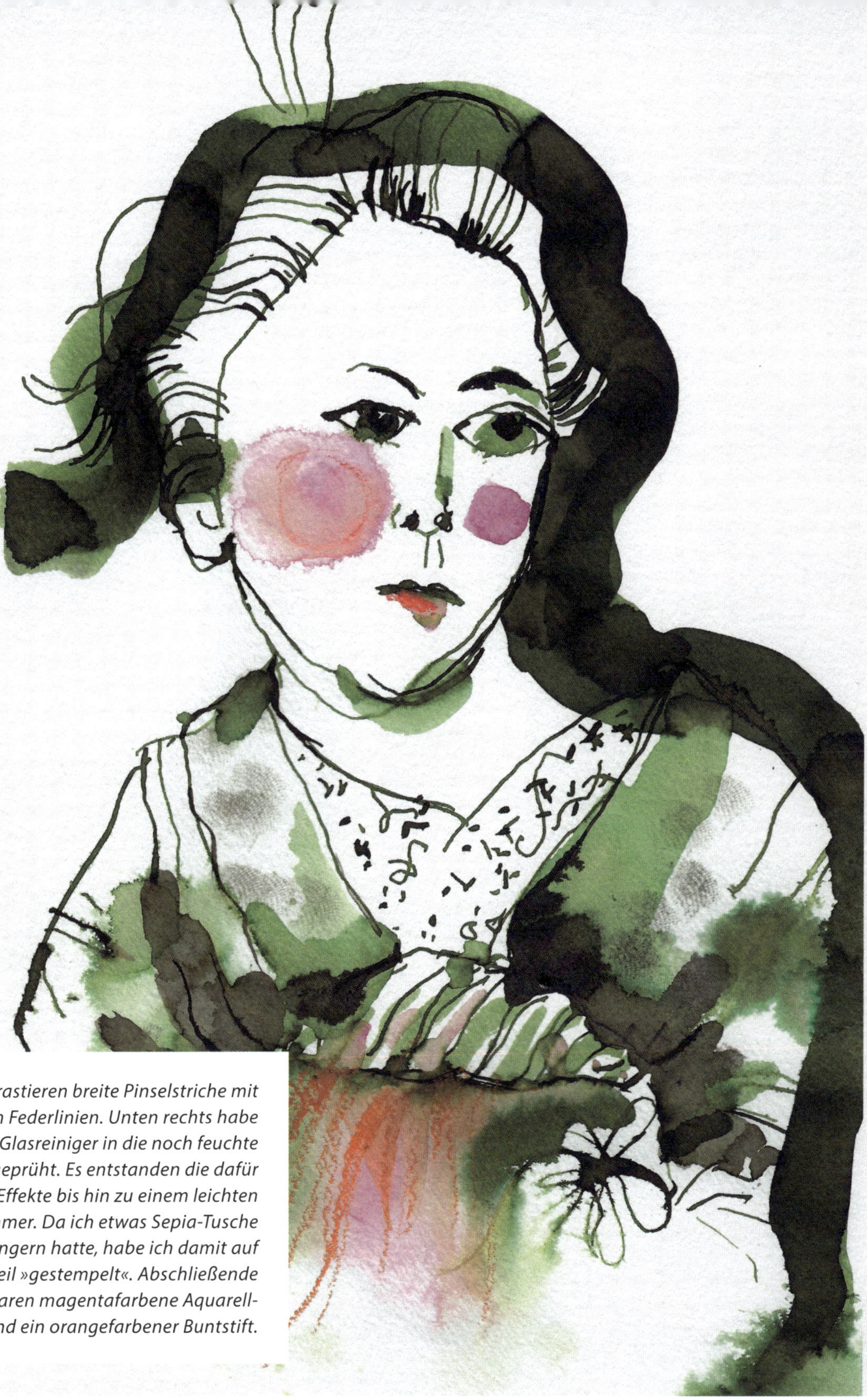

19

Hier kontrastieren breite Pinselstriche mit dünnen Federlinien. Unten rechts habe ich Glasreiniger in die noch feuchte Tinte geprüht. Es entstanden die dafür typischen Effekte bis hin zu einem leichten Rosaschimmer. Da ich etwas Sepia-Tusche an den Fingern hatte, habe ich damit auf dem Oberteil »gestempelt«. Abschließende Akzente waren magentafarbene Aquarellfarbe und ein orangefarbener Buntstift.

Mit einer Glasfeder lässt sich ebenso wunderbar zeichnen. Ihre spiralförmige Spitze ermöglicht einen längeren, durchgehenden Tintenfluss. Eine andere Möglichkeit sind Bambusfedern. Es gibt sie fertig zu kaufen, aber mit einem Taschenmesser lässt sich aus einem vorn abgeschrägten Schilfrohr kostenlos eine vergleichbare Feder anfertigen.

Die Technik der Schraffur (wie bei den Finelinern, siehe S. 115) lässt sich mit Feder und Tusche ebenfalls gut einsetzen. Was aber für noch mehr Spannung im Porträt sorgt, ist die Kombination von dicken, fetten Pinsel- und feinen Federstrichen. Wir können sie aufs trockene Papier setzen, aber auch aufs feuchte. Dazu benutze ich gern klares Wasser (sehr praktisch: aus einem Pumpzerstäuber) oder eine andere verdünnte Farbe. Probieren Sie doch mal folgende Möglichkeiten: Setzen Sie Ihre Linie dicht an die feuchte Stelle oder direkt hinein. Beobachten Sie, was passiert.

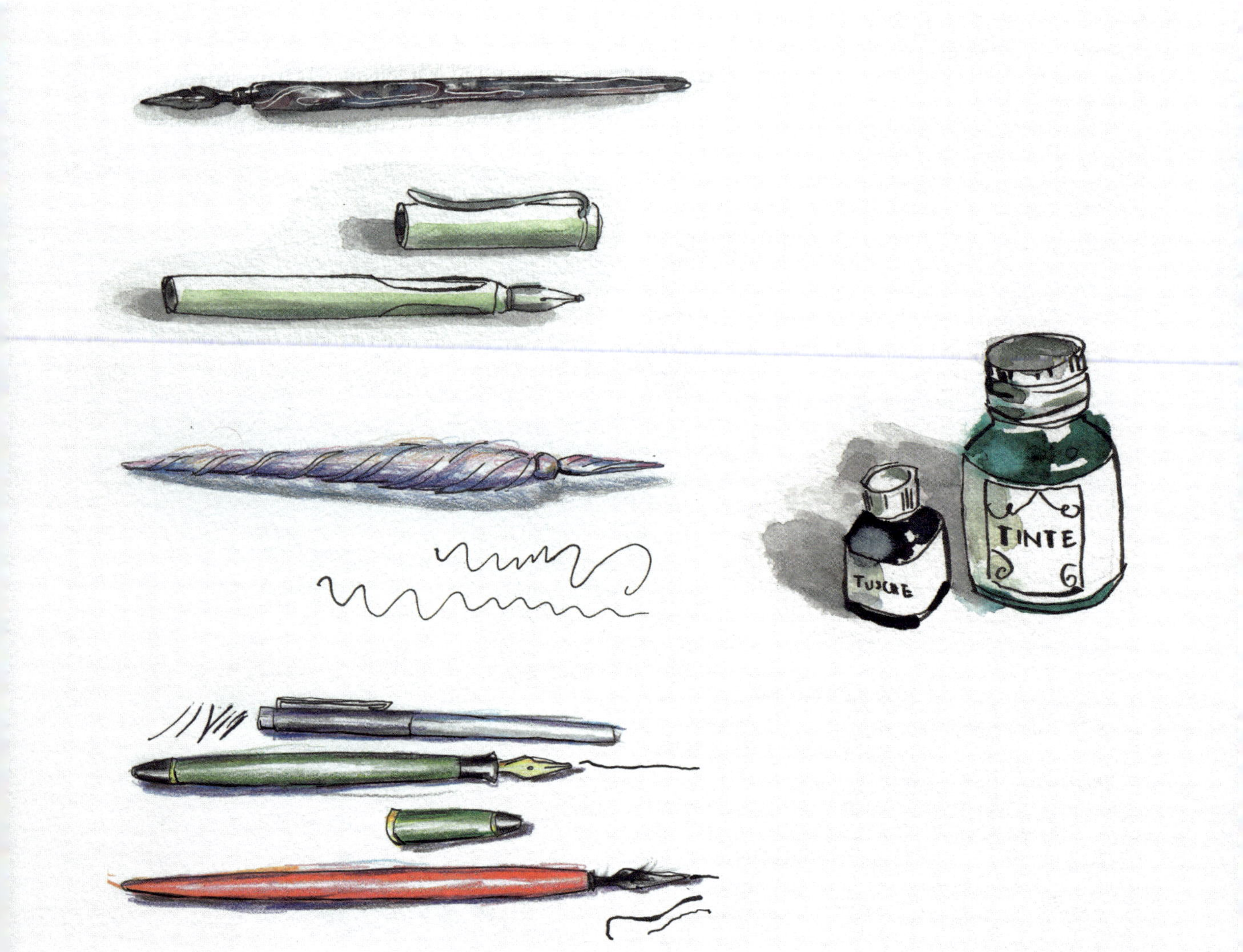

Und dann gibt es noch diverse Zusatzeffekte, die Sie unbedingt ausprobieren sollten. Schauen Sie sich in Ihrem Haushalt um. Sicherlich finden Sie einen Glas- oder Brillenreiniger, etwas Salz, Parfum oder Hochprozentiges. Wasser im Pumpzerstäuber ist auch eine große Hilfe. Das Interessante daran ist, dass jede Tusche oder Tinte auf jedes Mittel anders reagiert.

Tinten, die wasserlöslich trocknen, lassen sich durch Besprühen oft wieder zum Leben erwecken, können natürlich aber auch feucht weiterverarbeitet werden. Getrocknet zeigen sie dann oft verschiedene Farbtöne. Mein Blau und mein Grün zum Beispiel entwickeln zarte Rosatöne an den Rändern. Tuschen behandeln wir mit unseren Hausmitteln im feuchten Zustand. Es entstehen meistens herrliche Muster, Strukturen, Kristalleffekte, die wir gezielt – zum Beispiel in der Kleidung oder den Haaren – einsetzen können. Auf S. 120 sehen Sie einige Proben. Ich empfehle Ihnen, sich auch einmal so ein Blatt anzulegen.

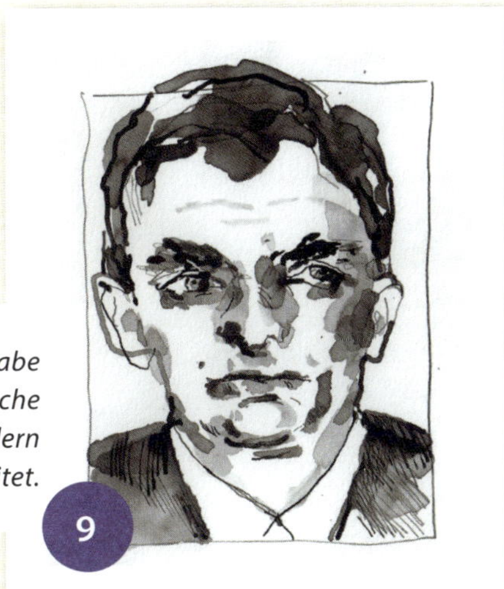

Bei diesem Porträt habe ich mit sepiafarbener Tusche (pur und verdünnt), Federn und Pinsel gearbeitet.

9

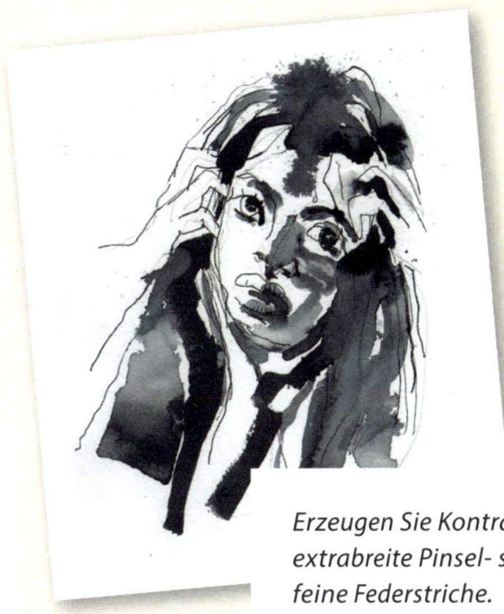

Erzeugen Sie Kontraste durch extrabreite Pinsel- sowie feine Federstriche.

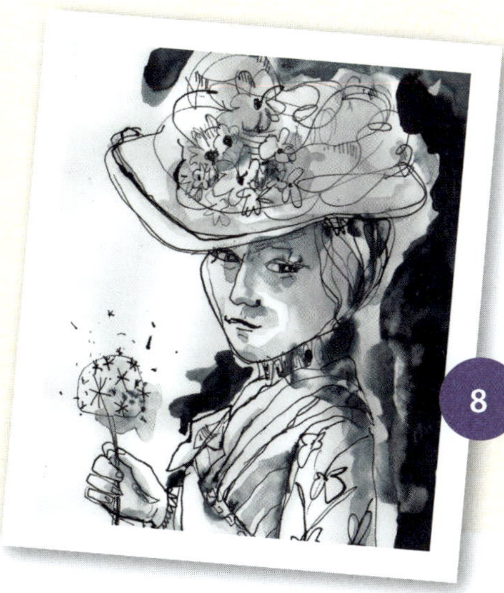

Sehr reizvoll: Arbeiten Sie mit wasserlöslicher Tinte und lösen Sie die Linie mit einem angefeuchteten Pinsel an. Es bilden sich interessante Strukturen.

8

Aquarellfarben

Aquarellfarben gibt es in Tuben und Näpfchen. Ich persönlich bevorzuge letztere. Wer größere Flächen bearbeiten möchte, sollte zu den Tuben greifen. Fürs erste lassen sich gute Ergebnisse mit fertig bestückten Kästen erzielen, die es schon recht günstig gibt. Warum diese meistens die Farbe Weiß enthalten, ist mir allerdings ein Rätsel.

Gut fahre ich unterwegs mit meinem kleinen Aquarellkasten von Schmincke, der auf 12 kleine Näpfchen ausgelegt ist. 14 passen aber auch komfortabel hinein. Ich habe ihn selbst bestückt und darauf geachtet, dass von jeder Farbe mindestens ein warmer und ein kalter Ton enthalten ist, so dass ich mir die meisten Farbtöne damit anmischen kann. Auf Schwarz verzichte ich bewusst und mische lieber für die softere Variante ein dunkles Braun mit einem dunklen Blau. Für das Schwarz der Pupille verwende ich einen Fineliner. Die Schmierereien

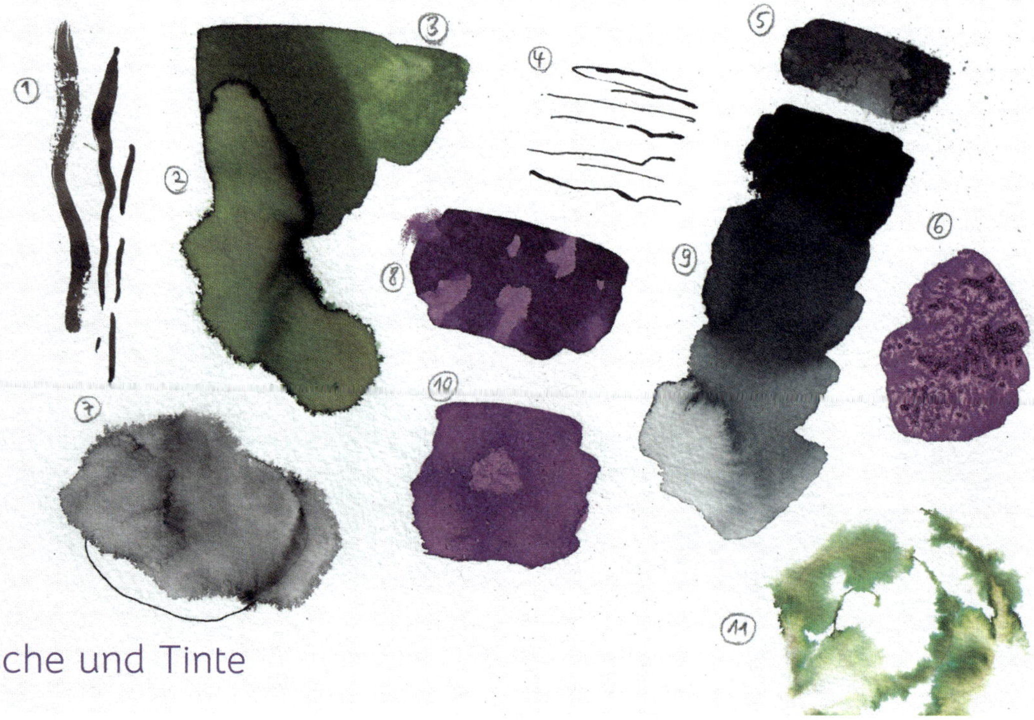

Tusche und Tinte

1. Pinselstriche mit Sepia-Tusche
2. Wasser an feuchte grüne Tinte gesprüht
3. Glasreiniger auf feuchter grüner Tinte
4. Federstriche mit Sepia-Tusche
5. Parfum in schwarzblauer Tusche
6. feines Salz auf purpurvioletter Tusche
7. Federstriche mit schwarzer Tusche auf feuchtem Papier, zerlaufen
8. Feuchte purpurviolette Tusche, mit einem Tuch herausgetupfte Stellen
9. Verlauf von schwarzblauer Tusche von konzentriert bis wässerig
10. Parfum auf purpurviolette Tusche
11. Federstriche mit grüner Tinte auf feuchtem Papier, zerlaufen mit rötlichen Ausblutungen

im Deckel sind Absicht und kommen dann zum Einsatz, wenn ich natürliche oder neutrale Töne einsetzen möchte. Überhaupt ist das Farbenmischen immer dann gut, wenn wir in der Wirkung nicht zu drastisch und plakativ sein wollen.

> TIPP: Für einen natürlichen hellen Hautton mischen Sie ein warmes Gelb mit einem kühlen Rotton und verdünnen das Ganze mit viel Wasser bis zur gewünschten Intensität.

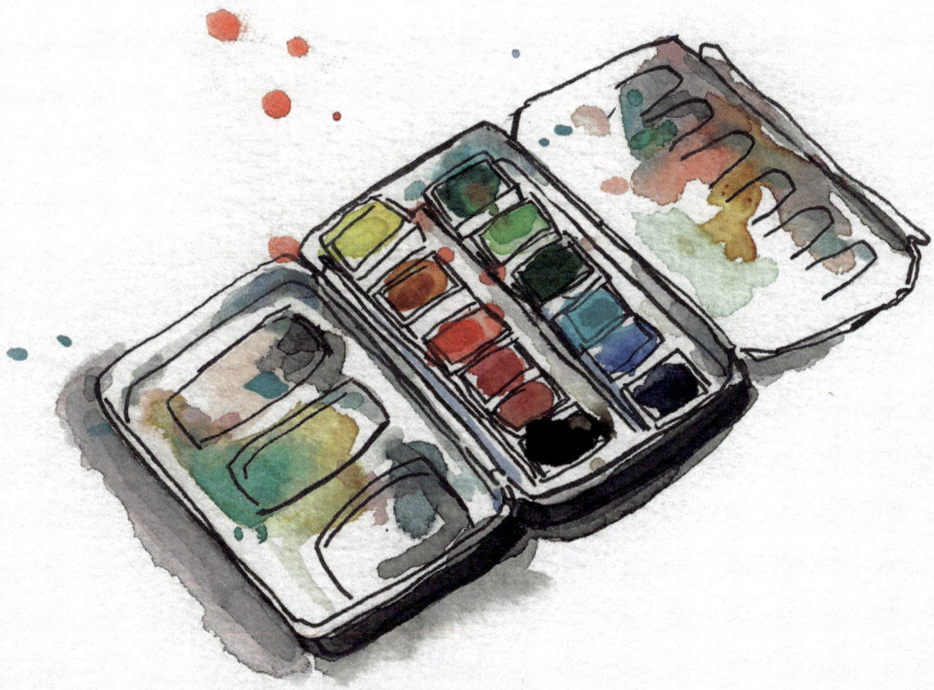

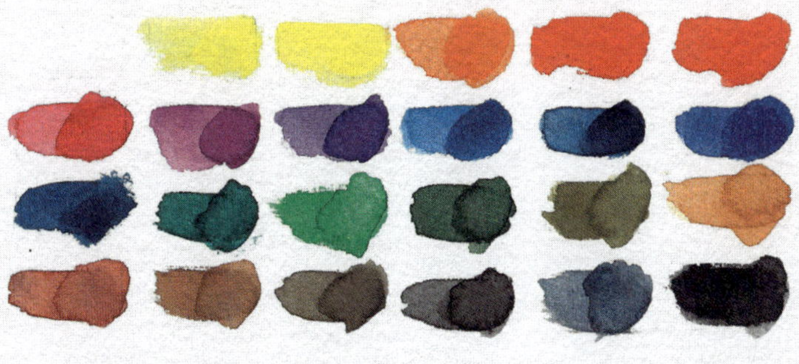

Da die Farben in den Näpfchen im trockenen Zustand schwer zu identifizieren sind, kann es hilfreich sein, sich einen Streifen mit Farbproben entsprechend der Anordnung im Aquarellkasten anzulegen. So erkennen Sie auch auf einen Blick die Lasurfähigkeit Ihrer Farben.

Es gibt zwei leicht zu erlernende Grundtechniken beim Aquarellieren, um die leuchtende Transparenz der Farben zur Geltung zu bringen: das Lavieren und das Lasieren.

Für die ersten Übungen empfehle ich Ihnen kleine Formate bis ca. DIN A5 und rundum verleimte Aquarellblöcke (gegen das Wellen des Papiers) ab 200 g/m². Ein Fön ist hilfreich für das Beschleunigen der Trockenzeit.

Lasieren gleicht einem Aufeinanderstapeln von Farben: Wir lassen die einzelnen Farbschichten trocknen, bevor wir die nächste Schicht auftragen. Die transparenten Farbtöne überlagern sich. Das erzeugt Räumlichkeit und es entstehen neue Farbtöne.

TIPP: Nicht alle Farbtöne sind gleich gut fürs Lasieren geeignet. Achten Sie auf die Angaben auf der Verpackung. Je deckender, desto weniger Lasureffekt werden Sie haben.

Vier verschiedene Farbproben der Firma Schmincke von schwach lasierend bis deckend auf einem 300 g/m² Aquarellpapier. Die Zahlen kennzeichnen die Farbtöne, die Kästchen daneben die Lasurfähigkeit bzw. Deckraft, die jeweils auch von der Farbkonzentration und der Papierqualität und -helligkeit abhängig ist.

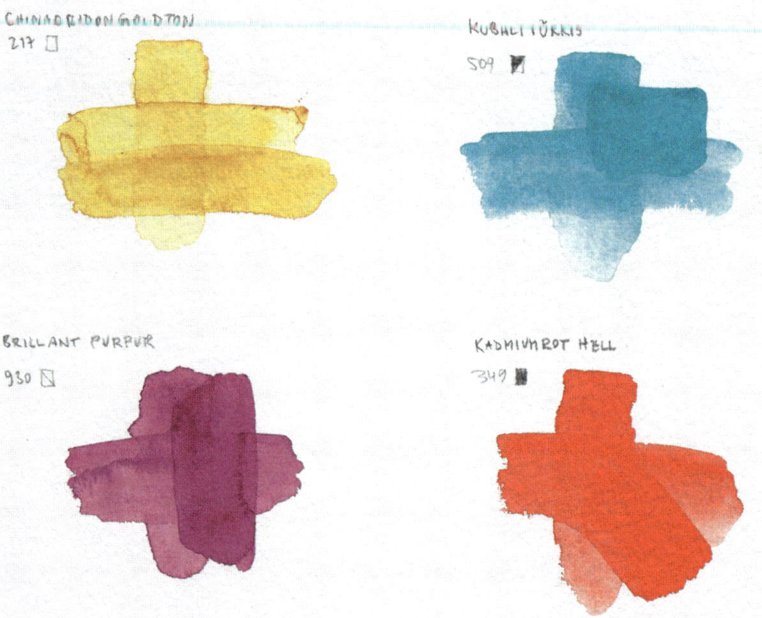

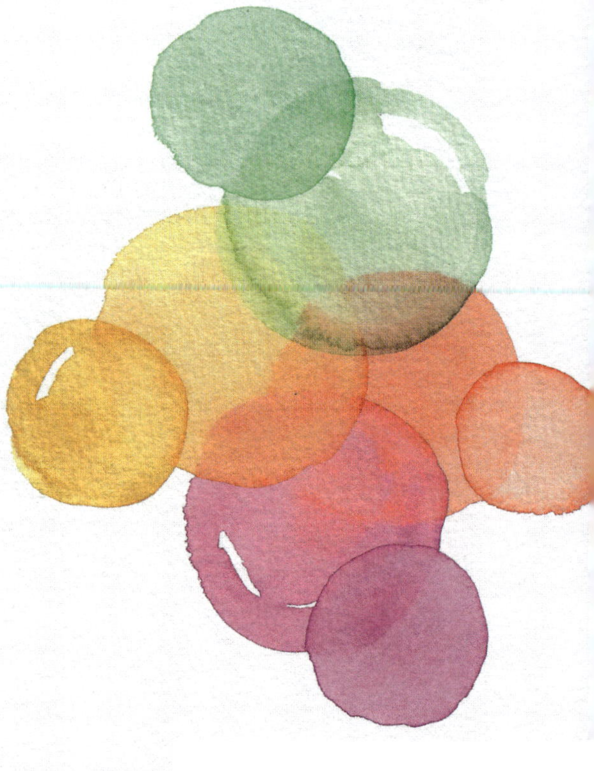

Beim Lasieren verschiedener Farben entstehen – wie beim Übereinanderlegen farbiger Glasscheiben – neue Farbtöne

□ = *lasierend*
⧅ = *halblasierend*
◩ = *halbdeckend*
■ = *deckend*

Beim Lavieren ist alles im Fluss, was die Sache interessanterweise auch ein wenig unberechenbar macht. Die Farben fließen auf trockenem Papier ineinander bzw. werden auf ein mit Wasser benetztes Papier aufgetragen. Achten Sie beim Auftrag auf sauberes Wasser und verwenden Sie am besten zwei Gefäße: In dem einen spülen Sie den Pinsel jeweils direkt nach der Benutzung aus (drücken ihn danach eventuell noch kurz in einem Mallappen aus) und tauchen ihn nach dieser »Vorwäsche« vor dem Verwenden der nächsten Farbe in das zweite Gefäß. So gehen Sie immer mit sauberem Wasser in Ihre Farben. Ausgediente, mit Wasser gefüllte Pumpzerstäuber eignen sich sowohl zum Anfeuchten der Farbnäpfchen wie auch zum Besprühen Ihres Papiers.

Egal welche Technik Sie einsetzen, erst mehrere Schichten machen Ihr Bild lebendig. Zum einen verlieren die Farben nach dem Trocknen an Intensität, aber vor allem wollen wir uns doch das transparente Überlagern der Farben zunutze machen. Mischen Sie sich im Deckel Ihres Aquarellkastens für größere Flächen gleich eine passende Menge Farbe an, falls Sie denselben Farbton weiterverwenden wollen.

Apropos Intensität: Eine schöne Übung für den Anfang ist es auch, einen Farbton in hoher Intensität (also mit wenig Wasser) aufs Papier zu bringen und ihn dann stufenlos fast bis zur Farblosigkeit mit immer mehr Wasser zu verdünnen.

TIPP: Ein bisschen Luft tut jedem Aquarellbild gut. Vermeiden Sie es deshalb, Ihr Bild »zuzumalen«, und lassen Sie bei hellen Stellen das weiße Papier stehen.

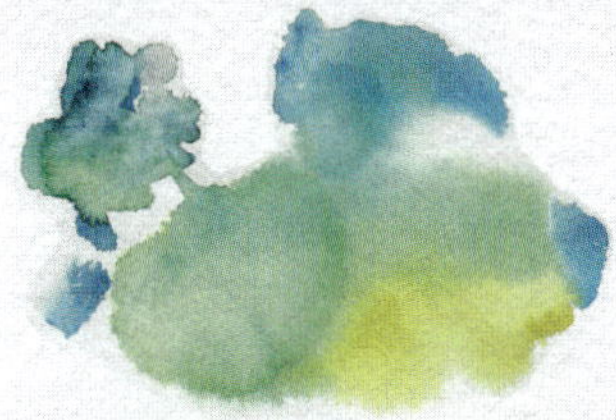

Lavierung, erste Schicht

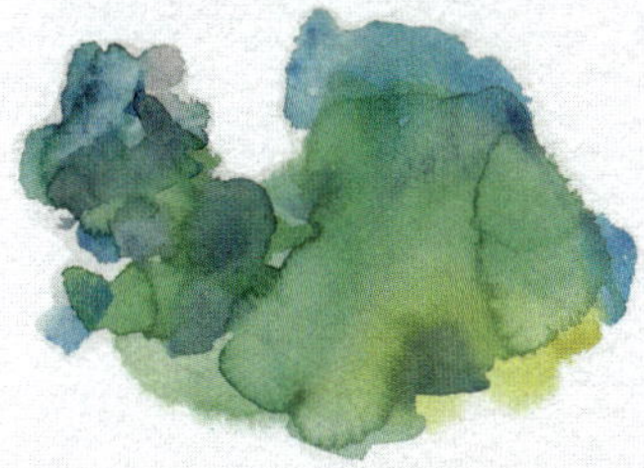

Lavierung inklusive zweiter Schicht

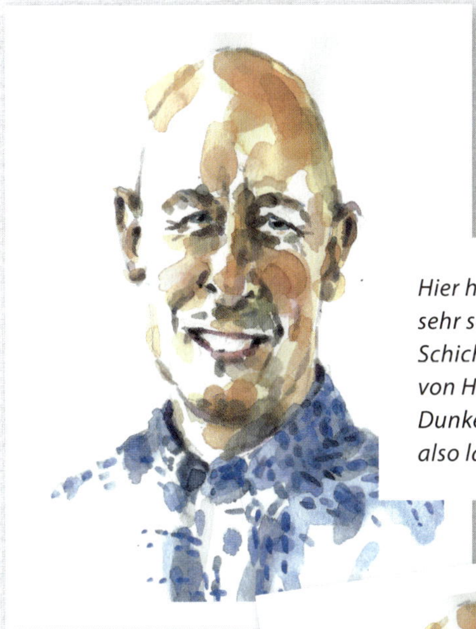

Hier habe ich sehr sorgfältig Schicht um Schicht von Hell nach Dunkel aufgebaut, also lasiert.

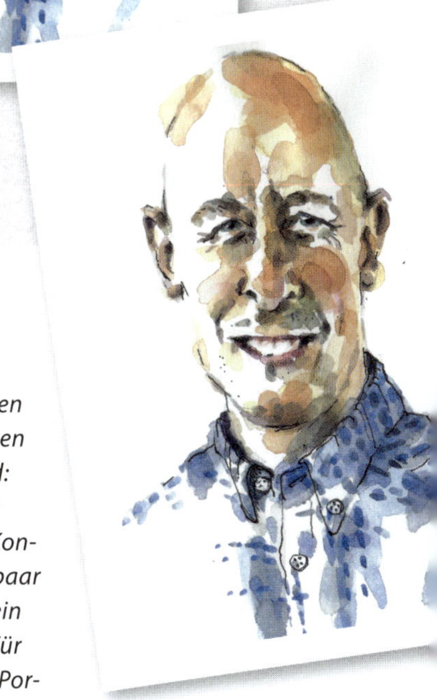

Jetzt haben Sie bestimmt gedacht »Druckfehler!«. Aber beim genaueren Hinschauen erkennen Sie den Unterschied: Mit einem Fineliner habe ich für mehr Kontraste gesorgt. Ein paar Bartstoppeln hier, ein paar Knöpfe dort. Für mich macht es das Porträt so interessanter.

Deckfarben

Wer die Investition in Aquarellfarben scheut, hat vielleicht noch den guten alten Tuschkasten (Deckfarben) aus Schulzeiten aufgehoben. Und auch wenn man ihn nicht hat, ist er eine lohnende und dazu relativ günstige Anschaffung. Besonders angetan bin ich von den Stockmar-Farben. Auch Pelikan (wie sicherlich viele andere Marken) bietet gute Qualität.

Für alle Farben gilt: Da sich mit ein bisschen Übung fast alle Farben durch Mischen der Grundfarben Rot, Gelb und Blau erzeugen lassen, ist der Kauf großer Farbkästen zwar eine schöne Sache, aber nicht unbedingt nötig. Mit sechs bis acht Farben kommt man schon gut zurecht.

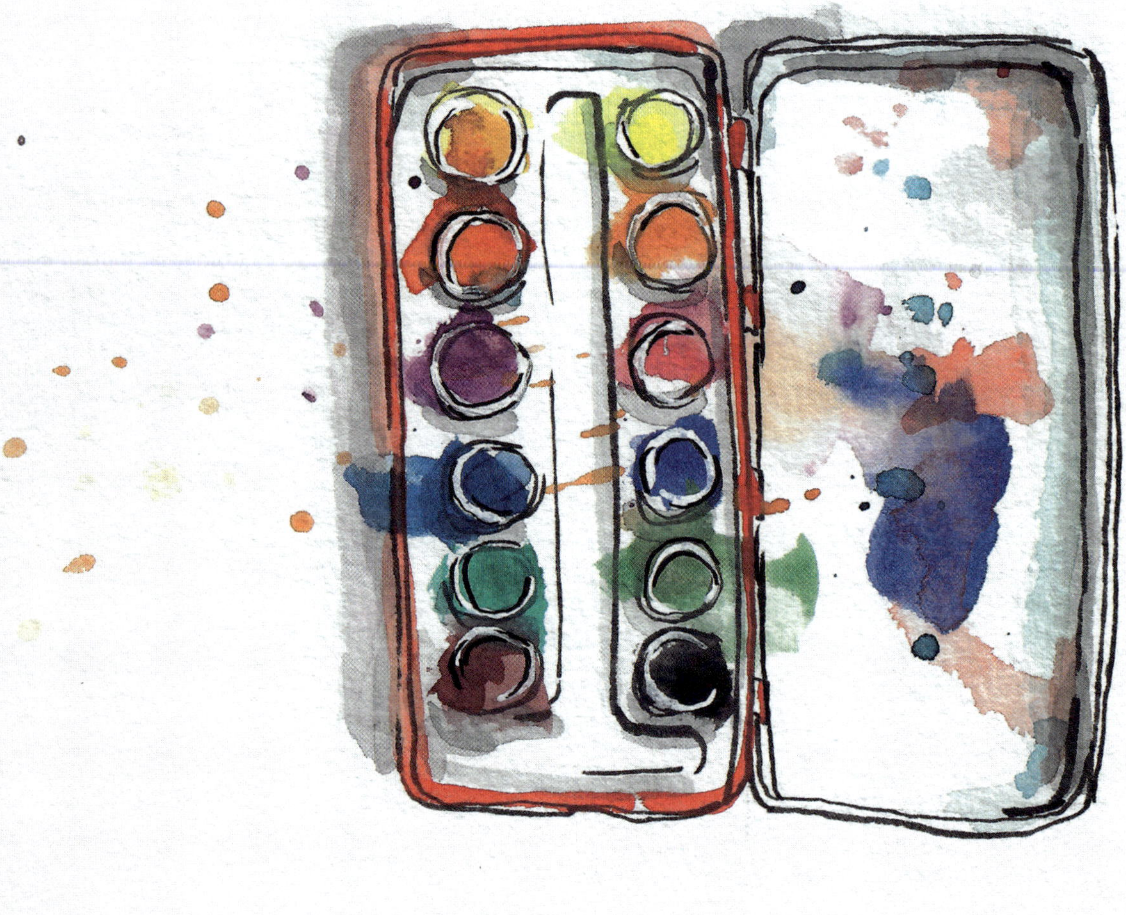

Pinsel

Ich verwende für das Malen mit Wasserfarben und Tusche fast ausschließlich Rundpinsel. Mein Standardpinsel ist ein Reisepinsel in Größe 12 mit synthetischem Haar. Er ist praktisch für unterwegs, da er eine Kappe zum Schutz der Borsten besitzt.

Ein feinerer Pinsel (ca. Größe 6) fürs filigrane Arbeiten sollte auch zum Equipment gehören. Und für die ganz großen Formate bzw. Flächen darf es auch mal richtig in die Breite gehen. Dafür habe ich einen Pinsel in Größe 32.

TIPP: Pinsel niemals im Wasserbehälter stehen lassen, sondern hinlegen. Sie verformen sich sonst. Das gilt auch fürs Trocknen.

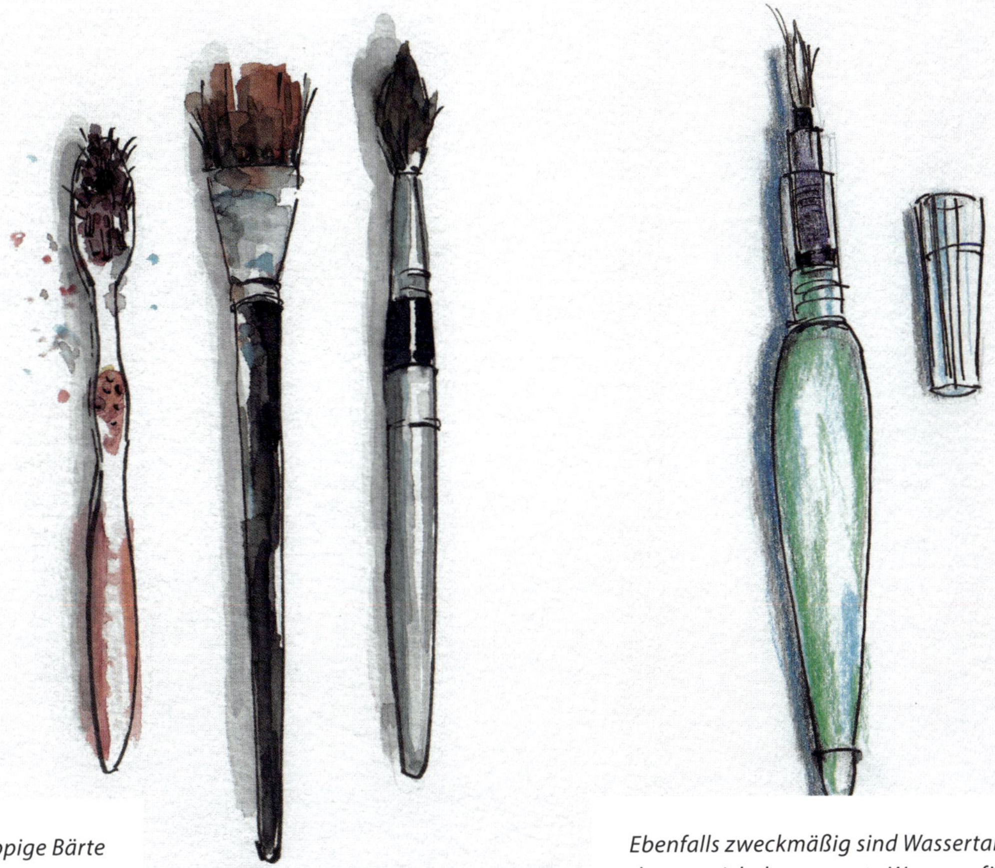

Für struppige Bärte und dergleichen sind alte Zahnbürsten und Borstenpinsel ideal.

Ebenfalls zweckmäßig sind Wassertankpinsel, da man sich das separate Wassergefäß spart. Für Urban Sketcher sind sie somit unterwegs sehr praktisch, aber auch zu Hause gut einsetzbar.

Buntstifte und Wachsmaler

Buntstifte und Wachsmaler gibt es in dick und dünn, wasservermalbar oder nicht, einzeln oder im Sortiment. Die wasservermalbaren Stifte sind ein guter Kompromiss zu den Wasserfarben, gepaart mit den Eigenschaften eines Stifts.

Grafit und Kohle

Eine tolle Entdeckung waren für mich die ArtGraf Grafitblöcke von Viarco bzw. deren »Watercolour Graphite« in einer kleinen Dose.

Die Blöcke lassen sich trocken zum Zeichnen verwenden, aber auch mit Wasser anlösen oder auf feuchtem Papier einsetzen (siehe Beispiele unten). So entwickeln sie eine starke Leuchtkraft. Das Grafit in der Dose ist wie Bleistift als Wasserfarbe. Kohlestifte haben ähnliche Effekte, sind aber nicht immer wasservermalbar.

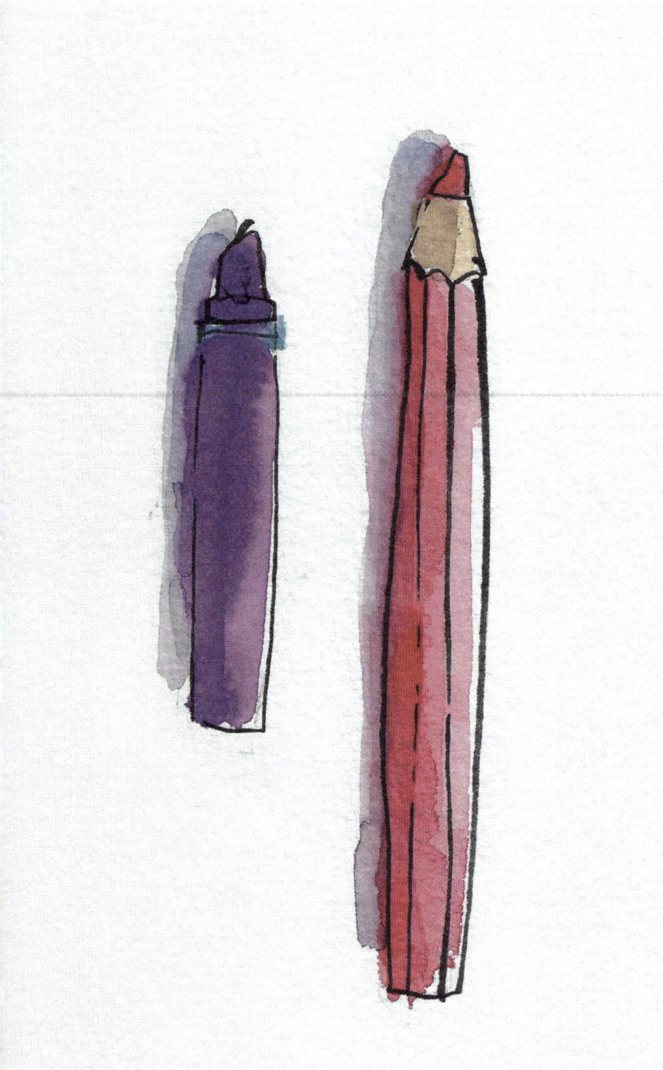

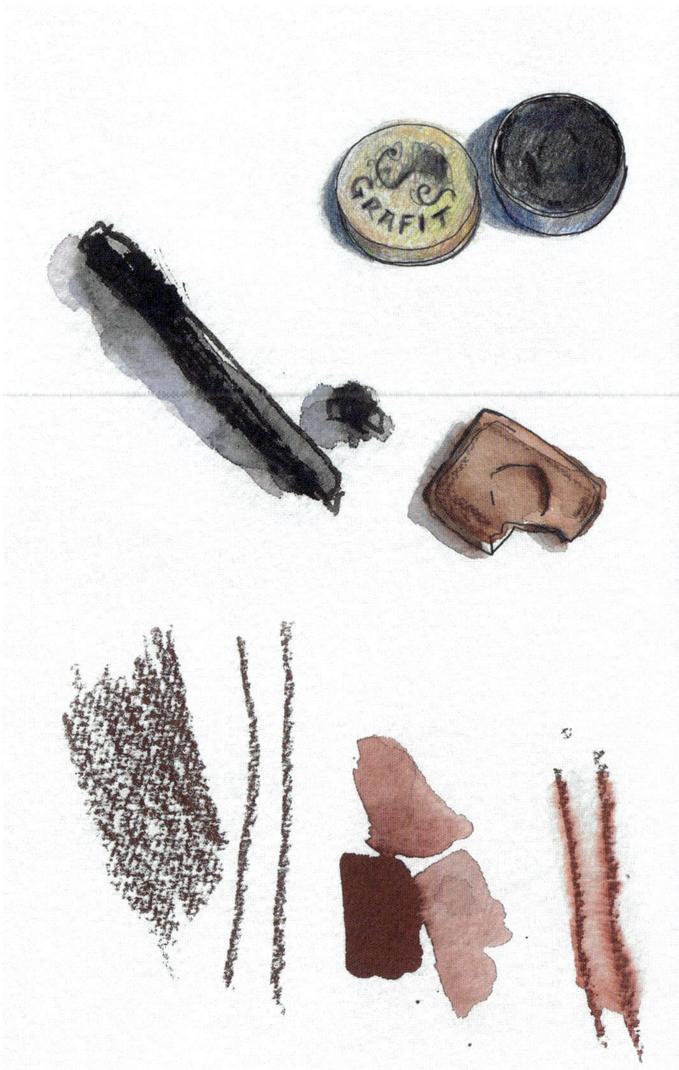

Luise Dix, gezeichnet mit braunem Grafit, zum Teil mit Wasser vermalt, und Deckfarben.

3

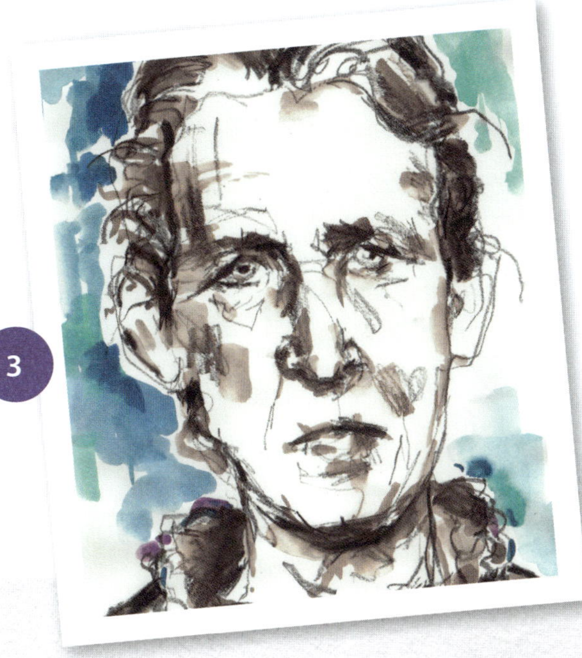

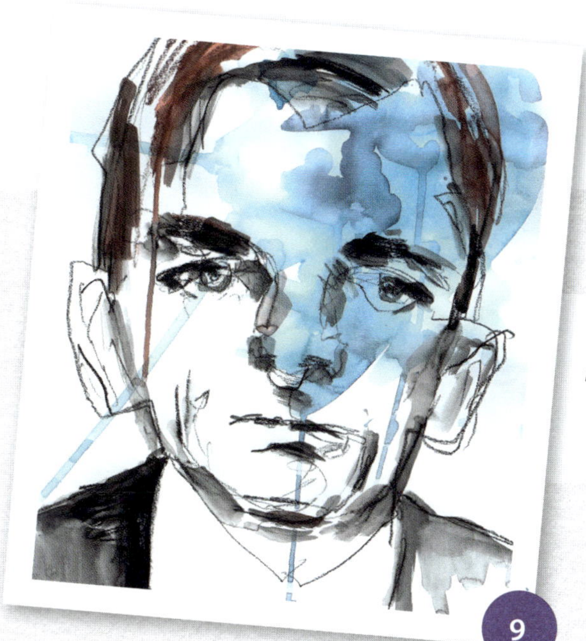

9

Joachim Ringelnatz, gezeichnet mit braunem und schwarzem Grafit, zum Teil mit Wasser vermalt, auf vorher aquarelliertem Papier.

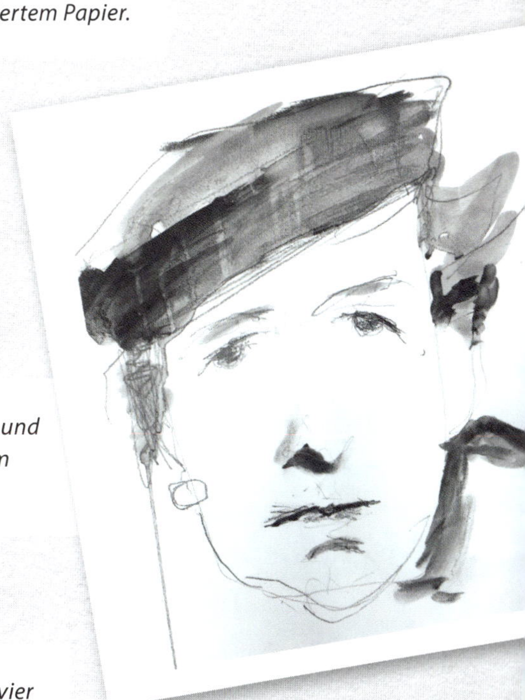

Porträt mit Bleistift und wasservermalbarem grauen Grafit.

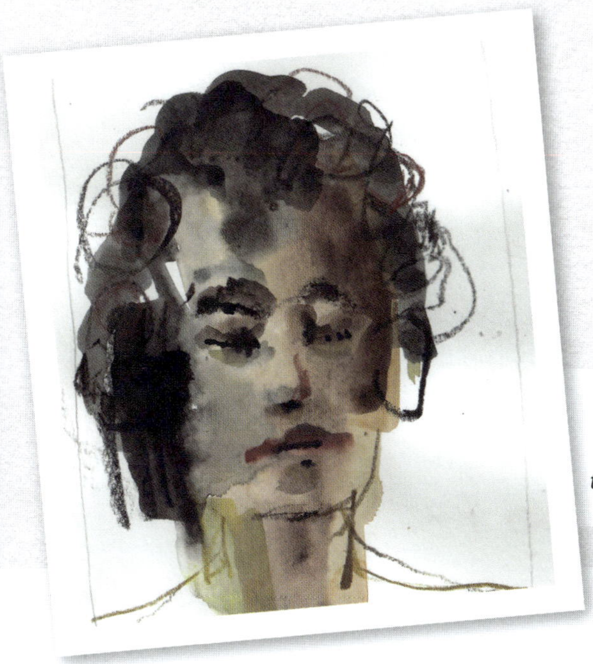

Porträt in Grafit in vier verschiedenen Farbtönen, teilweise mit Wasser vermalt.

Kugelschreiber

Sie können mit dem billigsten Kugelschreiber die schönsten Zeichnungen machen. Das wirkt für sich allein schon, oder Sie kolorieren Ihre Zeichnung anschließend mit den Farben Ihrer Wahl. Großartig ist auch: Kugelschreiber gibt es in verschiedenen Farben, so dass Sie sie untereinander mischen können. Zwei Farben reichen meistens schon, um interessante Effekte zu erzielen.

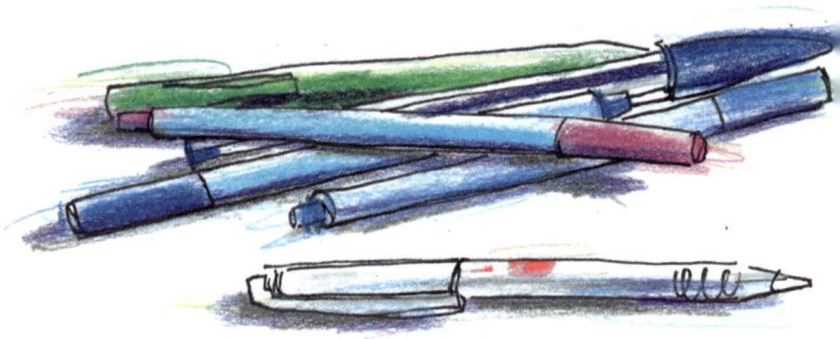

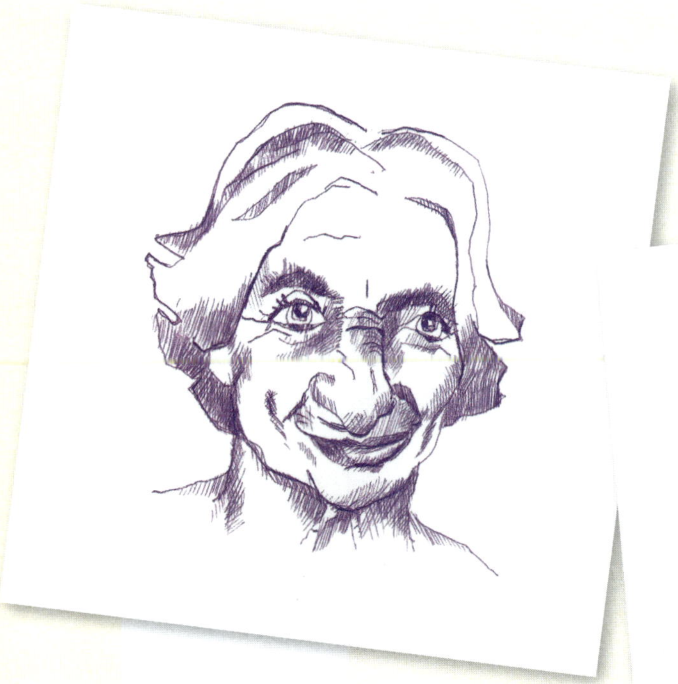

Dieses Porträt wurde mit violettem Kugelschreiber gezeichnet.

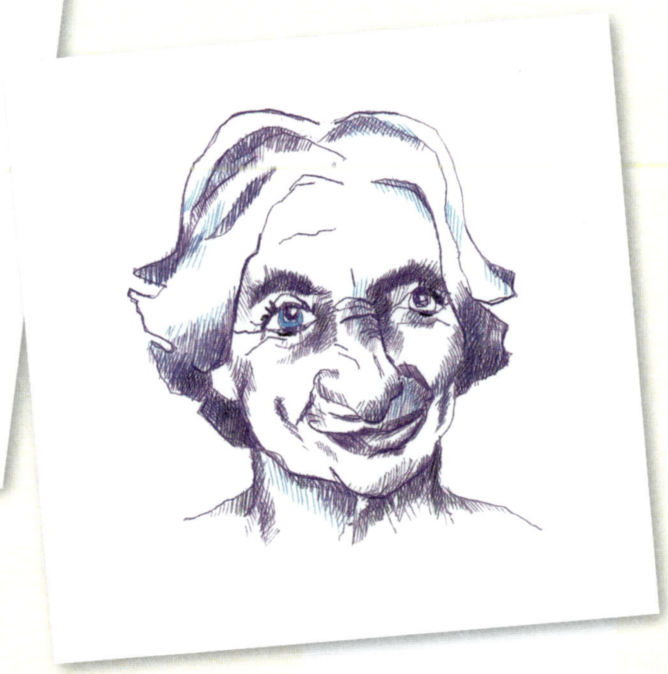

Später habe ich die Zeichnung mit blauem, hellblauem und schwarzem Kugelschreiber ergänzt, um noch mehr Tiefe zu erzeugen.

TIPP: Wie wäre es, Ihr Sujet in verschiedenen Techniken zu zeichnen und eine kleine Galerie zu gestalten – ein Porträt in Grafit, eins mit Kugelschreiber, eins in Mischtechnik usw.?

Bei diesem Bild hatte ich unglaublich viel Spaß – einerseits an der verzerrten Perspektive bis hin zu dem kleinen Händchen mit der Zigarette. Aber auch an den feinen Nuancen, mit denen sich ein einziges Blau variieren lässt.

17

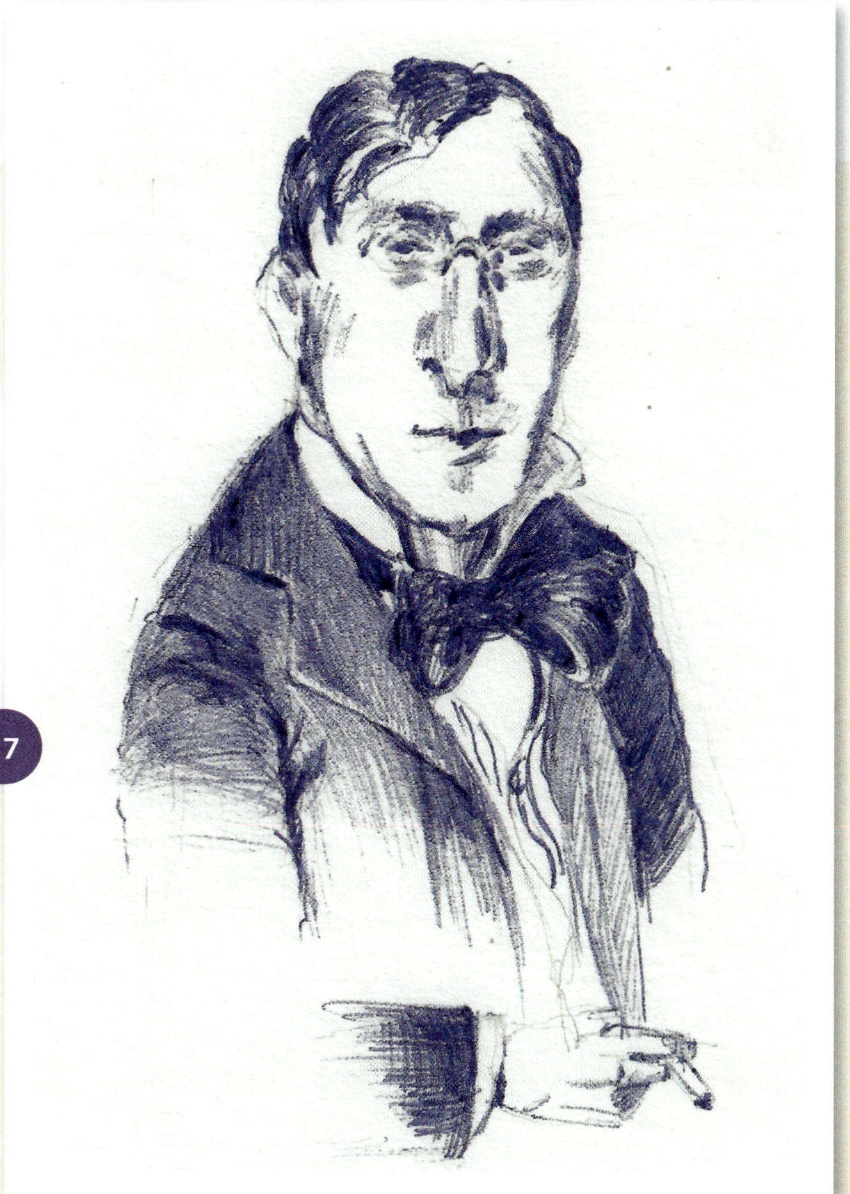

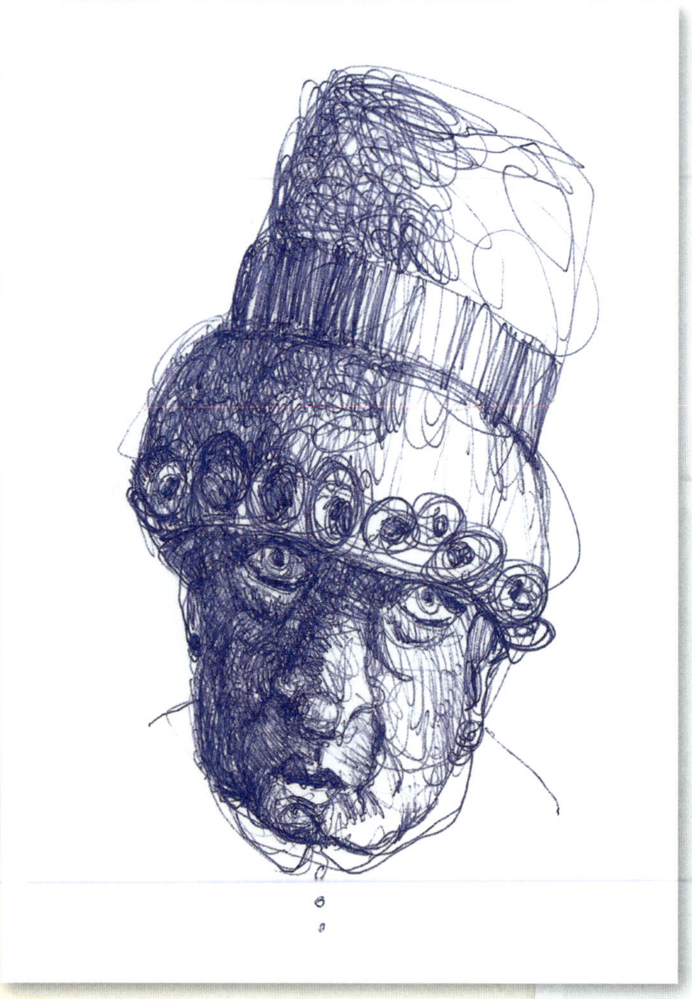

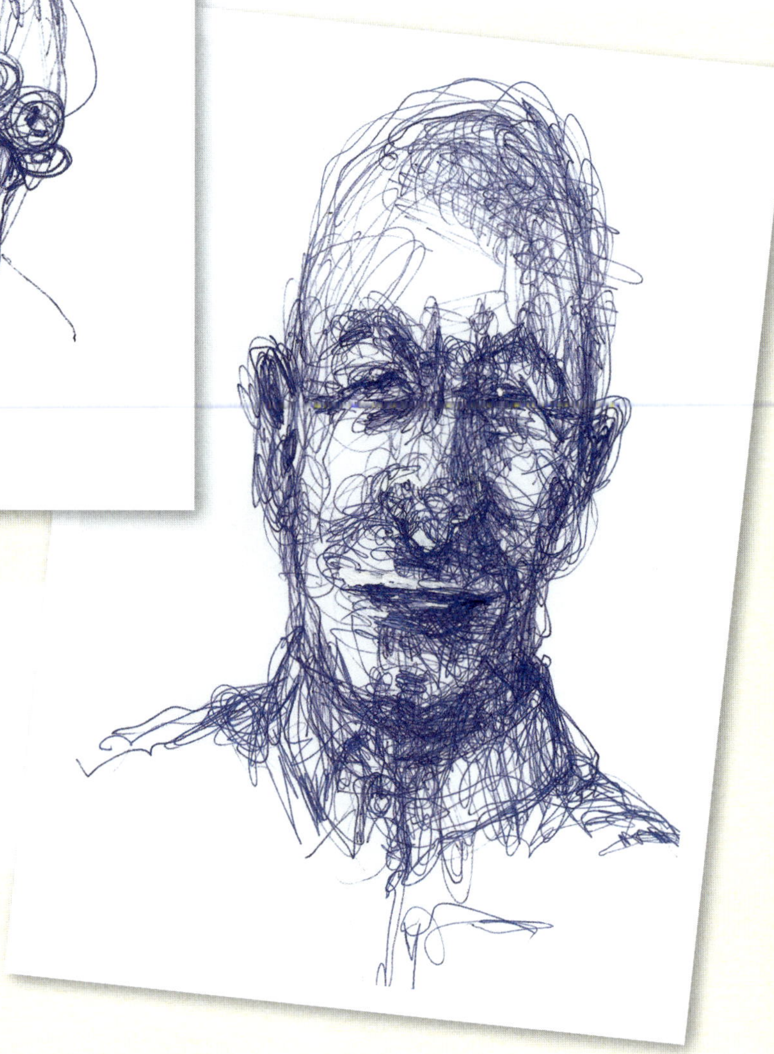

Habe ich oben geschrieben, Kritzeln soll nicht erlaubt sein? Ich nehme alles zurück. Zeichnen Sie in großen und kleinen Kreisen oder parallelen Schlaufen. Dort, wo Schatten ist, verdichten Sie für stärkere Kontraste. Eine Lage mehr schadet nie!

Fixierspray und Haarspray

Sehr praktisch, um Ihre Bleistift-, Grafit- und Kohlezeichnungen zu fixieren und (halbwegs) vor Verschmieren zu schützen, sind entsprechende Sprays für jedes Medium. Es gibt sie im Fachhandel, doch ein günstiges Haarspray tut es allemal.

Weißer Gelstift, Deckweiß

Für helle Akzente, kleine Korrekturen oder Zeichnungen auf dunklem Untergrund ist es hilfreich, etwas Weiß zur Hand zu haben. Einen Gelstift (zum Beispiel von uni-ball) habe ich immer dabei. Statt Deckweiß geht auch weiße Gouache- oder Acrylfarbe.

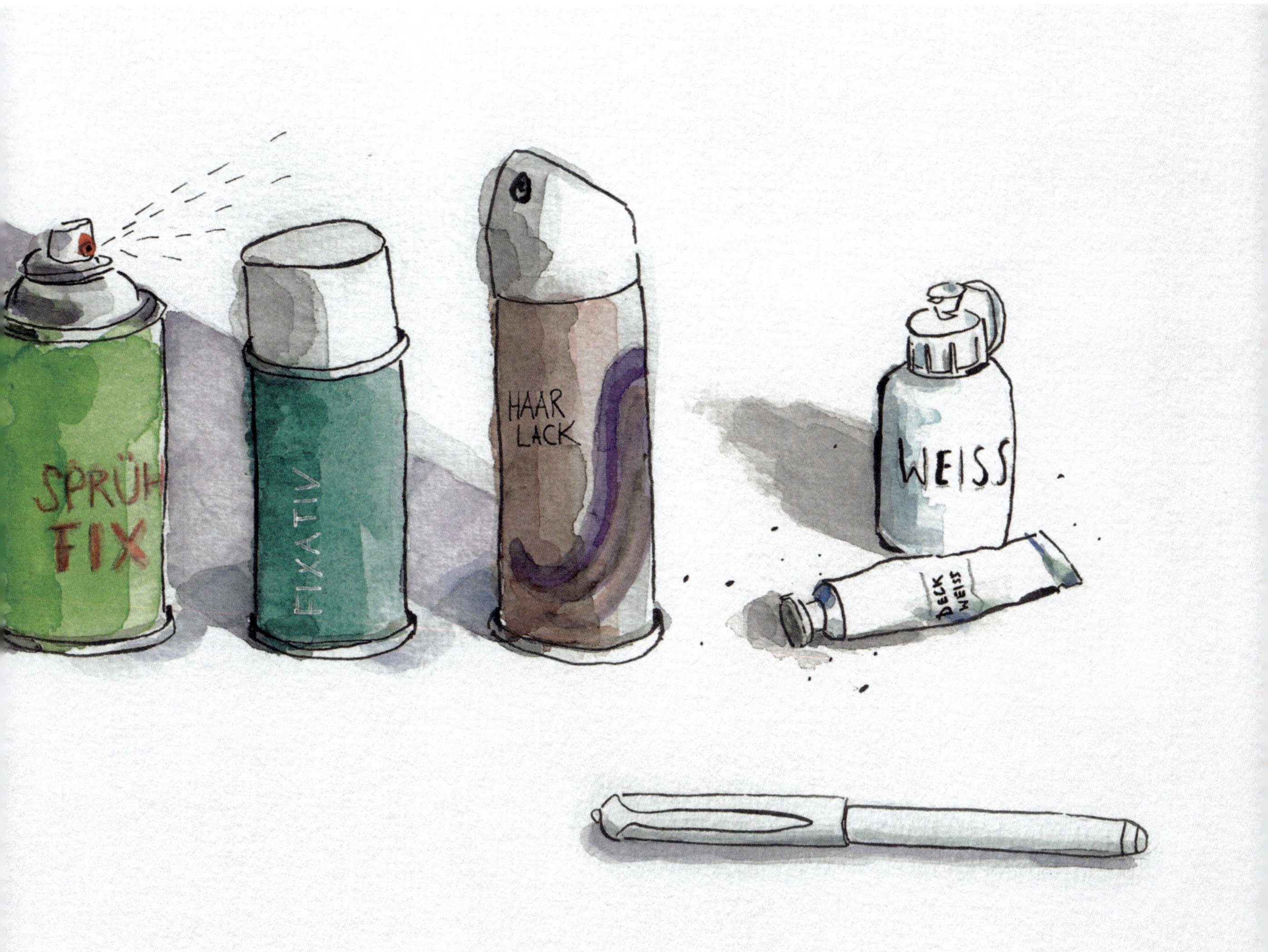

Papier

Unser alltägliches Schreib- und Kopierpapier wiegt in der Regel 80g/m². Für Zeichnungen mit Stiften ist das ok. Je flüssiger wir jedoch arbeiten, umso stärker sollte das Papier sein. Die vom Aquarellieren bekannten Techniken Lavieren und Lasieren (siehe S. 122/123) lassen sich mit einem Pinsel gut auf Aquarellpapier praktizieren. Rundum verleimte Malblöcke verhindern ein Wellen des Papiers. Geht es dagegen um mit einer Feder gezogene Linien, sind glatte Papiere die erste Wahl, denn so gleitet die Feder besser.

TIPP: Werfen Sie einen Blick auf das Deckblatt Ihres Malblocks für Angaben zum Papier und die hierfür geeigneten Techniken.

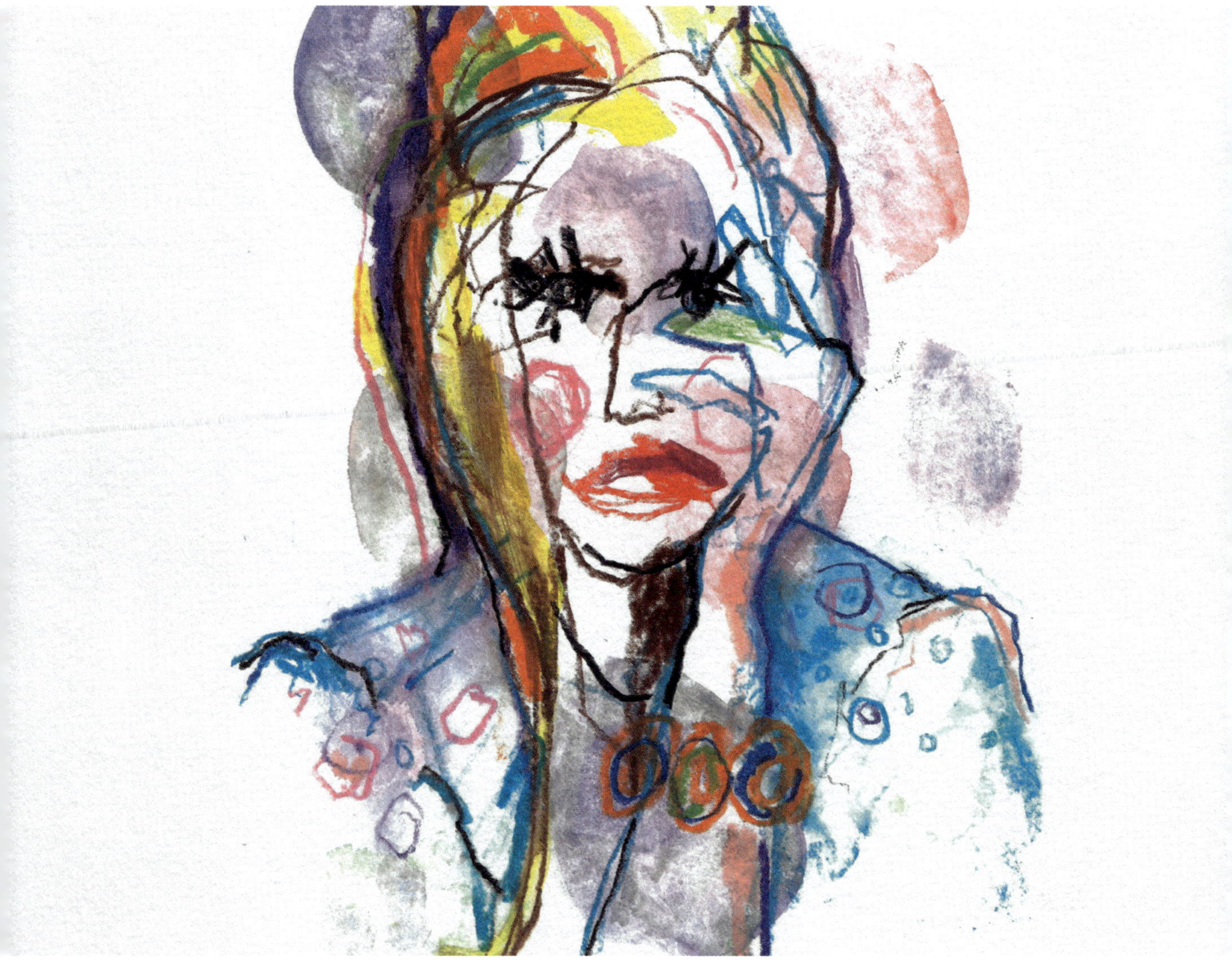

Skizzenbuch

Gefüllt mit den eigenen Ideen, Zeichnungen und Experimenten werden Skizzenbücher zu einem kostbaren Schatz und einer Inspirationsquelle für kommende Bilder. Ich habe einen größeren Vorrat an verschiedenen Büchern und meistens mehrere in Arbeit. Eins fülle ich zum Beispiel nur mit Porträts.

Es gibt Skizzenbücher in allen möglichen Formaten und Papierqualitäten. Beim Kauf ist daher zu überlegen, für welchen Zweck es gedacht sein soll. Formatbestimmend kann die Frage sein: Möchte ich es immer mit mir führen oder zeichne ich darin zu Hause? Für die Papierqualität ist entscheidend, welche Medien ich verwenden werde. Wie Sie nun wissen, benötigt flüssigere Farbe ein dickeres Papier.

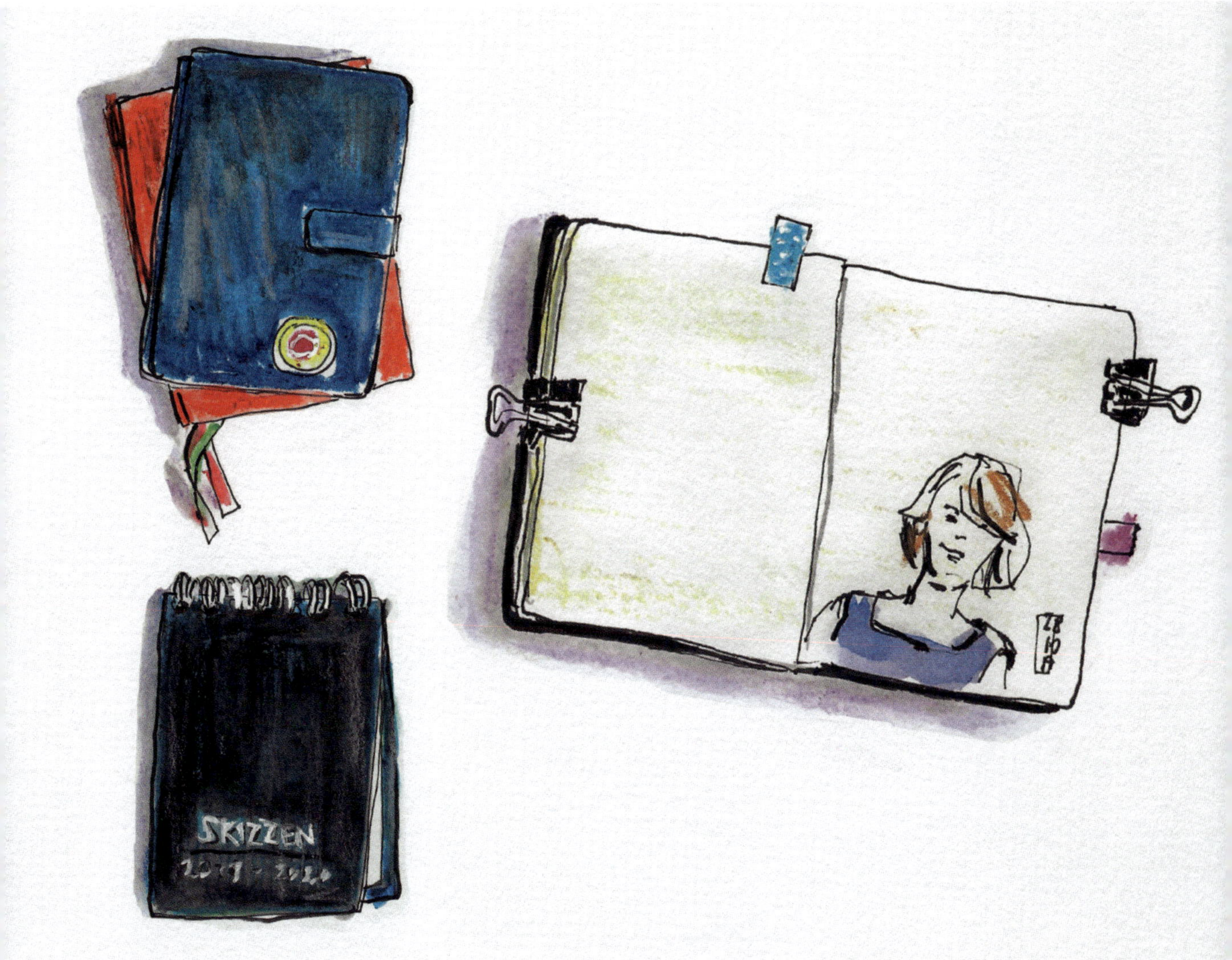

Brauche ich das alles?

Mir ist bewusst, dass dies nur ein kleiner und sehr subjektiver Einblick in die Welt des Zeichenmaterials war. Ich wollte Ihnen zeigen, welches Material ich am liebsten für meine Porträtzeichnungen verwende und mit welchem ich gute Erfahrungen gemacht habe, auch in meinen Kursen. Also aus der Praxis für die Praxis!

Für den Anfang bietet meine Auswahl eine gute Bandbreite, die sich erst einmal durchprobieren lässt und die auch Kombinationen ermöglicht. Nach und nach werden sie Ihr Lieblingsmaterial finden, möglicherweise ist auch etwas ganz anderes darunter.

Deshalb empfehle ich Ihnen einfach nur zwei Dinge:

Verwenden Sie das, was Sie haben.
Probieren Sie Neues aus, aber überfordern Sie sich nicht mit zu viel Material.

Dieses Porträt ist mit einem Fineliner und ein paar Aquarellfarben entstanden. Müsste ich mich für etwas entscheiden, wären es genau diese beiden Medien.

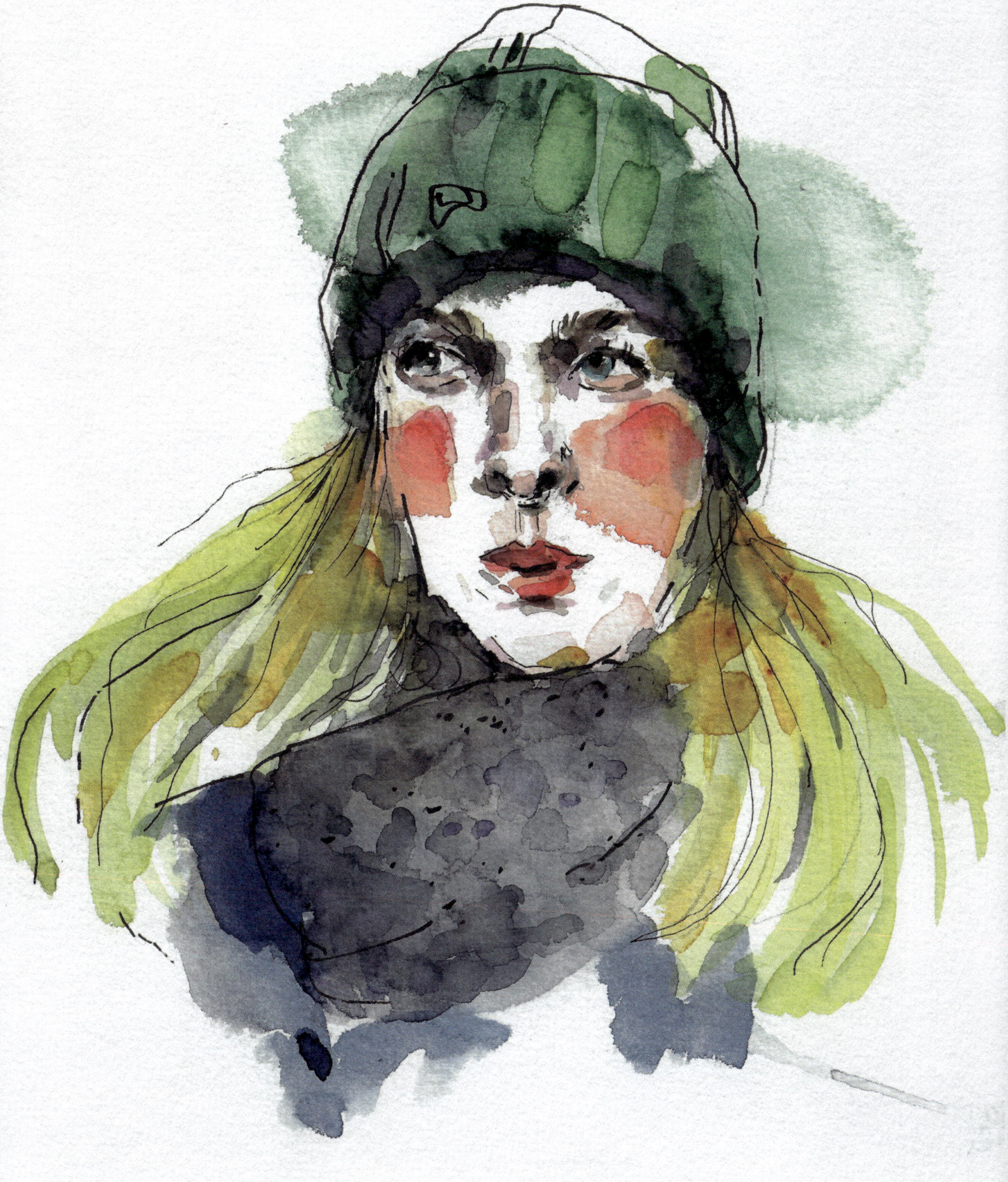

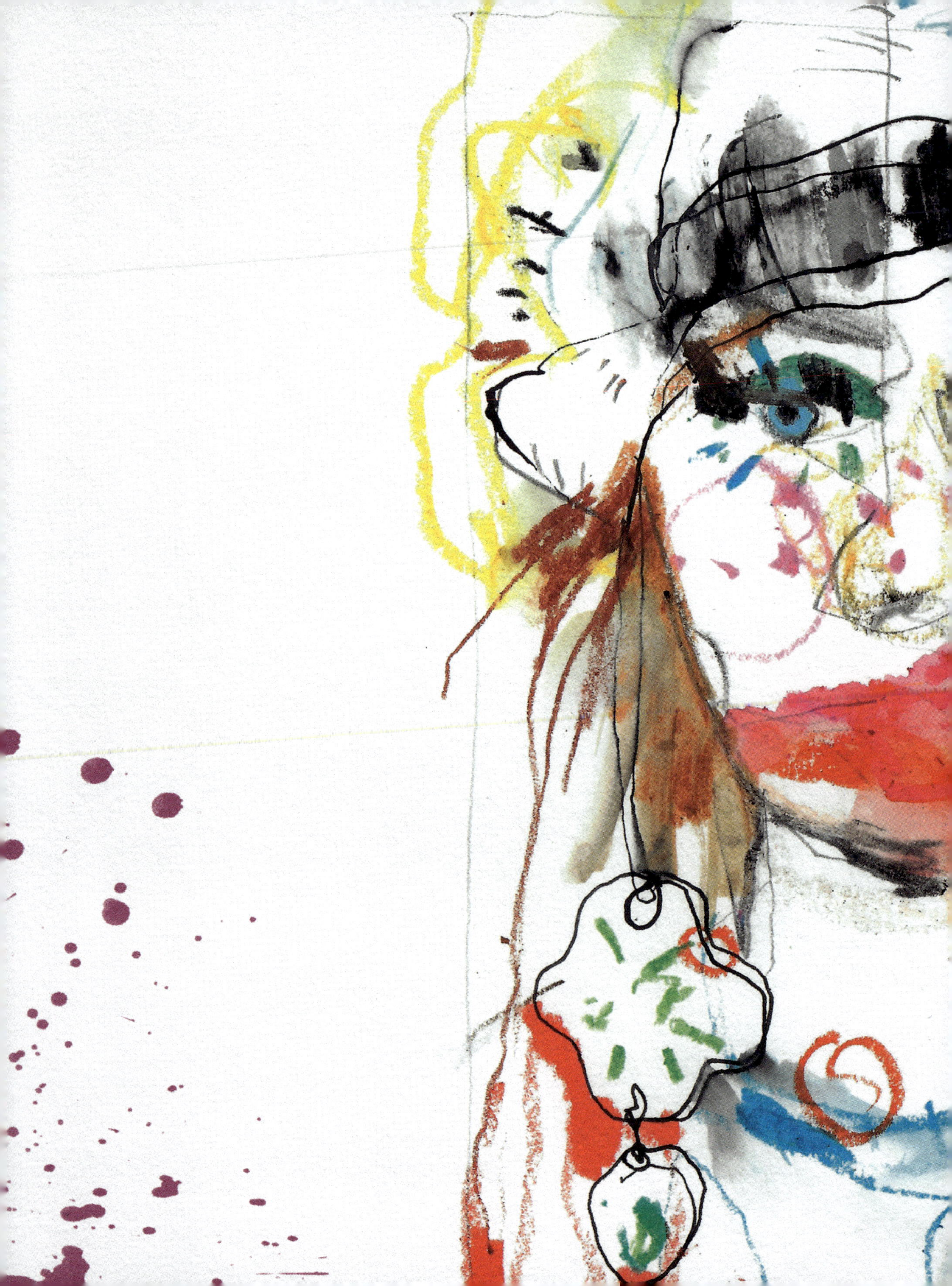

19 GUTES GELINGEN

Liebe Leserin, lieber Leser,

in diesem Buch habe ich Ihnen mein Handwerkszeug des Porträtzeichnens vorgestellt, so wie es für mich funktioniert. Im Fokus steht dabei immer der Spaß am Tun und Entwickeln, nicht so sehr die klassische Anatomie. Ich wünsche mir sehr, dass diese Inspirationen Ihnen helfen, lebendige Porträts zu zeichnen.

Zum Glück braucht es zum Porträtieren nichts, was Sie nicht schon besitzen. Ein paar Stifte, Papier und so viel Lust und Zeit, wie Sie sich nehmen wollen. Wenn ich Sie mit meinem Buch dabei unterstützen kann, macht mich das glücklich.

Das Allerwichtigste: Wenn Ihnen das Zeichnen etwas bedeutet, nehmen Sie es ernst und bleiben Sie am Ball, möglichst regelmäßig. Mit ein paar Minuten täglich kommen Sie schon weit. Vor allem wird das Zeichnen damit zu einer schönen Gewohnheit, auf die Sie nicht mehr verzichten möchten.

Laut aktuellem Forschungsstand hat sich das Märchen vom Wunderkind längst überholt – alle erfolgreichen Künstler:innen haben kontinuierlich gearbeitet und geübt. Ihre Begabung hatte dabei einen geringen Stellenwert, ihr Können ist ihnen nicht zugeflogen. Und eine weitere gute Nachricht aus der Neurowissenschaft belegt: Neues können wir bis ins hohe Alter lernen – die Senior:innen in meinen Malkursen zeigen es mir immer wieder. Wir werden nie fertig, aber gerade das ist das Schöne!

Noch etwas lege ich Ihnen ans Herz: Bleiben Sie im Austausch mit Gleichgesinnten und suchen Sie sich Menschen, die Sie bestärken und von denen Sie lernen können. Erstens macht es große Freude und zweitens werden Sie merken, wie sich eine neue Welt auftut und sich Ihre Zeichnungen beständig weiterentwickeln. Deshalb kann ich Sie nur ermutigen: Raus aus dem stillen Kämmerlein!

Jetzt wünsche ich Ihnen viel Freude, Erfolg und eine Menge Rock'n Roll in Ihren Porträts. Bleiben Sie neugierig! Nur wenn wir auch etwas riskieren und aus unserer Komfortzone treten, kommen wir vom Fleck.

Vielleicht sehen wir uns in einem meiner Kurse?

Herzlichst Ihre

Antje Linker-Wenzel

21 BILDQUELLEN

Fotovorlagen

Die in diesem Buch abgebildeten Porträtfotos stammen aus der Sammlung des Museums für Kunst und Gewerbe Hamburg (https://sammlungonline.mkg-hamburg.de) von den unten aufgeführten Fotograf:innen und sind gemeinfrei (Public Domain). Zeichnungen, die auf Fotos dieser Sammlung basieren, sind ebenfalls mit der entsprechenden Nummer gekennzeichnet.

1. Antoine François Jean Claudet, Charles Fuller, um 1845
2. Rudolph Dürkoop, Freiherr Alfred von Berger, 1904 – 1905
3. Hugo Erfurth, Luise Dix, 1926
4. Hugo Erfurth, Herbert Eulenberg, um 1925
5. Hugo Erfurth, Alfred Flechtheim, 1928
6. Hugo Erfurth, Paul Klee, 1927
7. Hugo Erfurth, Käthe Kollwitz, 1925 – 1928
8. Hugo Erfurth, Porträt in Landschaft, 1903
9. Hugo Erfurth, Joachim Ringelnatz, um 1930
10. Hugo Erfurth, Wilhelm Steinhausen, 1902/1910
11. Hugo Erfurth, Felix Timmermans, 1935
12. Franz Grainer, Frauenbildnis, um 1920
13. Johann Hinrich W. Hamann, Der Bäckerjunge, um 1900
14. Johann Hinrich W. Hamann, Der kleine Schlachter, um 1900
15. Édouard Hannon, Mädchenporträt, 1896
16. Hugues Krafft, »Une femme Tadjik de Samarkand en khalat d'hiver et coiffée d'un diadème en orfèvrerie«, vor 1902
17. Nicola Perscheid, Oscar Fried, vor 1914
18. Marcus Aurelius Root, Porträt einer Frau, 1846 – 1849
19. Raimund von Stillfried-Rathenitz, Porträt einer jungen Geisha, 1870 – 1875
20. Fotograf:in unbekannt, Porträt eines Mannes, um 1850
21. Fotograf:in unbekannt, Ehepaar, 1840 – 1860
22. Fotograf:in unbekannt, Unbekannter Mann, 1840 – 1860

Kinderzeichnungen und Foto der Autorin von Maike Wenzel

Alle anderen Zeichnungen und Illustrationen von Antje Linker-Wenzel

Um die Urheber:innen- und Persönlichkeitsrechte zu wahren, wurden bis auf die Porträts aus der Sammlung des Museums für Kunst und Gewerbe Hamburg, die Porträts meines Mannes, meiner Tochter und meines Großvaters keine realen Personen von mir abgebildet. Ähnlichkeiten wären daher rein zufällig.

22 BEZUGSQUELLEN

Falls Sie sich jetzt fragen, wo Sie all das Zubehör bekommen, von dem in diesem Buch die Rede ist, möchte ich Ihnen Ihren lokalen Fachhandel vor Ort ans Herz legen. Dort werden Sie sicherlich fündig, denn alle Utensilien sind sehr gebräuchlich.

Wer nicht das Glück hat, solch einen Laden in der Nähe zu haben, kann natürlich das benötigte Material auch bestellen und dafür die Computer-Suchmaschine anwerfen. Es gibt ein riesiges Angebot, so dass jede:r das Passende für sich finden wird. Bei zwei Adressen bin ich selbst zufriedene Kundin und empfehle sie gern weiter:

boesner (boesner.com), auch vertreten mit vielen Filialen in Deutschland, Schweiz, Österreich und Frankreich.

Gerstaecker (gerstaecker.de) hat ebenfalls diverse Fachmärkte in Deutschland, Österreich, Frankreich, England und in den Niederlanden.

ÜBER DIE AUTORIN

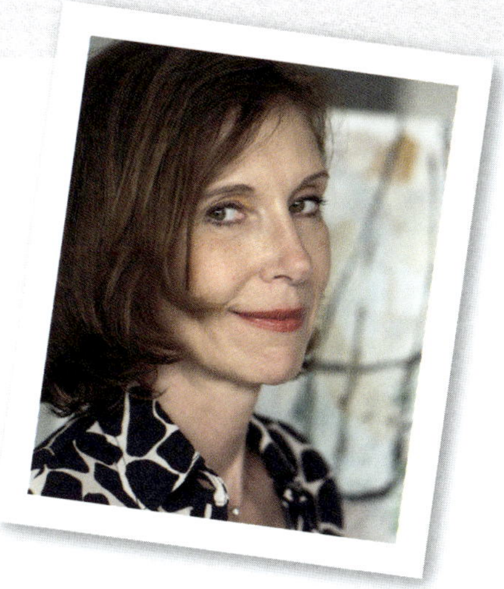

Antje Linker-Wenzel ist freiberufliche Künstlerin. Ihre große Leidenschaft ist das Porträtzeichnen mit verschiedenen Medien wie zum Beispiel Aquarell, Tusche und Grafit.

In ihren Workshops ist es ihr Herzensanliegen, Menschen in ihrem eigenen künstlerischen Ausdruck zu unterstützen. Aus eigener Erfahrung weiß sie, kreatives Schaffen mit Pinsel und Stift macht Spaß und glücklich – egal auf welchem Level wir uns befinden. Mit Interesse und Begeisterung kann jeder Mensch zeichnen (lernen), davon ist Antje Linker-Wenzel überzeugt.

Mehr über Antje Linker-Wenzel erfahren Sie unter www.linker-wenzel.de.

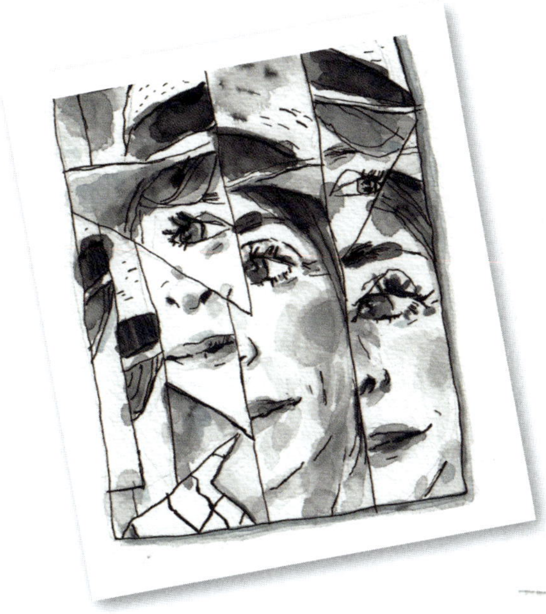

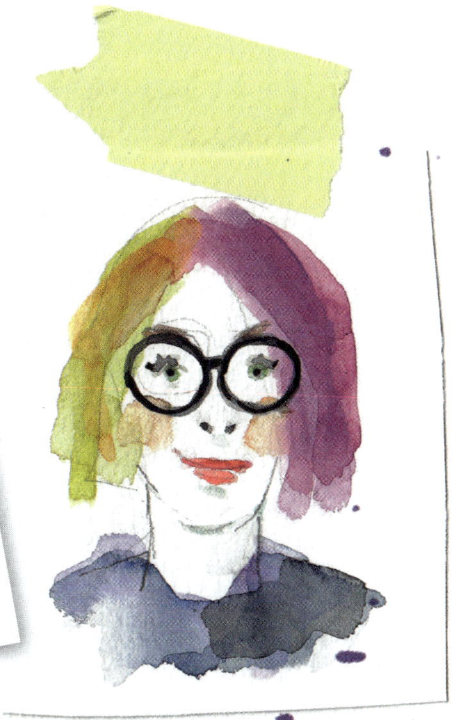

HERZLICHEN DANK

Für ihre Anregungen und Unterstützung danke ich meinen vielen tollen Lehrer:innen, Kursteilnehmer:innen, Weggefährt:innen und natürlich meinem Mann Oliver und unserer Tochter Maike.

Ein großes Dankeschön geht an meine Verlegerin Melanie Stiebner, die bereit war, mit mir als Erstautorin zum Thema Porträtzeichnen in eine eher unkonventionelle Richtung zu gehen. Und bei Stefanie Klapetek als Projektmanagerin bedanke ich mich für die superangenehme Zusammenarbeit und Betreuung bis zur Drucklegung. Sarah Borchart und Claudia Castiglione von Guter Punkt, München, danke ich für das ansprechende Cover und das gelungene Layout.

Ohne alle diese Menschen wäre dieses Buch nicht zu Stande gekommen.

Kein Sponsoring

Bei den empfohlenen Produkten und Materialien handelt es sich weder um Sponsoring noch um Werbung. Es sind dafür keinerlei Zuwendungen in finanzieller oder anderer Art geflossen. Auch stehe ich in keiner vertraglichen Verbindung zu den genannten Unternehmen.

IMPRESSUM

Covergestaltung: Sarah Borchart, Guter Punkt, München
Layout: Claudia Castiglione, Guter Punkt, München
Illustrationen Cover und Innenteil: Antje Linker-Wenzel
bzw. siehe Bildquellenverzeichnis
Produktmanagement: Stefanie Klapetek
Gesamtherstellung: Stiebner Verlag, München
Bibliografische Information der Deutschen Nationalbibliothek:
Die Deutsche Nationalbibliothek verzeichnet diese Publikation in der Deutschen Nationalbibliografie; detaillierte bibliografische Daten sind im Internet über http://dnb.dnb.de abrufbar.

2. Auflage 2024

Verlagshinweise: Wir produzieren unsere Bücher mit großer Sorgfalt und Genauigkeit. Trotzdem lässt es sich nicht ausschließen, dass uns in Einzelfällen Fehler passieren. Unter www. stiebner.com/errata/1455-2.html finden Sie eventuelle Hinweise und Korrekturen zu diesem Titel. Möglicherweise sind die Korrekturen in Ihrer Ausgabe bereits ausgeführt, da wir vor jeder neuen Auflage bekannte Fehler korrigieren. Sollten Sie in diesem Buch einen Fehler finden, so bitten wir um einen Hinweis an verlag@stiebner.com. Für solche Hinweise sind wir sehr dankbar, denn sie helfen uns, unsere Bücher zu verbessern.
ISBN: 978-3-8307-1455-2
Druck: Polygraf print, Slowakei
www.stiebner.com